本书是全国教育科学"十二五"规划2015年度国家青年项目
"农村教师培训的第三空间路径研究"（CAA150121）的研究成果

# 教育变革与教师发展丛书

丛书主编　雷万鹏

Research on the Third Space Path of
Rural Teacher Education

# 农村教师培训的第三空间路径研究

戴伟芬　著

科学出版社
北　京

## 内 容 简 介

无论是学科领域还是具体研究，农村教师教育在我国都刚刚起步。在中国社会转型的背景下，农村教师教育研究既具有重要的学理价值，又具有较大的探索空间。农村教育正逐步与城市教育同质化，农村教师相对剥夺感强烈，心理相对失衡，导致教师队伍很不稳定。

本书在对中部地区 51 个乡镇进行实证调查及对国际经验分析的基础上，从第三空间的视角探索大学参与、城乡教师培训一体化的中国模式，推进城乡资源整合，促进农村教师培训中大学教育教学理论、城乡中小学教育教学实践与农村文化的有机融合，促使农村教师知识的有效生成，解决培训中针对性不强、实效性偏低的问题，以大幅提高中国农村教育质量。这有助于深化人们对中国农村教师队伍建设的理解和认识，具有重要的现实意义。

本书可供教育管理者，从事农村教师培养、培训的研究者和有关教育者参阅。

**图书在版编目(CIP)数据**

农村教师培训的第三空间路径研究 / 戴伟芬著. —北京：科学出版社，2017.6
（教育变革与教师发展丛书/雷万鹏主编）
ISBN 978-7-03-053501-6

I. ①农… II. ①戴… III. ①农村-教师培训-研究-中国 IV. ①G451.2

中国版本图书馆 CIP 数据核字(2017)第 135818 号

责任编辑：乔宇尚　崔文燕　程　凤 / 责任校对：张怡君
责任印制：张欣秀 / 封面设计：铭轩堂

科 学 出 版 社 出版
北京东黄城根北街 16 号
邮政编码：100717
http://www.sciencep.com

**北京东华虎彩印刷有限公司** 印刷
科学出版社发行　各地新华书店经销
\*
2017 年 6 月第 一 版　开本：720×1000　B5
2017 年 6 月第一次印刷　印张：15 1/4
字数：288 000

**定价：79.00 元**
（如有印装质量问题，我社负责调换）

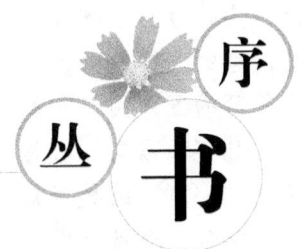

# 变革时代的教师发展与政策选择

当今,人类社会进入了"全球化"、"信息化"、"城市化"、"工业化"、"后工业化"的大变革时代。经贸合作日益广泛深入,社会结构转型不断加速,跨文化交往日益密切,信息技术创新与变迁深刻地改变着人类的生产和生活方式。当变革成为时代发展的基调,当人的发展成为发展之根本目的时,大力发展教育、不断提升教师质量就成为各国的基本选择。

近半个世纪以来,联合国教科文组织发表了三个里程碑式的宣言引领和推动了全球教育发展。1972 年,《学会生存——教育世界的今天和明天》提出了"学习化社会"和"终身教育"的概念,唤起了人们对学习价值、对学习与生活重要关联的深刻反思;1996 年,《教育——财富蕴藏其中》提出教育的"四大支柱",构建了全面的学习观,论证了学习如何有助于人的全面、自由、个性化发展;2015 年,《反思教育——向"全球共同利益"的理念转变》再次重申了人文主义教育观和发展观,立足人类可持续发展,提出了教育是"全球共同利益"的理念。这些具有人文主义情怀的教育理念,关注人类,关怀人生,关切人心,启发了我们对教育价值、教育本质及教育变革方向的思考。从本质上讲,各国的教育变革都具有本土性,但本土性的背后还是可以窥见全球教育变革的共同趋势。例如,聚焦教育公平与教育质量问题,积极寻求体制机制的变革;广泛吸纳社会多元利益主体的参与,构建有效的教育治理体系;聚焦学生的核心素养,不断完善教育评价方式;注重信息技术与教育的深度融合,打造信息化时代教育发展的新形态。

在全球教育变革中,教师质量始终是一个重要议题。推动教师发展的标准性、实践性、协作性和开放性也成为共同的选择。①标准取向的教师发展。教育质量的关键是师资。近年来，经济合作与发展组织、欧盟等国际组织不断提高教师的准入门槛和能力标准，通过实施教师专业标准促进教师成长与专业学习。②实践取向的教师发展。教师是一个实践性很强的职业。现代教师需要具备将"公享"的教育知识转化为"自我"的实践性知识的能力，要具备满足学生多样化、个性化发展的能力，以及适应教育急剧变革的能力。拥有这些能力的基础是教师应具备实践性知识，即个人化、情境化的知识。关注教师的实践性知识，即聚焦于"教师实际知道什么知识""教师是如何知道这些知识""教师如何表达自己的知识"等方面，关注教师的实践性知识的生成与发展，必将催生传统教师教育模式和教师发展政策的重大变革。③协作取向的教师发展。教师的个体发展具有情境性，其本质是一种社会文化活动，镶嵌于实践共同体的生态系统之中。教育是一个复杂的社会过程，教师需要与教育管理者、教育研究者、社区、家长等主体合作，共同促进学生的发展。协同取向的教师专业学习共同体，提升了教师个体发展的自主性，创建了教师学习的动态机制，构筑了教师互动合作的生态环境。④开放取向的教师发展。教育变革的国际化趋势要求教师具备包容性、多元文化取向的价值观，培养教师具有全球视野和跨文化能力。各国教师教育变革始终关注教师的跨文化认知、情感和教学能力，以教师教育课程与教学变革推动开放性教师培养和培训。其中，海外实习、国外进修、教师跨文化交流成为推动教师发展的重要举措。

在全球化背景下，中国的教育和教师发展具有独特性，这取决于我们面对的问题的独特性与复杂性。当前，"教育公平""教育质量"与"教育治理"成为影响中国教育发展的三个关键议题。义务教育非均衡发展、乡村教师流失、农村留守儿童教育、农民工随迁子女教育等问题，凸显了城镇化时代教育公平问题的严峻性；伴随农村义务教育经费保障新机制的全面实施，当"有学上"的问题基本解决后，"上好学"的问题成为制约教育发展的主要矛盾。择校、学区房、大班额、课外补习等问题几乎都与优质教育资源的短缺有内在关联；在教育治理上，我们需要改变政府自上而下的管理模式，应广泛吸纳市场、社会、家庭等多元主体参与教育治理，构建起有效的平等协商的教育治理网络。

破解"教育公平""教育质量"与"教育治理"难题，离不开教师素质提升和教师教育制度的变革。近年来，我国教师教育体系不断完善，教师教育改革持续推进。《国家中长期教育改革和发展规划纲要（2010—2020年）》和《国务院关于加强教师队伍建设的意见》，提出深化教师教育改革，推进教师教育内涵式发展；《乡村教师支持计划（2015—2020年）》，以义务教育教师队伍"县管校聘"管理改革为抓手,加强乡村学校教师资源配置;《卓越教师培养计划》为深化教师培养模式改革、加强基础教育师资保障提供了重要指导。尽管如此,现实生活中,教师社会经济地位不高、乡村教师吸引力不强、教师的不合理流动、教师实践能力弱化、教师专业化程度不高等问题依然困扰着我们,教师质量问题成为我国教育可持续发展的瓶颈。

在此背景下,华中师范大学教育学院团队从多学科视野探讨了教师发展问题,形成了"教育变革与教师发展丛书"。本丛书包括以下内容。

1)教师专业发展理论研究。《教师专业发展:标准、内容与向度》一书运用多学科理论与方法对教师专业发展问题进行了剖析。该书意在指明:①教师的专业知识观不仅受社会意识形态、教育观和知识论的干预,还受教师个人生活史和教育实践经验影响。②在教师专业发展中,技术应用得当可以实现师生身心发展,然而应用不当就会导致技术偏见、技术依赖,以及技术应用中的伦理道德、法律法规等现实问题,预示着技术之于教师专业发展的复杂性。③专业伦理是教师主观世界的核心,过分强调专业知识和专业技术而忽视专业伦理,会让教师专业发展呈现较多知识本位和技术主义色彩,导致教学思想性和教育性降低。④良好的教师专业发展模式必须注重教师专业发展的终身性。

2)历史变迁视野下的师范教育研究。《中国师范教育发展史》从历史发展的视角切入中国师范教育,全面展现了历史长河中我国师范教育的利弊得失。作者首次从教育思想、教育制度和教育活动三个维度对中国师范教育发展历程进行剖析,深入挖掘了我国师范教育发展的历程,力图展现发展趋向,为当今教师教育改革与发展提供历史的明示。

3)心理学视野下的教师学习研究。《中介理论视野下教师职场学习的变革研究》以维果茨基的中介理论为核心剖析了教师的职场学习。在中介理论视角下,教师的学习是"学"与"用"一体化的过程,并强调目标与工具的重要性。以此为依据,作者运用文本分析、问卷调查和实地考察的方法,构建了中小学教师成长为专家型教师所需具备的 17 项素养指标,总结了教师学习的基本过程与实践原则,并开发了"ITEC 教师学习模式"、思与行双向建构的反思学习方式,以及师徒制学习等教师学习方式。中介理论视野下的教师学习研究拓展了教师职场学习理论,为在职教师学习提供了策略。

4)女性主义视野下的教师教育和教师发展研究。《教师教育的性别向度》透过"性别分析"的视角审视,解读和重构了教师教育和教师发展的相关命题。针对教师发展中存在的消弭性别差异、牺牲个体的自由和差异、自我体验等问题，作者从教师身份建构、知识建构、组织环境、教学生态等维度，深入探讨了传统教师身份及职业理论的性别观基础、教师教育知识中的性别意识、学校组织环境与组织文化中的社会性别逻辑，以及学校课程与教学中的性别符码等问题。以此重构性别平等的教师教育观，提出将社会性别意识纳入教师教育，建立教师教育性别平等检测指标的重要议题。

5）政治哲学视野下的农村教师培训研究。《农村教师培训的第三空间路径研究》以霍米·巴巴的第三空间理念和维果茨基的第三代活动理论为核心，对农村教师教育未来的体制变革进行了探索。在社会转型期，农村教育正逐步与城市教育同质化，农村教师相对剥夺感强烈，致使队伍很不稳定。该书在对中部地区51个乡镇进行实证调查与国际经验分析的双重基础上，从第三空间的视角探索了大学参与、城乡中小学教师培训一体化的中国模式，具体提出了十二项协同培训方式与四大类别。基于实证研究提出的政策建议有助于推进城乡资源整合，解决农村教师培训中针对性不强、实效性偏低的问题。农村教师培训的第三空间路径基于城乡一体化设计路径，旨在促进城乡教师教育的一体化发展，有效提高农村教师发展水平。

6）发展视野中的教师政策研究。《发展视野中的教师政策研究》聚焦于中国教育现实问题，运用量化与质化相结合的研究方法，探讨了乡村教师薪酬与绩效工资改革、"联校走教"政策效果、城乡教师流动与离教意愿、代课教师生存状态、师范教育效果评价等议题。该书基于作者10多年的实证调研和田野考察，是一项以证据为本，揭示中国教师发展多样性、复杂性和本土性的著作。

"教育变革与教师发展丛书"为人们理解中国教师发展提供了多元化的视角。变革是时代的主旋律，通过跨界合作探寻新的知识，通过教师发展推动中国教育的深度变革，是华中师范大学教师教育研究团队的基本价值追求。希望本丛书的出版，能够深化人们对教师的理解，为教师政策的制定提供有价值的信息，为深度推进中国教育变革尽绵薄之力。

是为序。

2017年5月15日
武汉桂子山

农村教师培训的第三空间路径研究

# 前言

在城乡二元结构体制背景下，我国城乡教育之间存在着巨大的差距，诸多农村学校面临着教师"下不来、留不住、干不好"的尴尬状况。中央全面深化改革领导小组第十一次会议审议通过了《乡村教师支持计划（2015—2020年）》，再次把乡村教师队伍建设摆在优先发展的战略地位，以期让每个乡村孩子都能接受公平的、有质量的教育。培养、培训农村教师，提高其教育教学能力，是提升农村教师能力素质、解决我国农村教育质量偏低问题的关键。那么，应该如何培养、培训才能促使农村教师成功任教？目前，农村教师培训设计没有做到培训的普遍性与农村教师专业发展的特殊性相结合，忽视了城乡之间的文化冲突，其培训中的教育教学理论与农村教育教学实践存在不同程度、不同类型的割裂，农村教师实际需求得不到满足，这就造成农村教师培训质量偏低、农村教育质量难以提高的现状。

通过分析文化认知、理论知识与实践知识各自角色及其相互关联在农村教师培训中的作用机制可以看出，教育教学理论与教育教学实践知识的平等性、农村教师知识的跨越性、文化背景知识的影响性、城乡教师协同互动实现其知识的互补和一致性是农村教师培训新的认知范式的关键组成因素，形成了跨界互动特性的农村教师合作伙伴关系及其运行框架，建立了大学参与、城乡中小学合作的农村教师培训的第三空间核心路径，提出了十二种具体的农村教师合作培训方式。在对中国大学、城乡中小学农村教师培训项目的深入调查和大量数据分析，尤其对基于第三空间假设提出的十二种农村教师合作培训方式的检验，以及借鉴国际经验的基础上，本书发现农村教师培训的第三空间路径秉持的平等、跨界、互动、合作理念，这在很大程度上契合了农村教师培训的需求及未来发展趋势，也论证了教师教育第三空间路径的可行性与可操作性。

在第三空间路径中,通过协同互动和交融学习,推进城乡资源整合,实现各体系教师知识和能力的一致性和互补性:城市中小学教师影响农村教师,并了解农村教育,增强其多元文化教育教学能力,也有利于城市教师到农村交流;高校教师针对具体情景,结合教育教学实践和城乡文化,给予农村教师教育教学理念和方法上的引领;更重要的是,农村教师基于城市和农村的教育教学方式、文化的异同,在实践中改进教育教学方法和提升教育教学理念,促进自身知识在与各类知识的融合中生长。

农村教师的独特性主要表征为农村教师处境的孤立无援,缺乏专业发展的支持,缺乏周围社会环境(包括家长)的情感支持。在现实的培训中,受到理论话语主导、科层制话语主导及蕴含其中的城市话语主导等"独白"培训观影响,农村教师失去了话语权。农村教师虽然是学习的直接参与者,但缺乏与之协商、互动、对话的机制,体现为知识的不平等、主体的不平等。

本书从培训内容与农村教师需求的契合程度、培训者对学员群体的了解、培训的实际效用等方面开展调研,综合考察培训效果,发现培训整体成效偏低,其原因是多方面的。培训内容缺乏针对性、脱离当下农村教师教育教学实践成为影响培训效果的重要因素。培训前后,相关部门应有相应的调查研究,以了解农村学校、教师和学生的需求。农村教师认为"上级"很少组织专业人员深入一线进行大规模的调查,现有的某些调研的科学性、规范性和专业性难以保障,对农村教师关于培训内容和形式等的需求和建议了解不足,并且缺乏教师培训后反馈的渠道、平台或组织。当前培训对农村教师的教学、农村学生情况和农村学校发展条件等现状或变化没有及时跟进,因此依然存在许多无效培训,占用和浪费教师的时间。

农村教师提升学生学业的压力大、培训机会少、工学冲突大是培训的主要影响因素。农村教师在培训后也面临着相关的体制化环境限制。在现有的教育体制下,很多农村学校的校长和教师认为将一些新理念、新方法运用到教学实际中,对学生的成绩提升和全面发展可能有好的影响,但又担心影响学生的成绩和学校升学率,所以新理念、新方法的运用积极性不高。同时,农村教师作为一个社会人,不可避免受到生活现实,尤其是社会功利化、浮躁化的影响。当从教缺乏体面感,没有稳定、足够的工资保障和尊师重教的环境,从而缺乏幸福感时,部分农村教师就不会选择教师岗位,要么考(调)

进城，要么转行，专业成长动力不足。这也是农村学校留不住经验教师的重要原因之一。

研究发现：教育教学示范与交流是有效的培训类型与形式；农村教师偏重增进科目教学的知识，倾向于过程考核；欢迎集理论与实践于一身的培训，或者说期望培训者能融合理论与实践；基于有效实践的合作培训广受欢迎等；本书设计的十二种农村教师合作培训方式，分为高校与中小学合作培训、高校理论与中小学实践交织学习、城乡合作培训、远程合作培训四类，满足以上农村教师发展的期望要求，符合培训趋势。在问卷调查和深入访谈中，绝大多数农村教师十分认同这些合作培训方式并提出实施的注意事项，尤其优秀教学示范、理论与实践交织学习、注意文化差异的合作培训方式，非常有益于农村教师。从研究中我们也得知，农村教师培训者的专业素养直接影响农村教师的专业成长。农村教师教育者专业学习共同体的创建不仅有助于培训者之间的交流学习，更有益于培训者在合作中为农村教师带来理论与实践的双引领，提升培训的实效性。因此，本研究对农村教师教育者学习共同体的建设做了尝试。

从国际经验来看（以澳大利亚为例），近年来，针对农村学校招募与保留高质量教师困难的问题，澳大利亚从职前教师入手，投入了大量资金，以项目的形式融入农村教师的培养目标，以培养更多具有农村教学情怀且具备农村教学素养的职前教师，增强职前教师毕业后自愿选择农村教学的可能性，最终达到培养农村教师的目的。农村教师培养项目在形式上鲜明地体现了合作的本质，职前农村教师培养的有关方——大学、政府、农村中小学校、农村社区等，各司其职而又相互合作，共同参与到项目中。"合作"是澳大利亚农村教师教育最显著的特征之一。

教师专业发展是提高教师地位的中长期策略。提升农村教师专业水平，对提升农村教师群体的地位，从而大幅提升农村教育质量是至关重要的。农村教师培训的第三空间路径包括两条核心路径、十二种具体合作方式与四大类别，构成了大学参与、城乡中小学合作的一体化培训模式。一体化培训模式的优势如下：一是减少培训中理论和实践的脱节、增加基于实践的理论；二是关注城乡差异，增强培训的文化适应性；三是强调互动、针对性指导和持续发展；四是将现代信息技术充分融入培训中，让优质资源惠及更多农村教师。因此，本书倡导跨越边界，基于农村情境，建立大学参与、城乡中小学合作的农村教师合作培训机制，实现资源整合，促进农村教师基于文化实践的知识（包含技能的知识）融合生长，在政府资金和制度的保障下，让农村教师有自信地扎根于农村从教。

在理论上，新的理论框架的应用有望在农村教师有效培训的组织、课程的设计与教学、城乡教师交流等议题上形成新的解释，获得新的观点和结论，促进教师认知理论的发展。与此同时，本书较大地丰富了我们关于农村教师培训的组织与发展路径问题的知识，揭示了新的发展逻辑和动力机制，从而为中国的农村教师专业的发展提供较深厚的理论和实证基础。

在实践上，第三空间路径是一体化设计路径。一方面，有利于农村教师培训中大学教育教学理论、中小学教育教学实践与农村文化的有机融合，促使农村教师知识的有效生成，以解决农村教师培训中针对性不强、有效性不高的问题，对提高农村教师培训质量、加强农村教师队伍建设具有重要的实践意义；另一方面，在城镇化发展进程中，城乡差异会逐步缩小，第三空间路径有利于城乡资源整合，有助于推动城乡教师教育的一体化发展。

本书的写作与出版得到了大家的广泛支持，在此一并表示感谢。感谢提出宝贵意见的雷万鹏教授，感谢给予悉心指点的涂艳国教授、范先佐教授、蔡迎旗教授等，感谢给予建议的王浩文博士、钱佳博士。感谢课题组成员：北京师范大学教育学部王恒博士（参与部分数据统计分析），崇阳县教育局信息中心汪俊世主任（参与部分数据收集），华中师范大学教育学院本科生肖甜（参与部分数据的收集与整理）、研究生胡丹、王依依、郭菲（参与农村教师培训中突出的问题、第三空间创建的核心路径的前期收集与整理）[①]、梁慧芳（参与农村教师教育者共同体建设研究）、王娟（参与农村教师培训中失语困境研究）、田洁（参与澳大利亚农村教师教育项目的国际经验研究）、颜贝贝和牛莹（整体协助工作），非常感谢他们做出的贡献。感谢科学出版社教育与心理分社付艳社长、乔宇尚老师、程凤老师和崔文燕老师等的辛勤工作，提高了本书的出版质量并保证其顺利出版。感谢我的工作单位华中师范大学教育学院提供的诸多帮助和支持。最后要感谢我的丈夫和家人，感谢你们坚实的爱，深深感动！

戴伟芬<br>
2016 年 12 月武汉

---

① 在课题前期研究期间，笔者指导的硕士研究生王依依即将毕业，先把其参与的那部分工作形成文稿写入了论文。

# 目录

丛书序　变革时代的教师发展与政策选择

前言

## 第一章　农村教师培训第三空间路径研究的缘起与设计 /1
### 第一节　农村教师培训中的突出问题 /1
一、高等院校本位培训研究 /2
二、农村地区本位培训研究 /2
三、有关合作培训的研究 /3
### 第二节　研究概念与方法 /4
一、概念说明 /4
二、研究方法与思路 /5
三、调查设计与统计 /7

## 第二章　农村教师培训第三空间的创建 /11
### 第一节　农村教师培训第三空间的构架 /11
一、跨界互动特性的农村教师培训 /11
二、农村教师培训第三空间创建的运行框架 /12
### 第二节　农村教师培训第三空间创建的核心路径 /15
一、建立跨院校实践共同体，共同设计解决方案 /15
二、跨越城乡社区边界，积累跨文化社区学习经验 /17
三、十二种农村教师合作培训方式的设计 /18

## 第三章　农村教师培训状况调查数据分析 /21
### 第一节　农村教师培训的现状 /21
一、农村教师的人口特征 /21
二、农村教师培训的总体情况 /26
三、不同教龄农村教师培训情况 /32
四、不同学历农村教师培训情况 /37

　　　　五、不同性别农村教师培训情况 / 41
　　　　六、不同学段农村教师培训情况 / 45
　　第二节　农村教师培训的实际需求 / 49
　　　　一、农村教师培训的总体需求 / 49
　　　　二、不同教龄农村教师对培训的实际需求 / 62
　　　　三、不同学历农村教师对培训的实际需求 / 74
　　　　四、不同性别农村教师对培训的实际需求 / 84
　　　　五、不同学段农村教师对培训的实际需求 / 94
　　第三节　十二种合作培训方式有益性的考察 / 104
　　　　一、农村教师的总体反馈 / 104
　　　　二、不同教龄农村教师的感知 / 106
　　　　三、不同学历农村教师的感知 / 111
　　　　四、不同性别农村教师的感知 / 112
　　　　五、不同学段农村教师的感知 / 114
　　第四节　结论 / 115
　　　　一、工学矛盾成为培训障碍 / 115
　　　　二、培训成效整体偏低 / 118
　　　　三、示范、交流及过程考核是有效培训的核心 / 119
　　　　四、偏重提高科目教学知识 / 122
　　　　五、融合理论与实践知识是培训者应有的素养 / 124
　　　　六、基于有效实践的合作培训广受欢迎 / 127
　　　　七、十二种农村教师合作培训方式有益性认同 / 129

## 第四章　农村教师培训的个案分析 / 131

　　第一节　农村教师培训中的失语境况 / 131
　　　　一、农村教师的独特性 / 131
　　　　二、农村教师培训中的失语困境 / 134
　　第二节　农村教师培训的问题分析 / 142
　　　　一、培训前准备不足 / 142
　　　　二、培训中缺乏融通，流于形式 / 147
　　　　三、培训后难以运用与持续发展 / 153
　　　　四、培训之外的社会环境影响 / 157
　　第三节　十二种农村教师合作培训方式的认可与实施 / 158
　　　　一、高校与中小学合作培训 / 158
　　　　二、高校理论与中小学实践交织学习 / 161

　　　　三、城乡合作培训 / 163
　　　　四、远程合作培训 / 168

第五章　农村教师教育者专业学习共同体建设研究 / 172
　　第一节　研究背景 / 173
　　　　一、农村教师教育者身份认同与转变的需要 / 173
　　　　二、农村教师教育者专业化和专业发展的诉求 / 174
　　　　三、农村教师培训现实问题应对的需求 / 175
　　　　四、概念界定 / 176
　　第二节　教师教育者学习共同体构建的理论基础 / 178
　　　　一、情境学习 / 178
　　　　二、拓展性学习 / 179
　　　　三、边界实践与边界跨越 / 180
　　第三节　教师教育者学习共同体的运行框架 / 183
　　　　一、帕克的学习共同体图景 / 183
　　　　二、学习共同体运行框架构建 / 184
　　第四节　农村立场的教师教育者学习共同体实施途径 / 189
　　　　一、培训前的合作研讨 / 191
　　　　二、培训中的协作开展 / 193
　　　　三、培训后和培训外的反思交流 / 196
　　第五节　农村教师教育者专业发展的制度保障 / 199
　　　　一、制定农村教师教育者专业标准 / 199
　　　　二、成立农村教师教育者专业组织 / 201
　　　　三、组建多样化的农村教师培训人力资源支持体系 / 202
　　　　四、建立农村教师教育者培训制度 / 203

第六章　澳大利亚农村教师教育项目的国际经验 / 205
　　　　一、培养项目开展的核心路径 / 205
　　　　二、培养项目的具体实施 / 206
　　　　三、培养项目的效果小结 / 212

**参考文献** / 213

**附录 1** / 219

**附录 2** / 226

# 第一章

# 农村教师培训第三空间路径研究的缘起与设计

## 第一节 农村教师培训中的突出问题

在当前城乡二元结构体制的背景下,我国城乡教育之间存在巨大的差距,农村教育面临诸多问题:农村教师数量不足、教育质量不高。据统计,截至2013年,我国农村义务教育阶段学校有620万名专任教师、超过1亿名的学生。我国农村教师队伍整体情况如下。①初始学历较低。相关调查显示,农村小学、初中专任教师学历合格率分别为98.7%和96%,接近国家标准。但是,农村中小学教师的初始学历合格率较低,普遍没有接受过正规的师范教育。②农村教师"老化",包括教师的年龄结构老化,以及教师知识构成和教育思想落后、教育科研能力不强、教学改革意识淡薄、现代教学手段运用不畅等。③专业不对口、学科结构性矛盾问题突出。目前农村中小学学生人数占全国中小学学生人数的75%左右,在某种程度上,农村中小学教师所负责的是中国教育系统中最重要、最庞大的基础教育部分。广大农村中小学的教育教学质量直接关系到我国基础教育的整体水平,广大农村教师是农村基础教育改革的主力军。只有加强对农村教师相关知识、技能、观念的培训,才能促使农村教师不断更新旧的教育理念,建立新的师生观,改变传统的教学方式,提升自我反思意识,培养合作创新能力和自我发展能力。因此,在推进农村教育改革进程中,开展卓有成效的农村教师培训工作则成为农村教师队伍建设的必由之路。

2015年,中央全面深化改革领导小组第十一次会议审议通过了《乡村教师支持计划(2015—2020年)》,再次把乡村教师队伍建设摆在优先发展的战略位置,让每个乡村孩子都能接受公平、有质量的教育。培养、培训农村教师,是提升农村教师教育素养和教学能力,解决我国农村教育质量偏低问题的关键。那么,应该如何培训农村教师呢？目前，农村教师培训存在诸多问题：①培训设计没有做到培训的普遍性与教师专业发展的特殊性相结合，忽视了城乡之间的文化冲突；②培训内容不全面，教育教学理论与实践存在不同程度、不同类型的割裂，农村教师实际需求得不到满足，这就造成农村教师培训质量偏低、农村教育质量难以提高。农村教师培训的合作模式正逐渐兴起，但仍处于初级阶段。

目前，根据培训主体的不同，农村教师培训可划分为高等院校本位培训、农村地区本位培训和有关合作培训三类。高等院校本位培训是我国农村教师最主要的培训模式；农村地区本位培训由于培训时间、地点不受限制而逐渐被农村地区学校采用；有关合作培训相对较新，还处于起步阶段。

## 一、高等院校本位培训研究

高等院校本位培训是我国开展最早的农村教师培训模式：一般采取农村教师到高等师范院校和县级教师培训机构进修的形式，如顶岗支教、置换培训、"国培计划"等。高等院校本位培训的培训者多为高等院校教师和少数中小学骨干教师，培训内容注重课程的理论性和知识的系统性，培训形式以传输式授课为主，兼有讲座和观摩课堂，有助于更新农村教师的教育理念和学科知识，提高农村教师的教育教学能力和综合素质。高等院校本位培训也为高校教师提供接触大批农村教师的机会，有助于他们联系农村实际展开教育科学研究。国外则主要是依托高校，建立针对农村地区情况进行教师培训的长效模式，如教育更新区等。

然而，我国高等院校本位培训多以单向传输为主，主要侧重于知识的传授，以"注入式"为主，培训者参与的程度较低，师生之间缺乏交流和互动，并且课程安排紧凑，参加培训的农村教师在短期难以内化所有的培训内容；培训内容还存在明显城市化的倾向，忽视城乡文化冲突，缺乏实用性；此外，这种培训模式难以解决农村教师质量参差不齐的问题，无法满足不同地区不同教师的需求，针对性不强。

## 二、农村地区本位培训研究

农村地区本位培训在一定程度上解决了高等院校本位培训模式实用性和针对性不强的问题。这种培训模式一般是在农村地区，以农村学校为中心，通过校本培训、远程教育等途径帮助农村教师在岗接受专业培训，实现农村教师职后专业发展，在英国最为常见。校本培训是由教育行政部门或教师培训机构指导农村中小学校发起、组织，基于农村学校的实际需要，将教师培训和学校教学、科研结合起来的一种灵活、低成本的在岗培训。

校本培训的形式多样：从学校层面来看，学校以案例研究、专题研讨等途径带动教师进行研究学习；从教师层面来看，教师通过集体备课、互相听课、教学反思等途径进行互助指导。这种培训方式充分利用本地资源，以解决实际问题、有效实现教师专业发展为目的，并且可以不受时间和地点的限制展开研讨活动，较好地解决工学矛盾，是一种比较适合农村学校自我教育、自我发展，在较广范围实施的培训方式。但是校本培训的成效与农村教师的整体素质及校本培训氛围有关，整体来说，农村地区教师质量偏低、校本培训资源匮乏，容易产生自我封闭、缺乏内动力的问题，校本培训难以收到应有的效果。而远程教育培训对学校的硬件设施要求较高，在我国"以县为主"的教育管理体制下，偏远农村地区没有足够经费来完善远程教育设备，而且有调查显示，资源平台的利用率并不高，这种自主学习方式依赖于教师个体专业发展意识与内在发展动力。

### 三、有关合作培训的研究

相较上述两种培训模式，我国合作培训还处在个别探索阶段，主要包括校地合作和城乡学校合作。校地合作主要是培训机构和地方教育行政部门进行合作，一般是安排送教下乡或送教上门，目前双方合作比较简单。有部分教育者基于城乡统筹发展，初步提出城乡学校合作方案，建立城乡区域中小学校际合作。在学校层面，进行"校际联动"，采取城镇学校帮扶农村学校的形式，开展教学研讨、专题讨论等活动；在教师层面，安排城镇教师送教下乡及农村教师到城镇跟岗学习。这种培训方式可以解决校本培训对教师素质要求较高的问题，通过城镇教师对农村教师的帮扶，实现农村教师教育教学能力的提升及知识的更新。但是，由于城乡学生的教育背景并不相同，城镇教师的教学方法无法完全适用于农村学生，同时缺乏专家的指引，在校际合作中难以实现教学研究的理论提升，这些仍然是急需解决的问题。从国际上看，美国在20世纪80年代初开始积极探索农村教师培训，在合作培训上大有发展，采取多元主体参与的合作培训模式，如设立城乡合作教师发展计划、明确城乡学校合作、注重高校参与、促进教师对城乡教学的认识和理解。

总的来说，农村教师培训缺乏对城乡学校教育复杂性的重视，也缺乏对城乡社区文化差异的尊重，达不到预期的效果。无论是大学还是中小学校都难以独立地培训教师，而且如果忽视城乡文化差异，即使是中小学和大学合作也难以有效地培训农村教师。这就需要农村教师培训认知范式的转变，这种转变包含对教育理论、城乡教育实践者和城乡社区知识的尊重，以及注重三者之间的互动。因此，本书将从农村教师教育理论、实践、文化知识的深度融合，以及培养培训机构深度合作的角度来谈如何提高农村教师供给质量。

## 第二节  研究概念与方法

### 一、概念说明

#### （一）第三空间

第三空间的理念源于后殖民主义理论家霍米·巴巴的后殖民理论研究，他所强调的"第三空间"是殖民者/被殖民者相互渗透的状态，跨越各自边界，产生新的语言或文化。第三空间是环境、条件等这样一个非实体性的结构，是无形的、抽象的、比喻的空间。可以说它是一个虚拟的空间，但有实体的表现形式，如专业发展学校、实验学校、共建实验区及教师学习共同体等。目前，这一理念正运用于艺术、语言、地理等许多领域。第三空间的理论基础为杂合论。杂合论重要的不是追溯两种本源，而是让"第三种"从中而出。这个"第三种"置于一种三维辩证的作为"他者"的空间中，即第三空间。因而第三空间拒绝二元对立和本质主义，把对立原主体以新的方式进行融合，将一种或此或彼的看法转变为一种全新的观点。在此空间中，双方或多方跨越边界，混合生成第三方。混合并非同时共存、简单叠加，它要求各体系边界的平等、开放，并不放弃原有的优势，而是与对方优势的互动。双方或多方在相互影响和作用之下交叉、融合并最终发生转化。其间，各方的界限变得模糊，乃至消失。因为转化过程需要不断吸收新的因素，永远处于变化中，所以第三空间表现出开放性和流动性。因此，第三空间呈现出交叉、融合、开放、流动、产生新的效应的特点，促使双方或多方跨界互动，深入合作。

将第三空间的理念运用到教师教育是指教师教育中大学教育教学理论与中小学教育教学实践及其社区不是在矛盾中对立，而是在相互作用、影响下融合生长，包含两层含义。①知识的平等性。理论与实践知识处于平等地位，而且由于教育教学的实践属性，中小学教育教学实践和社区文化均应纳入大学教师教育课程体系。②知识的跨越性。根据文化历史活动理论：一是专业知识分布在不同的系统中；二是个体的思维和行为方式受到个体发展中文化实践和工具生产的影响。从文化历史活动理论的角度来看，教师的学习存在于"一个不断变化的相互联系的活动系统中"，教师的专业知识跨越空间分布在大学、中小学及其所在（城乡、民族地区）社区，那么教师专业知识的融合生长需要跨越大学、中小学和社区体系的边界，并在三者不断联系的教学活动体系中形成。

## （二）农村教师培训

### 1. 农村教师

农村教师指在农村中小学从事教育教学活动的教师。农村教师是与城市教师相对应的概念，反映了中国城乡二元经济结构现状。尽管我们未在经典教育学教科书中见到有关于"农村教师"概念的明确表达，但目前国家教育政策文本已经开始关注"农村教师"这个概念。言及农村教师，实际上也是在描述一个区别于城市教师的群体。"农村教师"只是个历史范畴，而不是永恒范畴。当我国实现了"城乡一体化"即城乡差别基本消失的时候，"农村教师"这一概念也会随之逐步消失。

### 2. 教师教育

教师教育是指职前教师培养、入职教育和在职教师培训。教育部于2002年2月颁布的《关于"十五"期间教师教育改革与发展的意见》中第一次对教师教育做出了比较完整的解释：教师教育是在终身教育思想的指导下，按照教师专业发展的不同阶段，对教师的职前培养、入职教育和在职培训的统称。

### 3. 教师培训

教师培训，广义地讲，指的就是教师教育，包括职前教师培养和在职教师培训；狭义地讲，专指在职教师培训，又称教师继续教育。从我国教师培训的政策、实践及其研究来看，它通常是指中小学教师继续教育，是指为提高中小学在职教师思想政治和业务素质而进行的培训，包括新任教师的上岗培训、教师职务培训和骨干教师培训等形式。

### 4. 农村教师培训

本书中的农村教师培训是指对取得教师资格的农村教师进行的旨在提高其政治思想和业务素质的培训，促使他们提高专业知识和技能并能更好地服务于学生。这是为了顺应社会发展趋势，满足教育质量和课程改革对教师素养的要求，通过有计划地组织农村在职教师开展各种层次、各种形式的学习活动，促进教师在专业素养和思想上得到可持续的发展和提高，是非学历教育。

## 二、研究方法与思路

本书跨学科，采用理论分析与实证调研、质性与量化相结合的研究方法，融普遍性和地方性于一体展开讨论，研究思路详见图1-1。

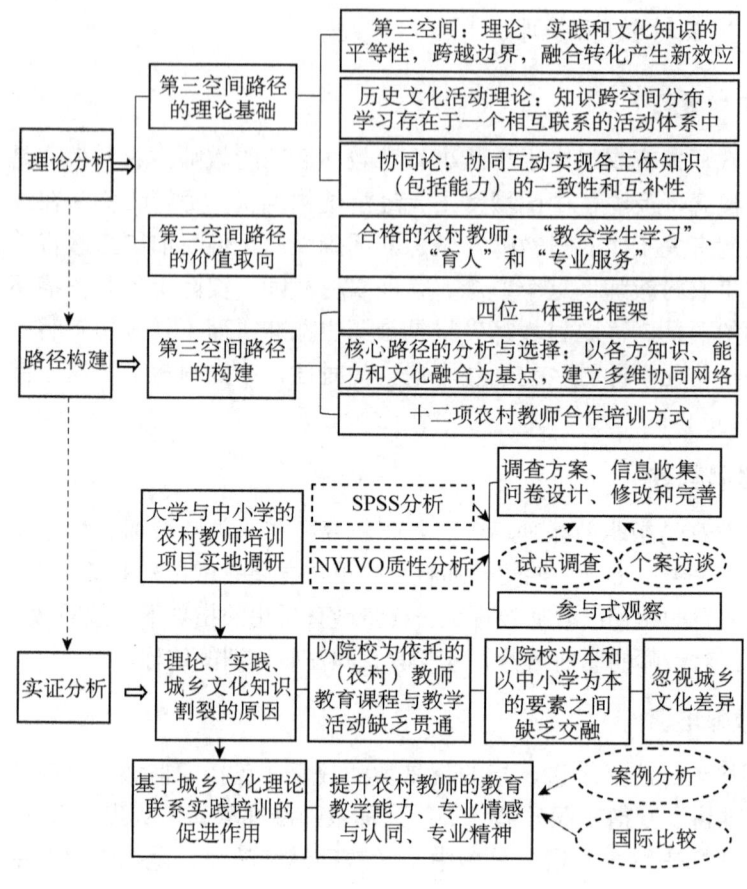

图 1-1 研究思路图

**1. 文献法**

（1）围绕农村教师培训的主题，对国内外现有研究进行梳理分析。

（2）对后殖民主义理论的第三空间理念，以及心理学的文化历史活动理论、管理学的协同互动理论等跨学科理论进行深入解读。

（3）结合农村教师专业发展学理研究，分析农村教师培训的第三空间路径的理论基础、价值取向与构建。

**2. 实证调研法**

（1）对课堂教学、培训方案的制订过程与实施、教学管理等进行参与式观察；对培训组织、管理者、骨干教师等相关培训者，受训农村教师进行访谈和问卷调查。

（2）考察农村教师培训项目现状，了解其学习质量及管理情况，分析农村教师培训课程设置、教学中和教学后教育教学理论与教育教学实践，以及城乡文化的结合情况，揭示问题并分析其原因，论证基于城乡文化、教育教学理论联系中小学教育教学实践的培训方式的促进作用，探索农村教师培训的第三空间路径的可行性与可操作性。

### 3. 案例分析法、比较分析法

通过深入剖析案例，比较分析国内外经验，分析并选择第三空间路径的具体实施途径，并探究其保障措施。

## 三、调查设计与统计

### （一）问卷调查

#### 1. 样本来源

本书采用分层抽样的方法，从江西、湖北、湖南3省11个县（区/市）51个乡镇（详见表1-1），抽取农村教师2165位，总共发放2165份问卷，其中有效问卷2091份，有效回收率为96.6%。在有效样本的地域分布方面，除未填写任教学校所在地的7人外，江西省601人，占28.8%（此处的百分比为排除缺失值后的有效百分比，下同），湖北省634人，占30.4%，湖南省849人，占40.7%；在性别方面，除未填写性别的4人外，共有男性851人，占40.8%，女性1236人，占59.2%；年龄方面，除未填写年龄的33人外，22岁及以下的48人，占2.3%，23～30岁的农村教师511人，占24.8%，31～40岁的农村教师630人，占30.6%，41～50岁的农村教师633人，占30.8%，51岁及以上的农村教师236人，占11.5%；教龄方面，除未填写教龄的43人外，教龄为0～3年的297人，占14.5%，4～8年的310人，占15.1%，9～15年的262人，占12.8%，16～25年的709人，占34.6%，26年及以上的农村教师470人，占22.9%；学历方面，除未填写最高学历的17人外，最高学历为高中或中专的74人，占3.6%，最高学历为大专的共583人，占28.1%，最高学历为本科的1379人，占66.5%，最高学历为研究生及以上的38人，占1.8%；任教学段方面，除未填写任教学段的41人外，小学农村教师1027人，占50.1%，初中农村教师774人，占37.8%，高中农村教师249人，占12.1%。

表1-1 调研省样本分布情况

| 样本省 | 样本县（市/区） | 样本乡镇 |
| --- | --- | --- |
| 湖南 | 桂阳县、永兴县、资兴市 | 金叶路镇、正和镇、方元镇、莲塘镇、流峰镇、塘市镇、欧阳海镇、鹿峰乡、樟木乡、板桥乡、便江镇、马田镇、高亭镇、油市镇、湘阴镇、湘阴渡镇、黄泥镇、柏林镇、鲤鱼塘镇、樟树镇、城关镇、三塘乡、油麻乡、七甲乡、城郊乡、碧塘乡、洋楼乡、黄泥乡、州门司镇、兴宁镇、三都镇、彭市乡、洋市镇、四里镇、程水镇、青腰镇 |
| 江西 | 章贡区、南康区、瑞金市、安远县、宁都县、信丰县、龙南县 | 欣山镇、梅江镇、嘉定镇、龙南镇、唐江镇、镜坝镇、朱坊乡、鹤子镇、大岭乡、大唐埠镇 |
| 湖北 | 崇阳县 | 天关镇、白霓镇、沙坪镇、路口镇、肖岭乡 |

### 2. 研究工具

本书采用自编的《中小学教师培训的实际需求、现状和建议调查问卷》。该问卷包含基本信息、培训实际需求、培训现状、有益的培训方式和关于培训的开放性问题五大部分。其中基本信息部分包含性别、出生年份、任教年份、专业背景、学历、职称、学段、校内任职等信息；培训实际需求包含有效的培训类型、形式和内容、对理论知识培训的态度、理想的培训者、认可的培训机构和合理的培训考核方式等内容；培训现状部分包含教师的工作压力、培训意愿、机会、动机和障碍、培训理论与教学实践结合的状况、培训效果等内容，有益的培训方式包含教师对各类培训方式对教师专业发展有益性的评价和开展培训地点的最佳顺序等内容。绝大部分题目采用选择题、填空题的形式，培训效果和各类培训方式对教师专业发展的有益性采用量表形式，这两个量表的 Cronbach's $\alpha$ 系数分别为 0.795 和 0.885，具有良好的内部一致性信度。

### 3. 数据分析方法

本书采用 SPSS 22.0 软件进行数据的录入、管理与分析，主要内容包括对各变量的描述性统计，对不同性别/地区/年龄/教龄的教师在各个分类变量上进行卡方检验，对不同性别教师在各连续变量上进行独立样本 $t$ 检验，对不同地区/年龄/教龄的教师在各连续变量上进行单因素方差分析。

## （二）访谈分析

本书主要采用访谈法和问卷中开放性大题，深入了解农村教师对农村教师培训的理解，根据研究所需分析获取的质性材料。通过对农村教师培训的需求、现状、建议及十二种农村教师合作培训方式有益性等的问卷调查，本书呈现了农村教师事实性的现象、选择和基本态度。访谈和问卷中开放性大题的两部分质性研究，深入细致地了解教师做出这些选择的具体考虑和影响因素，进一步了解他们对培训各要素的现状描述、效果反馈、需求建议和自身参与情况等内容，其中教师提供的一些培训案例、教育情景也是重要、宝贵的分析资料，与量化分析相互补充。

### 1. 访谈准备与信息收集

1）访谈抽样及样本构成

根据研究目的，研究以方便抽样的方式选取赣州某地区城区、两镇、两乡共计 23 位受访者。两镇距离城区分别为 16 公里与 13 公里，农业人口占 80% 以上。两乡中一乡距城区 15 公里；另一乡位于该地区的最北部，离城区较远。两乡农业人口占总人口的 90% 以上。在所有受访者中，有 22 位中小学教师具有农村任教经验,还有 1 位教师进修学校副校长(即 W2 老师,曾担任中学化学教师 18 年)。样本涉及不同性别(男性 16 人,女性 6 人)、教龄(5 年及以下 2 人,5~15 年 9 人,15 年以上 11 人)及不同职位(普通教师 9 人,管理岗位教师 13 人),跨越不同学段(小学段教师 13 人,初中段教师 9 人)和层级的学校(村小教师 5 人,乡镇县教师 11 人,城区教师 6 人),具有一定的丰富性和代表性,受访者情况详见表 1-2。在访谈前,经由"中介者"介绍提前与被访者联系,建立较好的信任基础以利于访谈开展;访谈中,在征得对方同意的情况下,对所有访谈进行录音。在与被访者交流时,采用半结构化问答,并根据其个人特征、培训经历,个性化、针对性地生成一些深入追问,以期获得更加完整、准确的信息。访谈后,基于研究的伦理性原则,对受访者进行匿名处理,在文本中以其姓氏首字母命名,重复的以数字在其后标明。

表 1-2 受访教师基本情况

| 教师 | 性别 | 任教学校 | 任教学科 | 职位 | 教龄/年 |
|---|---|---|---|---|---|
| D 老师 | 男 | 县城学校 | 语文 | 教务处副主任 | 8 |
| F1 老师 | 男 | 乡镇中心学校 | 未教主科 | 普通教师岗 | 22 |
| F2 老师 | 男 | 乡镇初中 | 音乐、美术 | 政治处主任 | 28 |
| H1 老师 | 女 | 县城学校 | 语文 | 普通教师岗 | 13 |
| H2 老师 | 女 | 城区学校 | 语文 | 普通教师岗 | 8 |
| H3 老师 | 男 | 乡镇中心学校 | 语文 | 副校长 | 20 |
| G 老师 | 男 | 乡镇初中 | 数学 | 团支部总书记 | 5 |
| J 老师 | 男 | 乡村小学 | 语文 | 校长 | 15 |
| L1 老师 | 女 | 乡村小学 | 语文 | 普通教师岗 | 1 |
| L2 老师 | 男 | 城区学校 | 英语、政治 | 普通教师岗 | 14 |
| L3 老师 | 男 | 乡镇学校 | 政治 | 工会主席、校长助理 | 19 |
| L4 老师 | 男 | 城区学校 | 政治 | 德育主任 | 8 |
| L5 老师 | 男 | 乡镇初中 | 历史 | 副校长 | 19 |
| P 老师 | 男 | 城区学校 | 英语 | 普通教师岗 | 15 |
| Q 老师 | 男 | 乡村小学 | 数学 | 校长、骨干教师 | 29 |
| W1 老师 | 女 | 城区学校 | 数学 | 普通教师岗 | 28 |
| W2 老师 | 男 | 县城学校 | 化学 | 副校长 | 18 |
| X1 老师 | 男 | 乡村小学 | 数学 | 校长 | 28 |
| X2 老师 | 男 | 乡村小学 | 语文 | 校长、优秀教师 | 22 |
| Z1 老师 | 男 | 城区学校 | 英语 | 普通教师岗 | 28 |
| Z2 老师 | 女 | 乡镇中心学校 | 语文 | 普通教师岗 | 9 |
| Z3 老师 | 女 | 乡镇中心学校 | 语文、音乐 | 普通教师岗 | 8 |
| Z4 老师 | 男 | 乡镇初中 | 物理 | 副校长 | 22 |

2)访谈提纲设计

根据前期课题思路、问卷内容与调查情况、当地文件等材料设计访谈提纲。访谈问题由四部分构成,包括教师基本信息、培训需求、培训现状和对策建议,主要包括以下四个方面。

(1)收集培训类型、内容、形式,以及具体开展过程和后续指导工作状况,关注教师认为需要、喜爱和有效的培训相关要素。

（2）了解教师对学习理论、经验的态度及面临的困难，将培训所学运用到实际的效果、形成个人实践知识体系等方面的障碍和所需帮助。

（3）对农村教师群体参与培训存在的困难和整体问题的反馈。

（4）教师结合现实情况对十二种合作培训方式的具体内容给予反馈，提出建议，包括有益程度、可行性、操作和改进建议等。

由于访谈对象中包含13位学校管理岗教师，考虑其对校内教师工作和培训情况的管理视角，在教师访谈的一般性问题上追加了一些问题：①学校对教师培训的重视程度；②本校教师参与培训的情况；③校本培训教师全程参与程度、学校的关注程度。

**2. 问卷中开放性大题**

问卷中开放性大题较好地弥补了访谈中抽样人数有限的遗憾。通过对某地区乡镇、县学校602位教师展开的问卷调查，问卷中的开放性大题为农村教师培训现状、需求、对策建议等提供了很好的素材。问卷中开放性大题如下。

（1）理论研究或学习、教学技能学习与农村教育现实三者如何结合对您的教育教学更有利？

（2）如何将您的培训所学运用到教育教学实际中（可以从培训内容、培训方式、培训者、培训机构的改进来回答）？

（3）您在培训中的理论学习和经验学习上面临哪些困难或阻碍（可从自身和外部因素来回答）？

（4）请您描述一次您觉得最有效的培训（可以从培训内容、培训形式、培训者、培训机构的效果来回答）。

问题（1）和（2）针对农村教师培训需求：问题（1）探寻教师对理论、实践与情境三者实现交融的理解与表述；问题（2）寻求农村教师对理想的培训内容、培训方式、培训者、培训机构等的建议。问题（3）和问题（4）针对农村教师的培训现状、经历。希望通过对培训问题、有效培训经历进行描述，探寻影响培训成效的因素。

**3. 数据分析方法**

先将访谈录音转化为文本材料，同时对问卷中的开放性大题，将教师手写的文字转成电子文本，然后根据本书的目标，运用NVIVO 10分析软件对文本、图像等进行编码分析。编码分析根据研究主题，分培训现状、培训需求、未来有益培训方式（针对十二项农村教师合作培训方式的验证）、有关文化差异及其处理、其他建议、态度和价值观对培训的影响等几大主题形成初始的分析框架。随后就访谈、大题中反复出现的其他主题，如农村教育情境进行了节点补充。之后就分析结果进行相应的研讨交流、深化理解，将其融入农村教师培训第三空间路径的总体分析思路中。在所有的质性分析材料中，访谈材料作为主要的分析材料。开放性大题的反馈多以总结式的方式呈现在文章中，部分教师反馈、建议被引用说明。

# 第二章

# 农村教师培训第三空间的创建

## 第一节　农村教师培训第三空间的构架

### 一、跨界互动特性的农村教师培训

教师培训的载体是知识（包括技能），教师的知识包括教育理论、教学实践和文化知识，分布在大学、中小学和社区多个空间。教师知识的形成受他们各自文化实践的影响。如何让农村教师掌握这些不同组织空间的专长和知识，成为农村教师培训的关键。农村教师所需的这些知识和专长应在多个空间或说跨空间中学习，这就需要大学、城乡中小学和社区的合作。文化历史活动理论（cultural-historical theory activity，CHAT）的核心观点为农村教师所需的教育理论、教学实践和文化知识融为一体，组织间的合作提供了理论基础：一是专业知识分布在不同的系统中；二是个体的思维和行为方式受到个体发展中文化实践和工具生产的影响。从文化历史活动理论的角度来看，教师的学习存在于一个不断变化的相互联系的活动系统中。

文化历史活动理论又称活动理论，属于哲学范畴的"活动"概念，于 1922 年由鲁宾斯坦（Rubinstein）引用到心理学中，经维果茨基（Vygotsky）、列昂节夫（Leont'ev）等人的研究而逐步丰富。芬兰教育家于约尔·恩格斯托姆（Yrjö Engeström）发展了维果茨基之后的活动理论。恩格斯托姆把最近发展区融入文化历史活动理论，强调基于共同介导活动的生产性学习方式，把维果茨基的最近发展区从个人主义学习与发展扩展至更宽泛的学习，即主体通过共同参与到各活动系统中了解并提升自身。人类活动受到宏观结构和社会政治环境约束，同时在个体日常行为、倾向和癖好中发生转变。此第三代活动理论，确认了共同体、劳动分工和规则，同时对个体和团体活动产生影响，提出活动系统间交互的思想，"跨界互动"是其关键词，它强调主体通过参与不同活动拓展各方面的学习，尤其是有矛盾的活动。这种矛盾并不等同于问题,而是在活动系统内部或系统之间存在着的结构性的张力,当一个活动系统采纳了来自外部的新的要素,那么旧要素与新要素冲突的地方就会产生矛盾。而正是矛盾蕴藏着创新、改变乃至推动整个活动系统转型的潜力,是活动系统发展的发动机。通过聚焦农村教师在大学、城乡中小学及社区的理论和实践学习中产生的矛盾行为,并针对这些矛盾展开可能的合作,让农村教师学习如何与不同系统的教师合作,达到掌握不同系统知识的目的,农村教师的学习因而得以补充或矫正。活动理论让我们着眼于农村教师在多个空间或跨空间中互动学习。这些空间拓展了农村教师的学习机会。活动系统的交互有赖于合作伙伴关系的建立,而合作伙伴关系这一组织形式的组成则直接源自不同活动系统主体的跨界参与,跨界是合作伙伴关系的本质特征,也就是温格所说的"边界实践"。本书在约尔·恩格斯托姆提出的第三代活动系统理论模型的基础上,构建具有跨界互动特性的农村教师培训合作伙伴关系(图2-1)。这一模型将大学、学校和社区三者视作独立的、单一的活动系统。从活动系统理论的几个关键概念来看,大学教师、城乡中小学教师和社区组织在所属的共同体、主体、目标/对象、中介工具、规则及分工等方面均表现出极为不同的特点,这些差异构成了三者的界限,伙伴关系则被视为三个不同活动系统之间的互动与联结,所以跨界是其本质特征。跨界被定义为实践者必须在界限之间流动,来寻找或给予说明,来寻找信息和工具,"也意味着进入不熟悉的领域",基本上是一种创造性的努力,需要新的理念资源(conceptual resource)。伙伴关系中,身为跨界者的大学教师与一线教师和社区组织,除了必须具备跨界能力,还借用"边界目标/对象"——农村教师专业发展来实现彼此的联结和互动。通过跨界活动及"边界目标/对象",来自不同活动系统的各主体将共同形成一个区别于原先系统的活动系统。在这个新活动系统中,各参与主体将遵循新创的分工、规范和共同体等规则展开互动——基于共同的愿景和目标,经由长时间的互动与协商,各主体逐渐形成相应的分工、合作规范,以及对彼此和自身角色的识别与认同。由于受目标的更改、互动情境的转移、角色扮演与设定的变化等影响,伙伴关系作为新创的活动系统处于常见常新的状态。

## 二、农村教师培训第三空间创建的运行框架

跨界互动是农村教师合作培训,也是农村教师培训应有的特性。为了实现共同目标(农村教师专业发展),大学、城乡中小学校与社区组织专业者跨越组织边界,融合他们各自的资源、规范和价值等到新的第三空间/方案中。第三空间源于后殖民主义理论家霍米·巴巴的后殖民理论研究,其理论基础为杂合论,强调混合对立的二元或多元生成第三种效应,其在他者的三维辩证的空间中产生,即

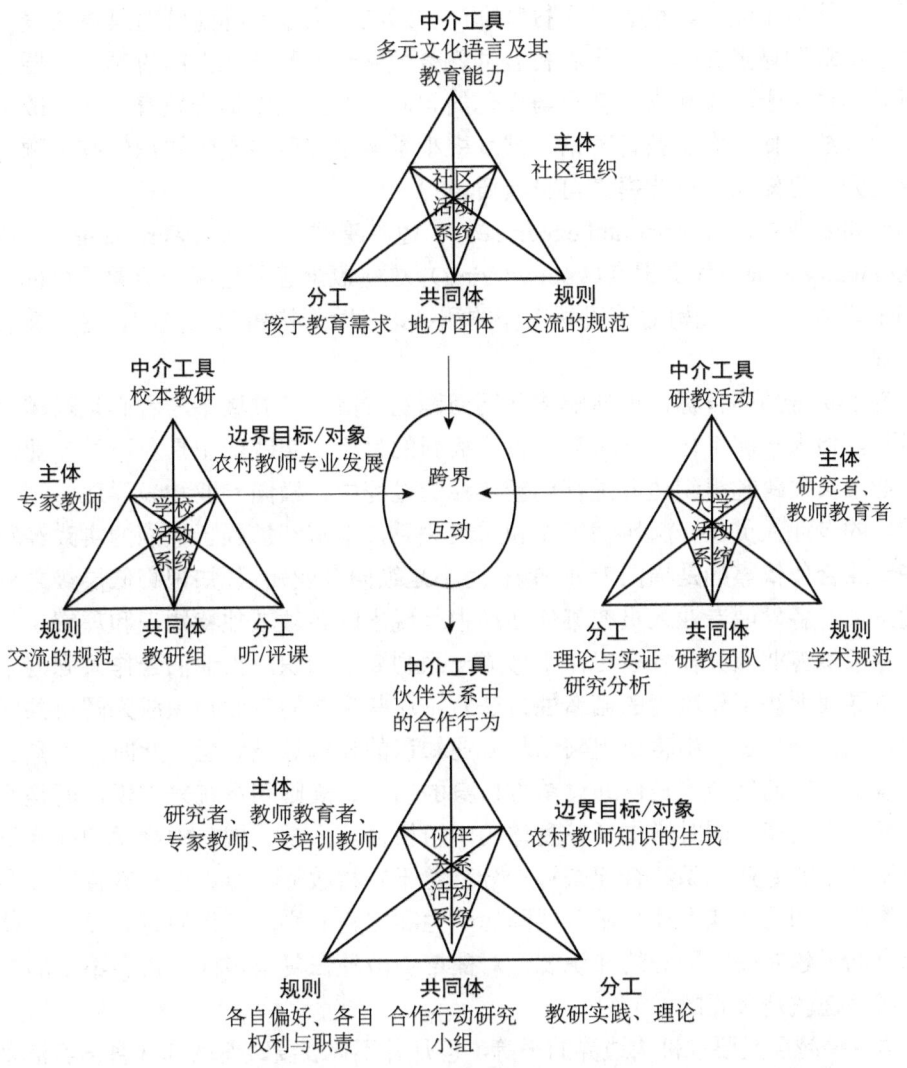

图 2-1 跨界互动特性的农村教师合作伙伴关系

第三空间。在此空间中，跨越的双方或多方在相互影响和作用之下交叉、融合并最终发生转化、生成。转化中，各方之间的界限变得模糊，乃至消失。由于此转化过程需要不断吸收新的因素，永远处于变化中，第三空间表现出开放性和流动性。第三空间呈现出的交叉、融合、开放、流动、产生新的效应的特性，促进双方或多方跨界互动，深入合作，因而能以一种新的弱化等级的方式长期支持农村教师有效学习。通过第三空间，各主体协同互动实现各类教师知识（包含能力）的一致性和互补性：城市中小学教师与农村教师交流，并了解农村教育，增强自身多元文化教学能力，也会对农村教师产生影响；大学教师能针对具体情景，结合教学实践和城乡文化，给予农村教师教育教学理念和方法上的引领；重要的是农村教师会基于城市和农村教育与文化的异同，在实践中提升教育理念、改进教育教学方法，促使大学教育理论、城乡中小学教学实践与文化知识的有机融合，并内化为自身知识，以此提高自身素质。

横向专业知识（horizontal expertise）、边界跨越（boundary crossing）、边界区（boundary zones）和交织点（knotworking），这些概念工具植根于克鲁素（Hannele Kerosuo）和恩格斯托姆对跨组织工作的测试，有助于构建第三空间，促进深度合作培训。

为了实现共同目标，创建解决共同问题的方案，各领域参与者必须跨越组织边界与其他人一起工作，通过合作以形成新的目标、实践或工具。不同专业领域的专业人员在跨越组织边界进行创新实践的过程中，横向专业知识浮现。不同专业领域的专业人员在一起协调工作和重组关系，丰富和扩展了他们的实践经验。这些专业合作依靠的是横向专业知识，而不是纵向专业知识（知识高低层级之分）。也就是说，各领域专业人员在集体活动中呈现出的各领域独特知识和理解是平等的。各领域专业人员在各自工作中形成一系列专业知识，当他们合作共同为个体或团体寻找解决工作困境的创造性方法时，这些形式的专业知识成为解决共同问题的资源，合作过程中将重组与弱化专业知识的传统等级分层。此时，工具、实践和解决方案的创新不是仅通过单方自身的语言、规则和系统来实现，而是通过共同活动来实现，同时增加了各主体的学习机会。大学、城乡中小学和社区不同活动系统中的专业知识结合起来将十分有益于农村教师学习。这与教育或社会服务机构的不同团队或个体为服务共同的学生和家庭而协同工作的方式类似。这一理念有助于建立民主平等的知识观，对受培训教师在复杂多样、资金不足的农村学校成功任教是必要的。

边界跨越虽然要求机构边界的平等，但是并不代表要改变教师教育各类活动系统之间的关系。也就是说，边界跨越者能够在不同活动系统中活动，而不改变两个系统之间实际的制度关系。边界区为两个活动系统提供了相容的空间。边界区是一个"相对中立的空间，在此空间不同主体相互尊重，并能形成新的思维方式"。与"第三空间"的概念相似，边界区呈现多元背景、多元代表和多样解释性，由可选择性的相对的话语、地位和实践所构成。在这些边界区，各活动系统有交叠部分，且每个活动系统的文化实践如何在交叠处成为文化沉淀值得重视。当然，没有任何系统间的协商完全不受权利差异影响。因此，我们要了解高等院校、城乡中小学和社区的重要历史发展及其差异，要关注历史性对达成未来合作工作的作用与影响。

交织点的理念则在上述概念基础上进一步提供理解农村教师跨活动系统合作

学习的方法。各系统（大学、中小学和城乡社区）中专业者不同的兴趣、价值观和实践都在节点处得以融合。对这些节点处或边界区的"专业知识池"进行研究，有利于农村教师培训项目在大学、城乡中小学和社区建立新的交互空间或第三空间，促进农村教师的学习。

总的来说，大学、城乡中小学及社区系统的教师与教育者通过跨越边界，呈现他们各自的横向专业知识，这些知识、价值观等平等地并存于各系统相容的边界区中，通过协同互动在节点处融合，形成四位一体的运行框架。这一运行框架在开放中阶梯式循环发展，即当新的元素出现，旧的活动体系被打破，新的四位一体的活动体系构成，形成新的第三空间，在开放中发展。也就是说，高等院校与城乡中小学及社区在深入合作中，在每一混合学习与交流空间的构成中，促进农村教师教育理论、实践和文化知识不断融合并产生新的知识效应，进而合作不断深入，又产生新的元素，构成新的第三空间。农村教师培训第三空间的创建使得传统单向的培训和学习方式趋于边缘化，但是仅仅将来自高等院校、城乡中小学和社区中的不同教育者聚集起来并不一定能创造平等合作，也并不会必然转变传统知识的等级性，即便在真诚合作的状况下，高等院校、城乡中小学和社区知识的传统等级性仍然存在，最重要的是要改变对农村教师培训知识的认知范式和使用方式。第三空间是一个持续的构建，桑德尔（Lynn M. Sanders）的全纳话语和相互尊重的目标具有合理性，促进了协商发展，而非努力达成完全一致和寻求各权利相等。最近关于跨组织（多组织空间）合作的研究表明，包容多种话语，其参与者达成合理意见，是由具有生成性、富有生产性特点的边界工作产生的创新性解决方案。

## 第二节 农村教师培训第三空间创建的核心路径

基于上述跨界互动特性的农村教师培训合作伙伴关系及其运行框架，建立大学参与、城乡中小学合作的培训模式，整合多方资源培训农村教师，促进农村教师知识基于文化实践的融合生长。

### 一、建立跨院校实践共同体，共同设计解决方案

建立跨院校实践共同体的核心是跨越边界，把大学、城乡中小学不同活动系统中的专业知识平等结合起来，增加农村教师学习机会，持续提高农村教师教研水平。共同体关系有两个关键特征：①有共同目标，即社会行动的指向；②参与

者主观感受到的互相隶属性。互相隶属性表明，在共同体关系中隶属感觉是相互的，而非单一强加的。"实现实践共同体的共同目标要求各专业人员跨越组织边界，把源于他们各自背景的资源、规范和价值观整合到新的混合方案中。当不同领域专业人员通过合作重组关系和协调工作，从而丰富和拓展实践经验时，横向专业知识得到运用和开发"。以"农村中学教师学习如何有效组织课堂讨论的教学培训项目"为例，有一部分中学专家指导教师认为，大学所提倡的教学实践与城乡中小学校教学实践有很多不同甚至相对之处，反而扰乱课堂。而部分大学指导教授认为，中学指导教师的经验局限了农村教师学习教学的机会，同样导致实践无效。为了解决这一问题、缓解教学培训中的矛盾与冲突，大学教授与中学指导教师应该开展合作，如召开系列研讨会，探讨如何有效促进课堂讨论的理论与实践。通过允许多个教育相关者（大学教授、城乡中学指导教师和受培训教师）合作，创建新的解决方案，如建立绩效本位的课堂讨论规则。这既让大学和中学解决了他们的问题，又帮助受培训农村教师学会如何在课堂中有效地引导学生讨论。完成这项工作的关键是跨越大学与中学组织边界，共创规则（也是边界跨越的目标）。绩效本位课堂讨论规则的开发，运用了大学和城乡中学教师多种形式的横向专业知识，这是各组织协商的前提条件，为"有效课堂讨论"的理念及其目标进行有意义的协商和论证提供了机会。在建立"绩效本位课堂讨论规则"的合作过程中，大学与城乡中学教师充分考虑有关"有效课堂讨论"可能对立的观点，并对此进行协商与论证。这种针对日常教育实践的矛盾和困境进行的协商，有效推动了农村教师培训项目的改革与创新，深化了农村教师专业发展。笔者认为，创造机会跨越组织边界，重视大学与城乡中小学教师教育者的横向专业知识及其交织，有助于建立更民主的合作关系，将促使农村教师培训重点关注实践的重组和补救。这些具体的合作培训方式包括研讨会、远程在线教育和"种子教师"指导等。

（1）研讨会。相较于面对面的授课方式，研讨会为农村教师提供了充分发挥主观能动性、表达自己想法的机会。研讨会的开展形式多样，可以是全体教师会议、跨学科教师会议，还可以是一对一会议等。提供一个固定的办公室，专供小组讨论和教师之间的非正式交流。除了大学教授与农村教师之间的日常性研讨交流，可以利用远程教育技术促进城乡教师之间的交流。比如，在公开的课程资源管理平台上依托一个主题开展研讨，促进城乡教师共同讨论交流学习。通过研讨会，农村教师分析各自学校的教育需求，并实施改革计划。这为农村教师更新教学方法，分析学生的个性需求提供了与专业人员联系的通道。

（2）远程在线教育。这是一种基于录像的研讨式学习。大学教授无法经常到农村学校进行教学指导，因此，将农村教师的教学实况进行录像，随后在线讨论分析其教学中存在的问题。亦可将优秀教师的课堂教学进行录像，提供给农村教师作为参考和示范。例如，在美国加利福尼亚州的培训项目中，每学期对农村教师进行三次每次 45 分钟的课程录像，优秀教师与大学教授组成指导团队分析这些录像，然后与农村教师共同探讨并提出改进策略。还可以是基于视频的即时式学习，采用视听设备和双向视频交流工具，大学教授和农村教师面对面交流与学习。基于网络的交互式学习，可作为面对面授课形式的补充。

（3）"种子教师"指导。"种子教师"是指那些挑选出来的、优秀的、有农村教学经验并已完成培训或获得教师资格认证培训的农村教师。"种子教师"与大学教师进行协同教学，能帮助农村教师快速提高教学技能。"种子教师"所起的媒介作用十分重要。当大学教授无法经常到农村中小学课堂中观察教师现场教学时，由"种子教师"为正在接受培训的教师提供建议。借由自身的实际经验，对正接受培训的教师提供适切的指导，这是大学教授无法完成的。

## 二、跨越城乡社区边界，积累跨文化社区学习经验

学校的专业知识固然十分重要，但城乡社区的文化知识也不容忽视。在对农村教师进行培训时，要注意"城市化"倾向和"一刀切"现象。美国社区教师的理念一直引导着教师的培训。莫雷尔（Peter C. Murrell）认为，教师应"具备他们所服务的学生及其家庭的文化、身份及所在社区的背景知识，并基于此在不同情境中创建有效的教学实践"（Murrell，2001）。这是受培训农村教师在远离农村社区的大学课堂中难以获取的。农村中小学与所在社区之间的紧密联系，能够帮助农村教师尤其是新教师克服孤独感，获得社区安全感，发展专业能力。这促使教师培训项目与农村社区合作。他们的合作不仅要促进教师理解社区及其文化知识，融入农村社区，还要在教学中应用这些知识。

跨文化社区学习经验为农村教师提供了一种能够在陌生（社会意义上或地理意义上）的城乡社区中学习与工作的方式。农村教师培训项目必须面对城乡学生群体的差异性问题，这种差异性造成了不同群体的相互轻视。农村教师培训项目要强调教师教育课程的多元性，要利用跨文化社区经验的广泛性，促进教师对城乡教学的认识和理解，促使其掌握批判性教学法的知识，成长为具有多元文化身份的教师，特别注重把文化知识运用到教学上。跨文化社区经验具有介导作用，可以促进教师认识到文化与教学实践的相关性并能进行融合。这种介导作用可以通过大学与社区专家的共同活动来设计，如关于工具的设计和教学方法的选择。

跨文化社区学习经验形成的核心是要跨越城乡社区边界，合作建立起农村社区组织（包括家庭）—大学—中小学校的三角联盟关系。这种合作联盟关系的建

立促使培养出的农村教师有能力与农村社区、家庭建立起联系,能够全面深入地理解农村与学生,并将其融入教学。农村社区文化的相关资源如何与教学(知识)融合是合作培训的着力点。农村社区组织对农村学生及其家庭背景有较全面、深入的认识并承担着组织工作,农村中小学是进行文化教育和提升教育教学能力的主要场所,大学和中小学专家提供教育教学的相关理论课程和实践指导,教育行政机构为培训的顺利开展提供资金支持。美国印第安部落中最大的社区之一卡岩塔(Kayenta)社区联合学区与附近的北亚利桑那大学(Northern Arizona University)合作开展"面向印第安特殊/小学教育者"的教师培训项目,同时获得了美国教育部三年的资金支持。其农村教师的培训在农村小学完成:上午在指导教师的帮助下完成教学实习(时长为400~600小时),下午则学习大学的教师教育课程或进行文化话题讨论(课程包括普通教育、特殊教育及其各种相关课程),以便于将教育实践与理论学习结合起来。另外,将具有农村社区文化背景的教师和不具有此背景的教师(如新入职教师)进行混合培训,发挥同伴互助指导的功效:一方面提高教育教学能力,另一方面促进他们了解与学习彼此的文化,让新教师迅速融入当地社区。

此外,跨界互动特性的农村教师合作培训的实施需要制度的保障,如要出台相应政策措施,将城乡中小学及其社区的合作纳入大学农村教师培训项目的日常工作,并进行统筹规划和管理;以政府文件的形式明确规定合作伙伴关系各方在农村教师培训中的责任和义务;改革大学评价制度,鼓励大学教师参与城乡中小学的教学与研究工作等。

从国际经验来看,大学、城乡中小学与社区合作培训是一种发展趋势。尤其是在教师教育大学化背景下,大学必须以一些终身教师和临床教师的专业知识为基础,通过全新的更为尊重的方式与城乡中小学和社区人员合作,来建立和维持高质量的农村教师培训项目。这种项目能够重视每个系统的专业知识。大学提供高质量的教师培训项目并不意味着舍弃研究的责任,相反,大学应承担起教师培训的职责,将农村教师培训项目作为实验室,研究农村教师的学习和发展,以及有效的教学实践。

### 三、十二种农村教师合作培训方式的设计

根据上述农村教师培训第三空间路径的平等、跨界、互动、合作理念和相关研究,本书提出十二种具体的农村教师合作培训方式,分为高校与中小学合作培训[第(1)、第(3)、第(9)项]、高校理论与中小学实践交织学习[第二、第十项]、城乡合作培训[第(11)、第(12)项]、远程合作培训[第(4)~第(8)项]四类。

(1) 高校给予高等理论指导，同时城乡中小学在教育教学实践上结对帮扶。

(2) 培训中教育、专业理论与教学技能学习交叉进行。

(3) 大学教师和中小学指导教师到学员所在地共同帮助提升学员教育活动。

(4) 将学员个体教学实况录像，由高校教师和中小学指导教师组成指导团队，在线讨论分析存在的问题，给予具体建议。

(5) 将优秀中小学教师的课堂教学录像，供给学员作为参考和示范。

(6) 远程培训中，通过视频，就教育教学问题，高校教师与学员面对面交流与学习。

(7) 远程培训中，通过视频，就教育教学问题，中小学指导教师与学员面对面交流与学习。

(8) 面授学习与线上学习交叉结合进行。

(9) 培训后的优秀中小学教师，协助高校教师提升学员教育教学水平。

(10) 上半场学习理论，下半场接受教育教学实践指导，理论学习和教育教学技能学习结合。

(11) 城市与农村中小学指导教师共同指导农村教师培训，结合城乡文化差异，有利于农村教师专业发展。

(12) 在公开课程资源管理平台上，依托一个专业主题，城乡学员共同交流，有利于城市教师理解农村教育，促进农村教师专业发展。

上述创建农村教师培训第三空间的两条核心路径、十二种具体合作方式与四大类别，构成了大学参与、城乡中小学合作的一体化培训模式。一体化农村教师培训模式优点如下。

1) 减少培训中理论和实践的脱节、增加基于实践的理论提升。①高校教师与一线优秀教师组成指导团队，将理论和经验整合性传达。该一体化指导团队，综合各自的理论和经验优势，对彼此的观点进行补充，结合农村教师教学实际进行相应的指导调整，缓解了以往两者分开指导、缺乏理论和经验皆丰富的指导者的现实困境。②理论和技能学习交叉、教师学习和实践及时串联。合作培训注重内容和形式上的交叉、融合，农村教师的教育、专业理论与教学技能学习交叉进行，融会贯通；面授学习和线上学习结合，农村教师边学边用，教、学、做有机串联起来，有利于及时强化所学，得到相应的指导。③大学为城乡教师的交流学习提供理论指导。目前农村教师在教育教学实践中缺乏理论指导和深化，他们与城市中小学合作中的交流学习也侧重于经验探讨。大学参与其中，可以开阔其理论视野和拓展思维，提高经验层面上开展教育教学工作的效率和效果。这也符合教师的需要，如在课堂观摩后有一定的理论点拨和提升，大学教师可以发挥其在教育理论和学科教学等方面的专业和研究优势，对城乡教师的合作提供足够的支持。

2）关注城乡差异，增强培训的文化适应性。①发展农村优秀教师作为培训者。优秀农村教师有一定的经验，对于如何有效掌握所学并运用到农村实际有相应的心得，对农村教育的各个要素和环节有更加清晰、完整的认识，可以辅助高校教师、一线优秀教师减少对农村教育的认知和指导偏差，使其指导的设计、过程和结果更加适应当地文化需求。②开发城乡教师在线交流、共享平台。城乡教师可以在教育、管理和人员等层面上进行结对帮扶，发挥城市学校对其的帮助和支持功能，利于本校农村教师学习。同时依托共同关注的实际需要和感兴趣的主题进行在线研讨、将一些优质资源进行及时分享，有利于增进彼此间的理解，更好地为城市教师提供适合农村教师的指导，农村教师从中选择适用性的资源、进行咨询提供帮助。

3）强调互动、针对性指导和持续发展。①进行实时、面对面的互动与交流。合作培训方式设计考虑了学员能与指导教师进行直接对话的需求和可能性。当农村教师在教育教学上面临难以解决的问题时，可以通过视频与对方交流，也可以求助于城乡教师交流平台。指导团队送教下乡也增加了互动的机会和时间。②对农村教师的教学表现进行临床、诊断性的指导。为了减少脱离教育情景的指导，合作培训注重对教师教学实况的个体化、针对性的指导。这里可以将送教下乡（理论和技能指导）、教学实况录像指导等形式组合，临床诊断教师的教学表现，将指导的普遍性和特殊性结合起来。

4）将现代信息技术充分融入培训中，使优质资源惠及更多农村教师。将现代信息技术运用到农村合作培训中，如合作培训方式中提及的教学实况录像指导、优质教学示范视频观看、基于视频的面对面的交流、城乡教师公共网络资源和交流平台，为线下培训做好补充。在偏远地区，可以实现更多优秀城市教师和高校专家为农村教师提供指导。

# 第三章

# 农村教师培训状况调查数据分析

本章将实证分析目前农村教师培训的基本情况和实际需求，侧重关注文化、理论与实践结合的需要、可能、方式等；考察农村教师对十二种具体合作培训方式设想的认可度及相应的建议。在对农村教师培训总体情况了解的基础上，分别从教龄、学历、性别和学段的中观层面加以分析，并进一步以某地区的农村教师培训为例进行微观分析，以期全面、深入和具体地分析农村教师培训实效性和针对性不强的原因，探讨有效培训的可行性路径。

## 第一节 农村教师培训的现状

### 一、农村教师的人口特征

（一）年龄与教龄特征

此次参与调查的农村教师平均年龄为 38.1 岁，其中年龄最小的 18 岁，最大的 63 岁。从年龄分布来看，22 岁及以下的有 48 人，占 2.3%；23~30 岁的有 511 人，占近四分之一；31~40 岁、41~50 岁的分别有 630 人和 633 人，两者所占比例均略高于 30%；51 岁及以上的有 236 人，占 11.5%（图 3-1）。

（1）从教年龄。样本农村教师从教时的平均年龄是 21.3 岁，从教年龄最小的只有 15 岁，从教年龄最大的是 38 岁。其中有 807 名农村教师在不到 20 岁就进入教师队伍，比例约为 40%；有 1133 名农村教师在 21~25 岁进入教师队伍，比例超过 50%；另有 90 名农村教师在 26 岁以后进入教师队伍，比例仅为 4.4%（图 3-2）。

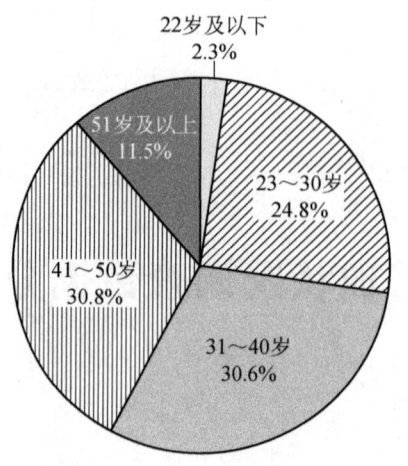
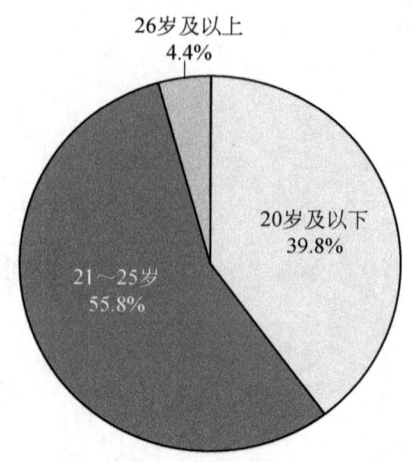

图 3-1 农村教师的年龄构成　　图 3-2 农村教师初次从教的年龄分布

（2）教龄。目前，样本农村教师平均教龄为 16.7 年，既有刚入职的农村教师，又有教龄高达 50 年的农村教师。其中有 297 名农村教师是教龄为 0~3 年的新教师，比例为 14.5%；有 310 名农村教师教龄为 4~8 年，比例为 15.1%；有 262 名农村教师教龄为 9~15 年，比例为 12.8%；有 709 名农村教师教龄为 16~25 年，比例为 34.6%；有 470 名农村教师教龄在 26 年以上，比例为 22.9%（图 3-3）。

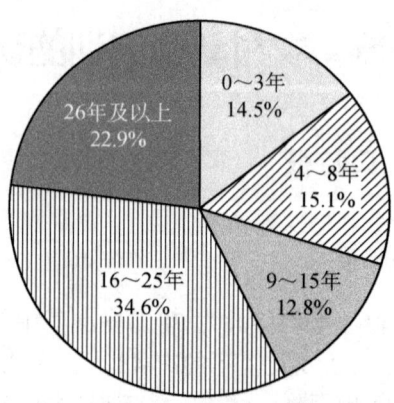

图 3-3 农村教师的教龄构成

## （二）学历特征

（1）初始学历。有 807 位的农村教师初始学历为高中或中专，所占比例最高，为 38.9%；有 660 位农村教师的初始学历是大专，比例为 31.9%；有 589 位农村教师的初始学历是本科，所占比例为 28.4%；有 16 位农村教师的初始学历是研究生及以上，比例仅为 0.8%（图 3-4）。

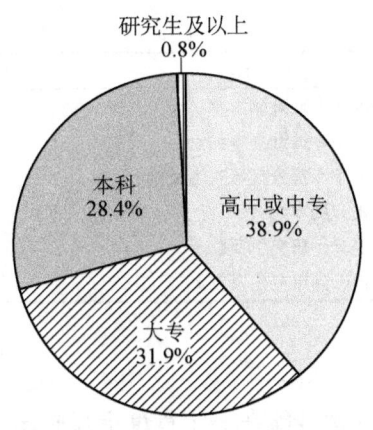

图 3-4 农村教师的初始学历构成

（2）最高学历。最高学历为本科的农村教师，有 1379 人，将近 66.7%，比例最高；最高学历为高中或中专的农村教师仅有 74 人，所占比例为 3.6%；最高学历为大专的农村教师共 583 人，比例为 28.1%；学历为研究生及以上的农村教师有 38 位，比例为 1.8%。

从上述数据来看，有相当一部分农村教师通过职后学历教育提升了自身的学历水平。具体来说，共有 1217 名农村教师的学历在职后得到提升，所占比例接近60%。从学历提升的幅度来看，有 870 位农村教师的学历在职后提升了一个层次，所占比例为 42.2%；有 345 位农村教师的学历在职后提升了两个层次，所占比例为 16.7%；有 2 位农村教师的学历在职后提升了三个层次，所占比例为 0.1%。从学历提升的具体情况来看，共 396 位农村教师的学历在职后从高中或中专提升到大专，所占比例近 20%；有 337 位农村教师的学历从高中或中专提升到本科，所占比例为 16.3%；有 2 名农村教师的学历从高中或中专提升到研究生及以上，所占比例为 0.1%；有 462 位农村教师的学历从大专提升到本科，所占比例为 22.4%；有 8 位农村教师的学历从大专提升到研究生及以上，所占比例为 0.4%；有 12 位农村教师的学历从本科提升到研究生及以上，所占比例为 0.6%（表 3-1）。

表 3-1 农村教师的学历提升情况

| 项目 | 提升层次 | 人数/人 | 比例/% |
| --- | --- | --- | --- |
| 学历是否提升 | 未提升 | 846 | 41.0 |
|  | 提升 | 1217 | 59.0 |
|  | 未提升 | 846 | 41.0 |
| 学历提升几个层次 | 提升一个层次 | 870 | 42.2 |
|  | 提升两个层次 | 345 | 16.7 |
|  | 提升三个层次 | 2 | 0.1 |
|  | 未提升 | 846 | 41.0 |

续表

| 项目 | 提升层次 | 人数/人 | 比例/% |
|---|---|---|---|
| 学历提升具体情况 | 从高中或中专提升到大专 | 396 | 19.2 |
| | 从高中或中专提升到本科 | 337 | 16.3 |
| | 从高中或中专提升到研究生及以上 | 2 | 0.1 |
| | 从大专提升到本科 | 462 | 22.4 |
| | 从大专提升到研究生及以上 | 8 | 0.4 |
| | 从本科提升到研究生及以上 | 12 | 0.6 |

### (三)职称与荣誉

农村教师的职称与荣誉称号能在一定程度上反映出农村教师所处的专业发展阶段。

从职称方面来看,在参与调查的农村教师中,没有任何职称的农村教师有199位,所占比例近10%;三级农村教师有39人,所占比例为1.9%;二级农村教师有410人,所占比例略高于20%;一级农村教师数量最多,有876人,所占比例为43.2%;高级农村教师有502人,所占比例接近25%(图3-5)。

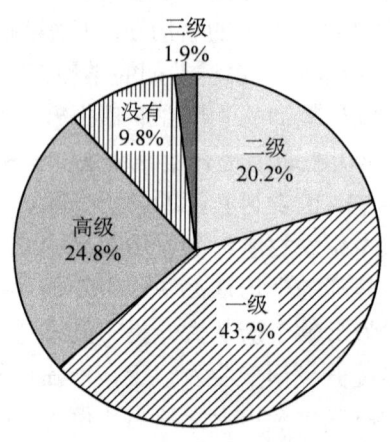

图3-5 农村教师职称情况

在荣誉称号方面,从调查的情况来看,绝大多数农村教师至少获得过一种荣誉称号。具体而言,在参与调查的农村教师中,有1756人获得过荣誉称号,所占比例为84.0%。其中,获得过"优秀教师"称号的农村教师所占比例为68.5%,获得过"优秀班主任"称号的农村教师所占比例超过40%,获得过"骨干教师"称号的农村教师所占比例近20%,还有少量的"学科带头人"或"十佳教师"(图3-6)。

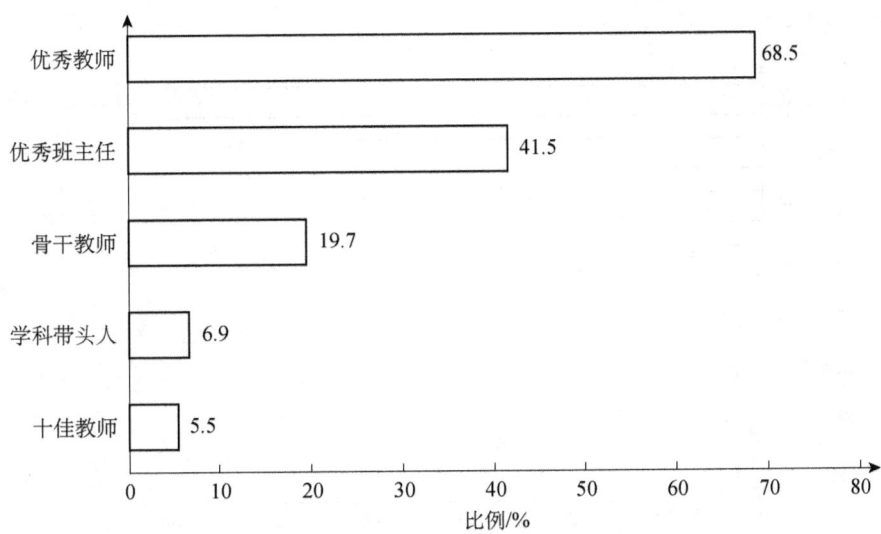

图 3-6 农村教师获得各类荣誉称号的情况

## （四）任教学段和任职情况

样本农村教师中，小学农村教师有 1027 人，所占比例为 50.1%；初中农村教师有 774 人，所占比例为 37.8%；高中农村教师有 249 人，所占比例为 12.1%（图 3-7）。

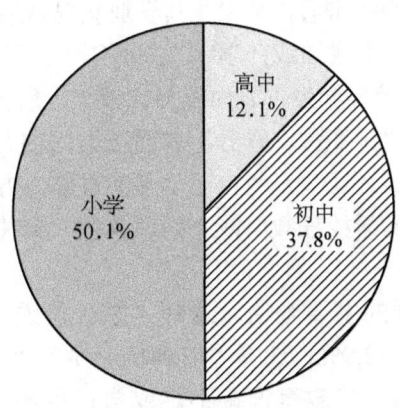

图 3-7 农村教师任教学段

从农村教师在校内担任的职务情况来看，普通农村教师有 1311 名，所占比例超过 60%；担任班主任的农村教师有 849 人，所占比例超过 40%；教研组长和学科组长分别有 113 人、109 人，两者所占比例均大于 5%；正副校长共 83 人，所占比例为 4.0%。另外，还有少量农村教师担任教导主任、德育主任或总务主任（图 3-8）。

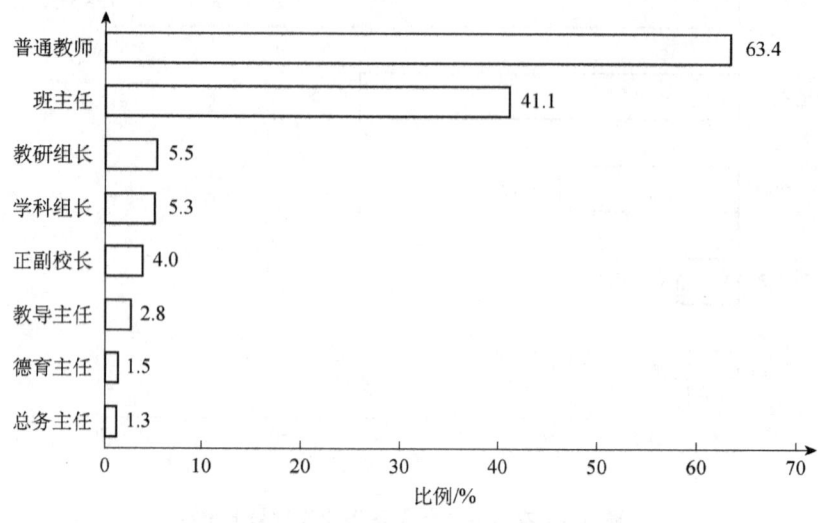

图 3-8　农村教师在校内的任职情况

## 二、农村教师培训的总体情况

### （一）工作压力

从农村教师的工作压力源来看，学生及其学业状况是主要压力来源，其中 1321 位农村教师反映在"提高学生成绩或升学率"方面压力比较大，所占比例为 63.5%；1169 位农村教师反映在"管理学生"方面压力比较大，所占比例为 56.2%。另外，有将近一半的老师认为在"评职称、晋升"方面压力比较大，有三分之一左右的农村教师认为在学校"考核、评比"，"自己学习和进修"方面压力比较大。也有少量农村教师在"进入更好的学校任教"或"处理各种人际关系"方面存在较大压力（图 3-9）。

对于在教学方面遇到的主要难题，选择"缺乏创造性或艺术"的农村教师数量最多，有 910 人，占 43.9%；选择"培训机会少""对学生的理解和指导欠佳，难以激发学生的兴趣""教育设备不足或自己用不好"等选项的农村教师所占比例也都超过 30%；认为自己"理念陈旧"或"积极性和热情不足"的农村教师也分别接近 25%；选择"学科知识不扎实""综合素养不够""缺乏教学技能"和"缺少反思和总结"的农村教师所占比例也都在 15%~20% 范围内（图 3-10）。

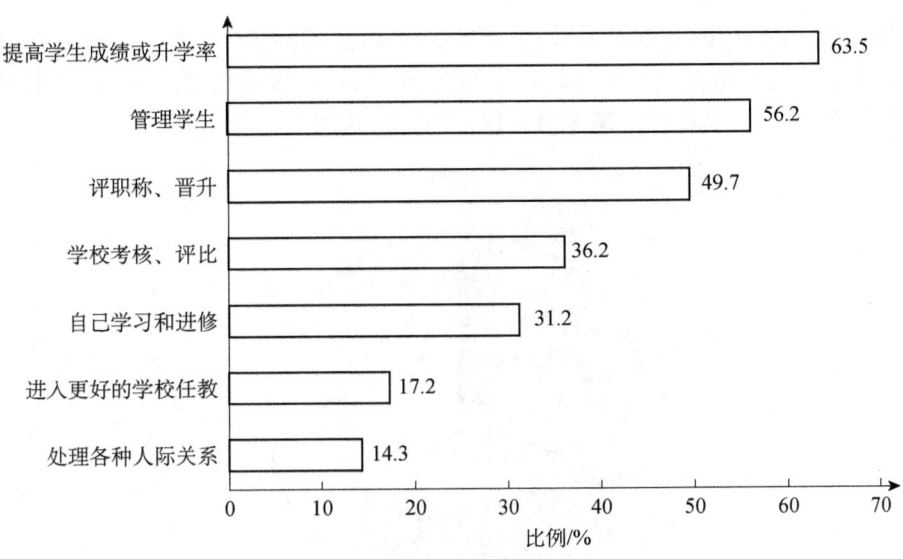

图 3-9　农村教师认为压力比较大的方面

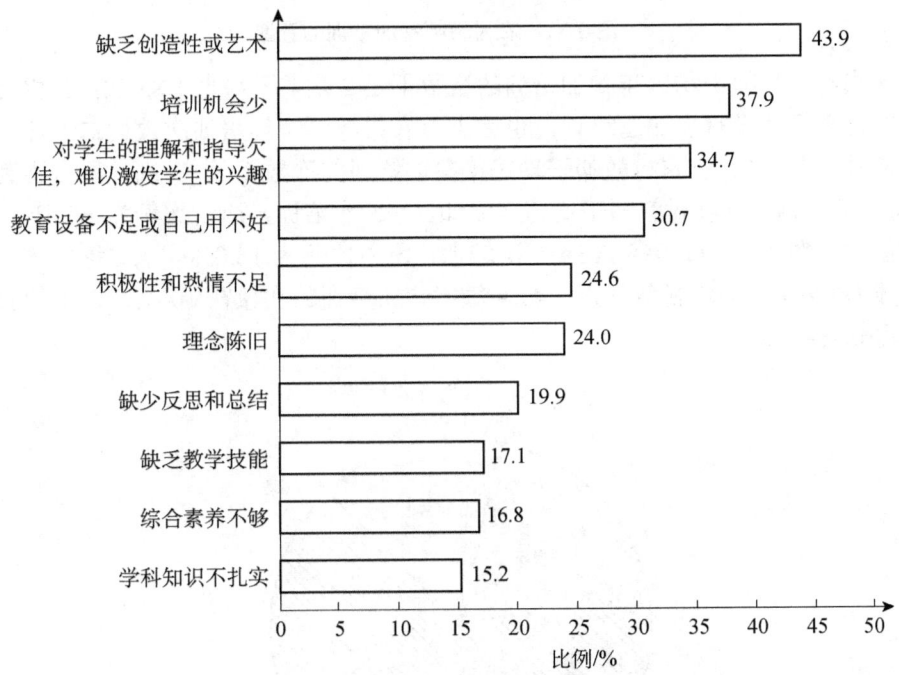

图 3-10　农村教师在教学方面遇到的主要难题

## （二）培训意愿、机会、动机与障碍

调查结果显示，大多数农村教师愿意参加培训，其中有 758 位农村教师非常愿意参加培训,有641位农村教师比较愿意参加培训,这两部分教师所占比例为69.4%;对参与培训意愿一般的农村教师所占比例为20.3%,不太愿意参加培训的农村教师所占比例为7.7%,其中很不愿意参加培训的农村教师占2.7%(图3-11)。

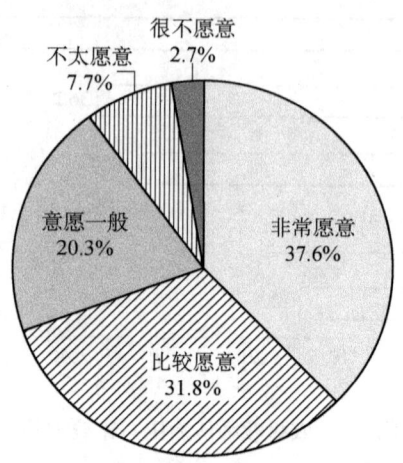

图3-11 农村教师参加培训的意愿

这些农村教师平均每年参加培训的次数不足2次,平均为1.85次,有相当一部分农村教师从没有参加过培训,也有少数农村教师每年培训次数达二十几次。具体来看,有218位农村教师平均每年参加培训的次数不足1次,所占比例为12.2%;有1193位农村教师平均每年参加1~2次培训,所占比例为66.6%;有323位农村教师平均每年参加3~5次培训,所占比例为18.0%;平均每年参加培训次数为6~9次的农村教师占2.4%;每年参加培训的次数在10次及以上的农村教师占0.8%(图3-12)。

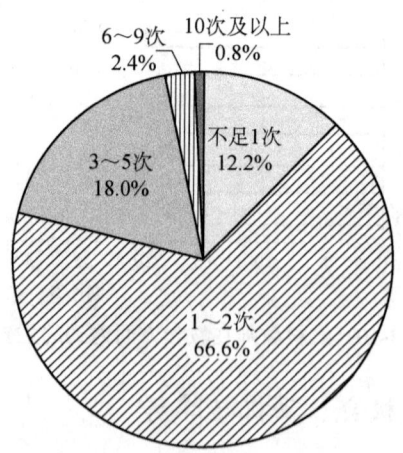

图3-12 农村教师参加培训的次数

对于参加培训的动机，绝大多数农村教师是提升自身的专业水平，73.2%的农村教师是"提高教育教学能力、更好地教书育人"；67.7%的农村教师是"开阔眼界、更新知识和理念"；还有46.7%的农村教师是"加强与同行、名师的交流切磋等"。除此之外，有42.2%的农村教师参加培训是为了"完成上级或学校的任务"，21.1%的农村教师是为了"利于评职称、晋职"，少数农村教师是为了"调入更好的学校"（图3-13）。

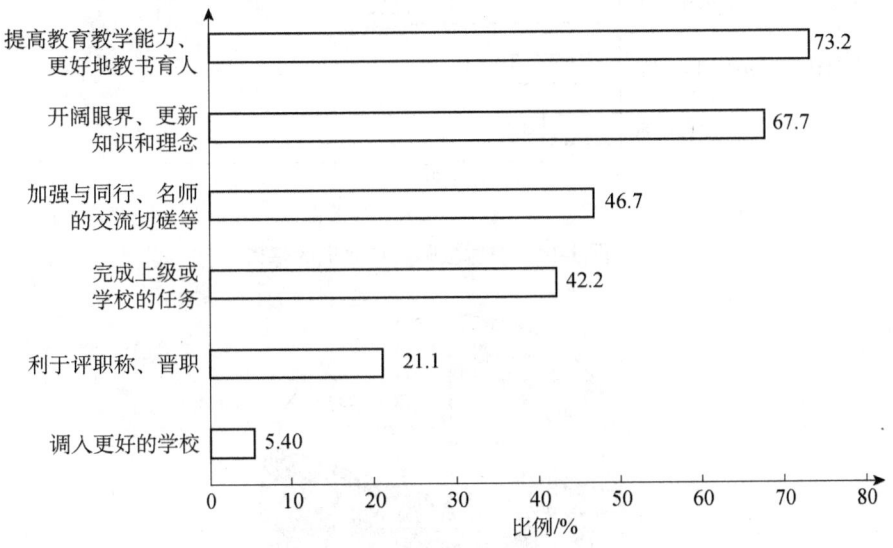

图3-13　培训的原因和动机

在参加培训的障碍方面，有一半左右的农村教师认为主要障碍是"培训机会少"或"与工作冲突"；有41.7%的农村教师认为主要障碍是"形式、内容不理想，难以参与更多优质培训"，有35.9%的农村教师认为主要障碍是"效果不好、帮助不大"，有22.2%的农村教师认为主要障碍是"经费负担重"；11.4%的农村教师认为主要障碍是"学校领导不重视和不鼓励"，还有8.2%的农村教师认为主要障碍是"家庭因素"（图3-14）。

（三）培训理论与教育教学技能相结合状况

对于参加过的培训，仅47.4%的农村教师认为其所参加的培训提供的内容是"理论知识与教育教学技能相结合"的，20.0%的农村教师认为其所参与的培训提供的内容侧重"理论学习"，近32.6%的农村教师认为其参与过的培训提供的课程内容侧重"教育教学技能"（图3-15）。

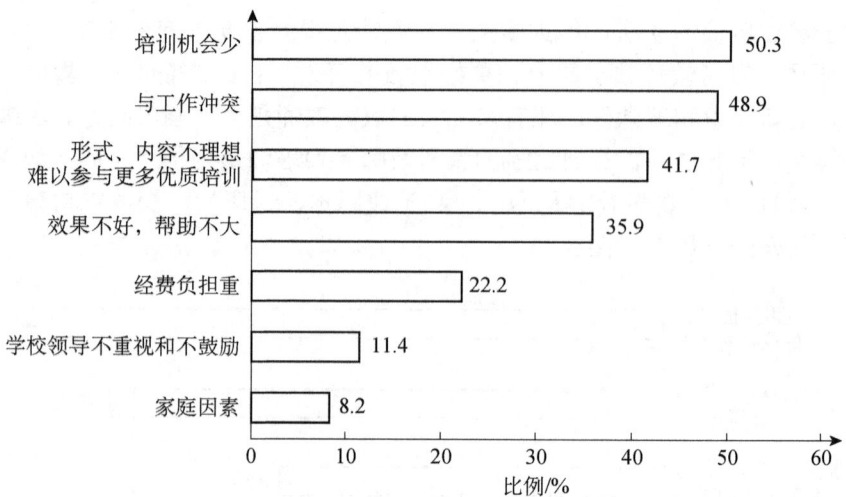

图 3-14　农村教师参加培训的障碍

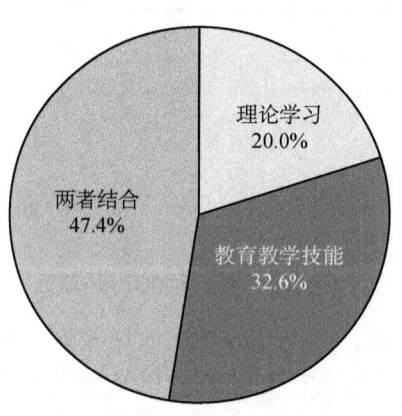

图 3-15　农村教师参加的培训提供的课程内容侧重的方面

从参加培训的农村教师角度看,对理论或技能偏好程度不一的各种培训者都有一些。其中,16.8%的农村教师认为现在的培训者注重提升学员的"教育和专业理论知识",28.5%的农村教师认为现在的培训者注重提升学员的"教育教学技能",认为培训者有这两种单一偏好的农村教师比例合计为45.3%。27.2%的农村教师认为现在的培训者"更多注重提升学员的教育和专业理论知识而较少注重提升学员的教育教学技能"(简称"较多教育和专业理论知识,较少教育教学技能"),11.5%的农村教师认为现在的培训者"较少注重提升学员的教育和专业、理论知识而较多注重提升学员的教育教学技能"(简称"较少教育和专业理论知识,较多教育教学技能"),合计有 38.7%的农村教师认为现在的培训者是偏重某一方面的。认为现在的培训者"同时注重提升学员教育和专业理论知识,以及教育教学技能"的农村教师占 16.1%(图 3-16)。

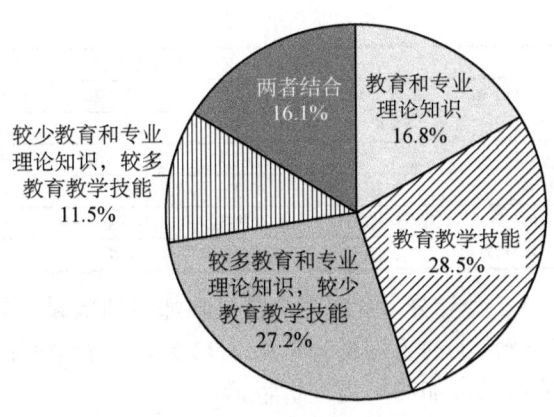

图 3-16 农村教师认为现在培训者的培训偏好

### (四)培训效果综合考察

这里从培训内容与农村教师需求的契合程度、培训者对学员群体的了解、培训的实际效用等方面综合考察农村教师培训的效果。

调查结果显示,在培训内容与实际教育教学的结合程度方面,仅有30.9%的农村教师认为参加培训的教育教学技能学习"全部能"和"大部分能"在教育过程中加以应用;28.4%的农村教师认为参加培训的内容"全部结合"和"大部分结合"了农村教育实际;39.6%的农村教师认为参加培训的内容"非常符合"和"比较符合"实际教育教学的需要;仅有15.8%的农村教师"完全不赞同"和"不太赞同"培训内容认为其更适应城市优秀学校,自己在本校运用起来有些困难、见效慢。在培训者对学员群体的了解方面,30.0%的农村教师认为培训者对学员群体的(农村)教育环境"非常了解"和"比较了解",28.4%的农村教师认为培训者对学员群体的(农村)整体教学现状"非常了解"和"比较了解"。在培训的实际效用方面,39.0%的农村教师认为培训对自己的教学技能"提升很大"和提升较大(表3-2)。总体看来,农村教师对培训效果的评价并不高。

表 3-2 农村教师对培训效果的评价 (单位:%)

| 维度 | 农村教师认为达到的程度 | | | | |
|---|---|---|---|---|---|
| 您参加培训的教育教学技能学习能否在教育过程中加以运用 | 全部能 | 大部分能 | 基本能 | 少部分能 | 几乎不能 |
| | 3.3 | 27.6 | 37.5 | 27.2 | 4.3 |
| 您参加培训的内容是否结合了农村教育实际 | 全部结合 | 大部分结合 | 一般结合 | 少部分结合 | 几乎没结合 |
| | 3.5 | 24.9 | 34.8 | 28.8 | 7.9 |
| 您参加培训的内容是否符合您实际教育教学的需要 | 非常符合 | 比较符合 | 一般符合 | 不太符合 | 很不符合 |
| | 4.2 | 35.4 | 40.9 | 17.0 | 2.5 |
| 培训者对学员群体的(农村)教育环境了解程度怎么样 | 非常了解 | 比较了解 | 一般了解 | 不太了解 | 几乎不了解 |
| | 3.5 | 26.5 | 35.1 | 29.3 | 5.6 |

续表

| 维度 | 农村教师认为达到的程度 | | | | |
|---|---|---|---|---|---|
| 培训者对培训学员群体的（农村）整体教学现状了解程度怎么样 | 非常了解<br>3.6 | 比较了解<br>24.8 | 一般了解<br>38.1 | 不太了解<br>28.1 | 几乎不了解<br>5.5 |
| 培训是否有助于提升您的教学技能，以帮助您提高学生学业与发展 | 提升很大<br>8.1 | 提升较大<br>30.9 | 提升一般<br>43.2 | 提升较少<br>14.8 | 几乎没提升<br>3.1 |
| 培训内容更适应城市优秀学校，自己在本校运用起来有些困难、见效慢 | 完全不赞同<br>3.1 | 不太赞同<br>12.7 | 不清楚<br>10.8 | 比较赞同<br>51.8 | 非常赞同<br>21.7 |

将上述题项按 1～5 分计分，合成为"农村教师培训效果"这一变量，则参与调查的农村教师在该变量上的平均得分只有 2.92 分，位于中间值 3 分以下。该数字也反映出农村教师对其参加的培训评价较低。

就阻碍农村教师将培训内容与教学实际有效结合起来的因素而言，77.1%的农村教师都提到的因素是"工作时间紧、任务重"；44.0%的农村教师认为阻碍因素是"与优秀教师等交流机会少"；36.3%的农村教师认为阻碍因素是"缺乏教学实践指导活动"；35.2%的农村教师认为是"对理论研究把握不够，难以针对性运用"；而 32.3%的农村教师则认为是"缺乏专家指导"；另外，也有从自身找原因的，29.2%的农村教师认为"自我学习和提升的意识不够"是阻碍因素（图 3-17）。

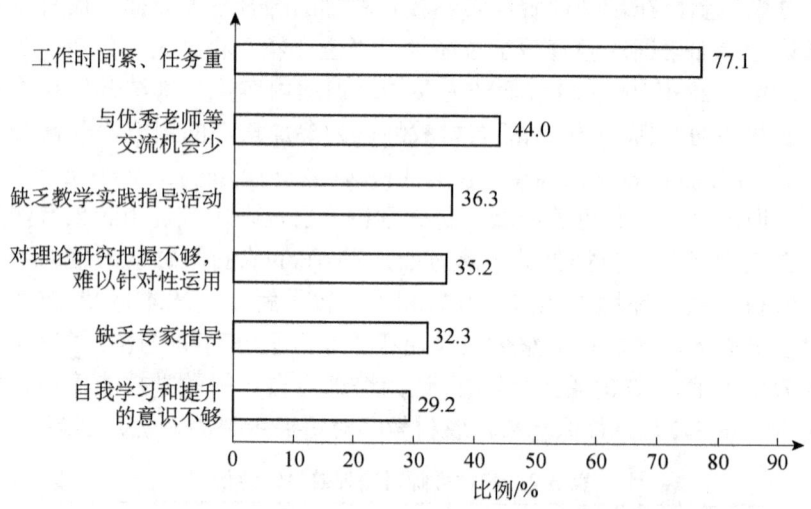

图 3-17 阻碍培训内容与农村教师实际教学有效结合的因素

## 三、不同教龄农村教师培训情况

### （一）工作压力

对于工作中压力比较大的方面，由卡方检验结果可知，不同教龄的农村教师在"学校考核、评比"（$\chi^2$=20.961，$p$≤0.001）、"评职称、晋升"（$\chi^2$=101.654，$p$<0.001）、"进入更好的学校任教"（$\chi^2$=88.443，$p$<0.001）、"处理各种人际关系"（$\chi^2$=22.769，$p$<0.001）、"自己学习和进修"（$\chi^2$=43.319，$p$<0.001）五个方面的压力上存在显著差异。

具体来看，对于"学校考核、评比"和"评职称、晋升"这两方面，教龄为9～15年的农村教师所占比例最高，其次是教龄为16～25年的农村教师。在"进入更好的学校任教"和"自己学习和进修"两方面，教龄为0～3年的农村教师所占比例最高，其次是教龄为4～8年的农村教师。在"处理各种人际关系"方面，教龄为0～3年的农村教师所占比例远超其他教龄段（表3-3）。

**表3-3　不同教龄段农村教师在工作中压力较大的方面　（单位：%）**

| 项目 | 0～3年 | 4～8年 | 9～15年 | 16～25年 | 26年及以上 |
| --- | --- | --- | --- | --- | --- |
| 提高学生成绩或升学率 | 66.3 | 61.3 | 60.0 | 65.9 | 64.3 |
| 管理学生 | 65.0 | 51.6 | 51.5 | 57.8 | 56.3 |
| 学校考核、评比 | 27.6 | 36.8 | 42.7 | 40.5 | 33.3 |
| 评职称、晋升 | 36.4 | 51.6 | 65.4 | 59.5 | 37.0 |
| 进入更好的学校任教 | 31.6 | 26.5 | 13.8 | 14.4 | 9.1 |
| 处理各种人际关系 | 23.1 | 13.2 | 10.4 | 13.7 | 13.0 |
| 自己学习和进修 | 44.6 | 38.4 | 30.4 | 26.8 | 26.6 |

关于在教学中遇到的主要难题，卡方检验结果显示，不同教龄的农村教师对"理念陈旧"（$\chi^2$=31.512，$p$<0.001）、"学科知识不扎实"（$\chi^2$=43.483，$p$<0.001）、"缺乏教学技能"（$\chi^2$=110.984，$p$<0.001）、"对学生的理解和指导欠佳，难以激发学生的兴趣"（$\chi^2$=60.664，$p$<0.001）、"缺少反思和总结"（$\chi^2$=31.656，$p$<0.001）、"教育设备不足或自己用不好"（$\chi^2$=34.004，$p$<0.001）这六个方面的回答存在显著差异。

具体来看，在教龄为26年及以上的农村教师中，认为"理念陈旧"是教学中遇到的主要难题的人数比例远远高于其他教龄段，而在教龄为0～3年的农村教师中，该比例远低于其他教龄段。对于"学科知识不扎实"、"缺乏教学技能"、"对学生的理解和指导欠佳，难以激发学生的兴趣"和"缺少反思和总结"这四个方面，教龄为0～3年的新入职农村教师将其作为教学中遇到的主要难题的人数比例远远高于其他教龄段，且该比例呈现出随教龄上升而递减的趋势；对于"教育设备不足或自己用不好"这个问题，教龄为26年及以上的农村教师将之作为教学中遇到的主要难题的人数比例最高，其次是教龄为16～25年的农村教师，总体上该比例随教龄段上升呈现出递增趋势（表3-4）。

表 3-4　不同教龄段农村教师在教学中遇到的主要难题　　（单位：%）

| 工作问题 | 0～3 年 | 4～8 年 | 9～15 年 | 16～25 年 | 26 年及以上 |
| --- | --- | --- | --- | --- | --- |
| 积极性和热情不足 | 18.5 | 24.0 | 23.2 | 28.7 | 23.5 |
| 理念陈旧 | 13.5 | 24.7 | 22.4 | 24.3 | 31.7 |
| 学科知识不扎实 | 25.9 | 19.2 | 15.4 | 12.9 | 10.0 |
| 缺乏创造性或艺术 | 47.5 | 51.0 | 45.9 | 42.4 | 40.8 |
| 综合素养不够 | 18.5 | 20.5 | 17.8 | 16.1 | 14.4 |
| 缺乏教学技能 | 34.0 | 26.6 | 11.6 | 11.9 | 11.3 |
| 对学生的理解和指导欠佳，难以激发学生的兴趣 | 51.2 | 39.9 | 33.6 | 32.9 | 25.3 |
| 缺少反思和总结 | 29.6 | 22.1 | 21.6 | 17.8 | 14.2 |
| 教育设备不足或自己用不好 | 21.5 | 24.7 | 28.2 | 33.6 | 39.5 |
| 培训机会少 | 40.7 | 38.0 | 40.9 | 37.4 | 37.3 |

### （二）培训意愿、机会、动机、障碍

由卡方检验结果可知，不同教龄段的农村教师在参加培训的意愿上存在显著差异（$\chi^2=113.013$，$p<0.001$）。具体表现为参加培训的意愿随教龄增长呈现下降趋势，教龄在 8 年及以下的农村教师中有超过四分之三的人"非常愿意"或"比较愿意"参加培训，其中"非常愿意"的比例超过一半，而教龄在 26 年及以上的农村教师中该比例仅略高于四分之一（表 3-5）。

表 3-5　不同教龄段农村教师参加培训的意愿　　（单位：%）

| 教龄 | 非常愿意 | 比较愿意 | 意愿一般 | 不太愿意 | 很不愿意 | 愿意合计 | 不愿意合计 |
| --- | --- | --- | --- | --- | --- | --- | --- |
| 0～3 年 | 54.3 | 29.8 | 13.5 | 1.7 | 0.7 | 84.1 | 2.4 |
| 4～8 年 | 50.0 | 25.8 | 18.1 | 4.4 | 1.7 | 75.8 | 6.0 |
| 9～15 年 | 35.7 | 29.4 | 25.5 | 5.9 | 3.5 | 65.1 | 9.4 |
| 16～25 年 | 33.1 | 35.0 | 19.7 | 9.1 | 3.1 | 68.2 | 12.1 |
| 26 年及以上 | 26.8 | 33.0 | 24.6 | 12.1 | 3.5 | 59.8 | 15.6 |

从农村教师参加培训的机会来看，单因素方差分析结果显示，不同教龄的农村教师在每个学年参加培训的次数上不存在显著差异[$f(4, 1751)=0.398$，$p=0.811>0.05$]。

关于参与培训的动机，卡方检验结果显示，不同教龄的农村教师在各项动机上均存在显著差异。从具体情况来看，将"完成上级或学校任务"（$\chi^2=38.660$，$p<0.001$）作为培训动机的农村教师占农村教师总数的比例随教龄上升呈现上升趋势，其中，教龄在 9 年及以上各教龄段中，持此类动机的农村教师的比例均为 45%～50%；对于"提高教育教学能力、更好地教书育人"（$\chi^2=36.807$，$p<0.001$）和"调入更好的学校"（$\chi^2=34.623$，$p<0.001$）这两个选项，教龄为 0～3 年的农村教师中将之作为培训动机的人数比例最高，其次是教龄为 4～8 年的农村教师。

这两个教龄段中将这两个选项作为培训动机的教师的比例远远高于其他教龄段；在"加强与同行、名师的交流切磋等"（$\chi^2=57.509$，$p<0.001$）这个选项上，教龄为 0~8 年的农村教师，将此作为培训动机的人数比例最高；将"开阔眼界、更新知识和理念"（$\chi^2=18.189$，$p=0.001<0.01$）作为培训动机的人数比例随教龄上升呈现下降趋势，其中教龄为 0~3 年的农村教师中，该动机所占比例最高；而在教龄为 9~25 年的农村教师中，将"利于评职称、晋职"（$\chi^2=38.478$，$p<0.001$）作为培训动机的人数比例高于其他教龄段（表 3-6）。

表 3-6　不同教龄农村教师参加培训的动机　　　　　　　　（单位：%）

| 培训动机 | 0~3 年 | 4~8 年 | 9~15 年 | 16~25 年 | 26 年及以上 |
| --- | --- | --- | --- | --- | --- |
| 完成上级或学校的任务 | 29.4 | 35.8 | 45.3 | 45.7 | 49.7 |
| 提高教育教学能力、更好地教书育人 | 84.0 | 80.7 | 67.6 | 70.6 | 69.1 |
| 加强与同行、名师的交流切磋等 | 59.0 | 59.5 | 49.2 | 42.2 | 37.7 |
| 开阔眼界、更新知识和理念 | 76.8 | 70.9 | 68.0 | 66.7 | 62.8 |
| 利于评职称、晋职 | 10.6 | 18.9 | 27.7 | 26.3 | 19.2 |
| 调入更好的学校 | 11.6 | 7.4 | 3.1 | 4.2 | 2.9 |

对于参与培训的障碍，卡方检验结果显示，不同教龄的农村教师对"培训的机会少"（$\chi^2=42.048$，$p<0.001$）、"形式、内容不理想，难以参与更多优质培训"（$\chi^2=19.489$，$p=0.001<0.01$）、"家庭因素"（$\chi^2=15.505$，$p=0.004<0.01$）这几个选项的回答存在显著差异。

具体而言，将"培训的机会少"作为培训障碍的农村教师比例随教龄上升呈现下降趋势，其中在教龄为 0~3 年的农村教师中，该障碍所占比例最高；在教龄为 26 年及以上的农村教师中，将"形式、内容不理想，难以参与更多优质培训"作为主要培训障碍的农村教师比例远远低于其他教龄段；将"家庭因素"作为培训障碍的农村教师比例随教龄增加呈现上升趋势，其中在 26 年及以上教龄的农村教师中，该障碍所占比例最高，其次是教龄为 16~25 年的农村教师（表 3-7）。

表 3-7　不同教龄的农村教师参加培训的主要障碍　　　　　（单位：%）

| 培训障碍 | 0~3 年 | 4~8 年 | 9~15 年 | 16~25 年 | 26 年及以上 |
| --- | --- | --- | --- | --- | --- |
| 经费负担重 | 21.8 | 22.9 | 19.0 | 22.2 | 24.7 |
| 培训的机会少 | 64.7 | 55.5 | 52.7 | 47.3 | 42.2 |
| 与工作冲突 | 45.7 | 53.2 | 45.3 | 52.4 | 45.5 |
| 形式、内容不理想，难以参与更多优质培训 | 44.3 | 47.2 | 45.0 | 43.1 | 33.3 |
| 效果不好，帮助不大 | 31.1 | 34.2 | 32.9 | 39.1 | 36.9 |
| 学校领导不重视和不鼓励 | 13.1 | 12.6 | 16.3 | 9.2 | 9.7 |
| 家庭因素 | 4.2 | 5.0 | 8.9 | 9.9 | 10.2 |

## （三）培训理论与教学实践结合状况

### 1. 培训课程的侧重点

对于参与过的培训内容是侧重"理论学习"、"教育教学技能"学习还是侧重"两者结合"这个问题，由卡方检验结果可知，不同教龄段的农村教师之间存在显著差异（$\chi^2=23.001$，$p=0.003<0.01$）。具体表现为，教龄为 0～3 年的农村教师中参加过以"理论学习与教育教学技能相结合"为侧重点的培训的人数比例高于其他教龄段；教龄为 26 年及以上的农村教师中，该比例最低。教龄为 4～25 年的农村教师参加过侧重"理论学习"的培训的人数比例高于其他教龄段；而在教龄为 26 年及以上的农村教师中，参加过侧重"教育教学技能"的培训的人数比例大幅高于其他教龄段（表 3-8）。

表 3-8 　不同教龄农村教师参加过的培训课程侧重点　　　　（单位：%）

| 教龄 | 理论学习 | 教育教学技能 | 两者结合 |
| --- | --- | --- | --- |
| 0～3 年 | 16.7 | 30.7 | 52.6 |
| 4～8 年 | 22.9 | 30.0 | 47.1 |
| 9～15 年 | 20.2 | 32.8 | 47.0 |
| 16～25 年 | 23.5 | 29.5 | 47.0 |
| 26 年及以上 | 15.9 | 39.9 | 44.2 |

### 2. 培训者的关注点

从农村教师对培训者关注点的评价来看，卡方检验结果显示，不同教龄段的农村教师之间存在显著差异（$\chi^2=35.765$，$p=0.003<0.01$）。教龄为 4～8 年的农村教师中，认为现在的培训者注重提升学员的"教育和专业理论知识"的人数比例最低，同样该教龄段的农村教师中认为现在培训者注重提升学员的"教育教学技能"的人数比例也低于其他教龄段，认为培训者"较多注重提升学员教育和专业理论知识，较少注重提升学员教育教学技能"的人数比例则高于其他教龄段的农村教师；教龄为 26 年及以上的农村教师中，认为现在的培训者注重提升学员的"教育教学技能"的人数比例最高，而该教龄段的农村教师中认为现在的培训者注重提升学员"教育和专业理论知识与教育教学技能相结合"能力的人数比例则低于其他教龄段（表 3-9）。

表 3-9 　不同教龄农村教师所认为的现在培训者的关注点　　（单位：%）

| 教龄 | 教育和专业理论知识 | 教育教学技能 | 较多教育和专业理论知识，较少教育教学技能 | 较少教育和专业理论知识，较多教育教学技能 | 两者结合 |
| --- | --- | --- | --- | --- | --- |
| 0～3 年 | 18.0 | 29.4 | 22.7 | 10.6 | 19.2 |
| 4～8 年 | 12.7 | 21.9 | 35.8 | 11.2 | 18.5 |
| 9～15 年 | 17.3 | 27.4 | 25.3 | 11.0 | 19.0 |
| 16～25 年 | 18.6 | 26.2 | 26.4 | 13.4 | 15.3 |
| 26 年及以上 | 15.3 | 35.3 | 26.5 | 9.5 | 13.4 |

### (四)培训效果综合考察

单因素方差分析（ANOVA）结果显示，教龄不同的农村教师对其参与培训的效果的总体评分不存在显著差异（$f(4, 2016)=0.778$，$p=0.539>0.05$）。

在阻碍农村教师将培训内容与自己教学实际结合起来的因素方面，卡方检验结果显示，不同教龄的农村教师在5项因素上存在显著差异。具体来看，教龄为0~3年的农村教师中，将"工作时间紧、任务重"（$\chi^2=19.912$，$p=0.001<0.01$）作为主要阻碍因素的人数比例在各教龄段中最低，其次是教龄为4~8年的农村教师；教龄为0~3年的农村教师中，将"对理论研究把握不够，难以针对性运用"（$\chi^2=14.114$，$p=0.007<0.01$）作为主要阻碍因素的人数比例在各教龄段中最高，其次是教龄为4~8年的农村教师；教龄在26年及以上的农村教师中将"与优秀教师等交流机会少"（$\chi^2=20.184$，$p<0.001$）作为主要阻碍因素的人数比例在各教龄段中最低，将该选项作为阻碍因素的人数比例随教龄上升呈现下降趋势，该教龄段的农村教师在将"缺乏专家指导"作为主要阻碍因素（$\chi^2=13.976$，$p=0.007<0.01$）的人数比例在各教龄段中也最低，其次是教龄为9~15年的农村教师；教龄为0~8年的农村教师将"缺乏教学实践指导活动"（$\chi^2=30.876$，$p<0.001$）作为主要阻碍因素的人数比例大幅高于其他教龄段农村教师，教龄在26年及以上的农村教师该比例最低（表3-10）。

表 3-10 不同教龄农村教师将培训内容与实际教学有效结合的阻碍因素 （单位：%）

| 阻碍因素 | 0~3年 | 4~8年 | 9~15年 | 16~25年 | 26年及以上 |
| --- | --- | --- | --- | --- | --- |
| 工作时间紧、任务重 | 69.1 | 74.8 | 79.4 | 80.7 | 79.7 |
| 自我学习和提升的意识不够 | 31.6 | 30.3 | 30.8 | 26.6 | 30.4 |
| 对理论研究把握不够，难以针对性运用 | 43.5 | 39.5 | 33.2 | 33.8 | 31.3 |
| 与优秀教师等交流机会少 | 50.9 | 49.7 | 47.4 | 43.3 | 36.4 |
| 缺乏专家指导 | 33.7 | 34.7 | 28.1 | 36.8 | 27.3 |
| 缺乏教学实践指导活动 | 42.8 | 44.6 | 37.5 | 36.8 | 26.6 |

## 四、不同学历农村教师培训情况

### (一)工作压力

对于农村教师目前工作中压力比较大的方面，卡方检验结果显示，不同学历的农村教师在"学校考核、评比"（$\chi^2=21.803$，$p<0.001$）、"评职称、晋升"（$\chi^2=44.257$，$p<0.001$）、"进入更好的学校任教"（$\chi^2=22.939$，$p<0.001$）三方面的压力上存在显著差异。

具体而言，三方面的压力均呈现出随学历升高而上升的趋势。研究生及以上学历的农村教师中，在"学校考核、评比"方面感觉压力比较大的人数比例超过50%，而为高中或中专学历的农村教师该比例只有 21.4%；在"评职称、晋升"方面，研究生及以上学历的农村教师中，此方面压力比较大的人数比例接近60%，其次是本科学历的农村教师，该比例也超过50%，高中或中专学历的农村教师中该比例不足50%；在"进入更好的学校任教"方面，研究生及以上学历的农村教师中，感觉此种压力较大的人数比例将近25%，而高中或中专、大专学历的农村教师中，该比例约为10%（表3-11）。

表3-11 不同学历农村教师目前工作中的压力状况 （单位：%）

| 项目 | 高中或中专 | 大专 | 本科 | 研究生及以上 |
| --- | --- | --- | --- | --- |
| 提高学生成绩或升学率 | 55.7 | 65.4 | 63.9 | 70.3 |
| 管理学生 | 54.3 | 56.9 | 56.8 | 54.1 |
| 学校考核、评比 | 21.4 | 31.5 | 39.1 | 54.1 |
| 评职称、晋升 | 24.3 | 42.3 | 54.7 | 59.5 |
| 进入更好的学校任教 | 10.0 | 11.7 | 19.9 | 24.3 |
| 处理各种人际关系 | 14.3 | 11.5 | 15.7 | 13.5 |
| 自己学习和进修 | 22.9 | 32.0 | 31.9 | 27.0 |

关于农村教师在教学方面遇到的主要难题，卡方检验结果显示，不同学历的农村教师在"理念陈旧"（$\chi^2=15.940, p=0.001<0.01$）、"学科知识不扎实"（$\chi^2=15.841, p=0.001<0.01$）、"对学生的理解和指导欠佳，难以激发学生的兴趣"（$\chi^2=29.078, p<0.001$）、"教育设备不足或自己用不好"（$\chi^2=17.697, p=0.001<0.01$）四个方面存在显著差异。

具体而言，高中或中专学历的农村教师中，认为自己"理念陈旧"的人数比例超过40%，远高于其余学历的农村教师。研究生及以上学历的农村教师中，认为自己"学科知识不扎实"的人数比例是其余学历农村教师的两倍左右。对于"对学生的理解和指导欠佳，难以激发学生的兴趣"这个选项，研究生及以上学历的农村教师中，将其作为教学中主要难题的人数比例最高，其次是本科学历的农村教师，高中或中专学历的农村教师中，该比例最低。对于"教育设备不足或自己用不好"这一选项，高中或中专学历，以及大专学历的农村教师中，将其作为教学中主要难题的人数比例高于其他学历的农村教师；研究生及以上学历的农村教师中，该比例最低（表3-12）。

表3-12 不同学历农村教师在教学中遇到的主要难题 （单位：%）

| 教学难题 | 高中或中专 | 大专 | 本科 | 研究生及以上 |
| --- | --- | --- | --- | --- |
| 积极性和热情不足 | 15.5 | 24.0 | 25.6 | 18.4 |
| 理念陈旧 | 43.7 | 23.1 | 23.6 | 26.3 |

续表

| 教学难题 | 高中或中专 | 大专 | 本科 | 研究生及以上 |
|---|---|---|---|---|
| 学科知识不扎实 | 16.9 | 11.4 | 16.1 | 31.6 |
| 缺乏创造性或艺术 | 31.0 | 41.7 | 46.0 | 44.7 |
| 综合素养不够 | 12.7 | 15.3 | 17.5 | 21.1 |
| 缺乏教学技能 | 9.9 | 16.7 | 17.7 | 21.1 |
| 对学生的理解和指导欠佳，难以激发学生的兴趣 | 14.1 | 29.5 | 38.2 | 44.7 |
| 缺少反思和总结 | 15.5 | 16.5 | 21.9 | 23.7 |
| 教育设备不足或自己用不好 | 35.2 | 37.5 | 28.5 | 18.4 |
| 培训机会少 | 29.6 | 35.3 | 39.9 | 39.5 |

### （二）培训意愿、机会、动机、障碍

由卡方检验结果可知，最高学历不同的农村教师在培训意愿上存在显著差异（$\chi^2=35.200$，$p<0.001$）。具体来看，学历为本科的农村教师中，愿意参与培训的人数比例最高；其次是学历为大专的农村教师。学历为大专和研究生及以上的农村教师中不愿意参加培训的人数比例都相对较高，其中学历为研究生及以上的农村教师中"很不愿意"参加培训的人数比例是其余学历农村教师的三倍以上（表3-13）。

表 3-13　不同学历农村教师参加培训的意愿　　　　　（单位：%）

| 学历 | 非常愿意 | 比较愿意 | 意愿一般 | 不太愿意 | 很不愿意 | 愿意合计 | 不愿意合计 |
|---|---|---|---|---|---|---|---|
| 高中或中专 | 28.2 | 29.6 | 32.4 | 8.5 | 1.4 | 57.7 | 9.86 |
| 大专 | 32.4 | 32.3 | 22.3 | 10.3 | 2.7 | 64.7 | 13.01 |
| 本科 | 40.0 | 32.2 | 18.7 | 6.4 | 2.6 | 72.2 | 9.03 |
| 研究生及以上 | 40.5 | 13.5 | 32.4 | 5.4 | 8.1 | 54.1 | 13.51 |

单因素方差分析结果显示，最高学历不同的农村教师在平均每个学年参加教师培训的次数上不存在显著差异 [$f(3, 1770)=0.628$，$p=0.597>0.05$]。

在参加培训的动机方面，由卡方检验可知，最高学历不同的农村教师在"提高教育教学能力、更好地教书育人"（$\chi^2=12.084$，$p=0.007<0.01$）、"加强与同行、名师的交流切磋等"（$\chi^2=24.406$，$p<0.001$）、"开阔眼界、更新知识和理念"（$\chi^2=15.612$，$p=0.001<0.01$）三项动机上存在显著差异。具体来看，最高学历为大专或本科的农村教师中将"提高教育教学能力、更好地教书育人"或"开阔眼界、更新知识和理念"作为主要培训动机的人数比例高于其余学历的农村教师；对于"加强与同行、名师的交流切磋等"这一选项，最高学历为本科的农村教师中以其为主要培训动机的人数比例最高，其次是最高学历为高中或中专的农村教师（表3-14）。

表 3-14　不同学历农村教师的主要培训动机　　　　　　　　（单位：%）

| 主要培训动机 | 高中或中专 | 大专 | 本科 | 研究生及以上 |
| --- | --- | --- | --- | --- |
| 完成上级或学校的任务 | 38.8 | 42.9 | 42.4 | 47.4 |
| 提高教育教学能力、更好地教书育人 | 59.7 | 75.3 | 73.9 | 57.9 |
| 加强与同行、名师的交流切磋等 | 47.8 | 38.4 | 50.9 | 39.5 |
| 开阔眼界、更新知识和理念 | 49.3 | 66.7 | 70.0 | 55.3 |
| 利于评职称、晋职 | 16.4 | 18.9 | 22.0 | 34.2 |
| 调入更好的学校 | 1.5 | 3.8 | 6.2 | 10.5 |

在参与培训的障碍方面，最高学历不同的农村教师对"培训的机会少"（$\chi^2=18.434, p<0.001$）、"形式、内容不理想，难以参与更多优质培训"（$\chi^2=24.849, p<0.001$）、"学校领导不重视和不鼓励"（$\chi^2=23.212, p<0.001$）几个方面存在显著差异。

具体而言，最高学历为本科的农村教师中，认为"培训的机会少"是参与培训障碍的人数比例高于其他学历，其次是最高学历为大专的农村教师；最高学历为研究生及以上的农村教师中，认为"形式、内容不理想，难以参与更多优质培训"是参与培训障碍的人数比例高于其他学历，其次是最高学历为本科的农村教师；最高学历为研究生及以上的农村教师中认为"学校领导不重视和不鼓励"是参与培训障碍的人数比例远高于其他学历的农村教师（表 3-15）。

表 3-15　不同学历的农村教师参与培训的障碍　　　　　　　（单位：%）

| 参与培训障碍 | 高中或中专 | 大专 | 本科 | 研究生及以上 |
| --- | --- | --- | --- | --- |
| 经费负担重 | 34.8 | 20.2 | 22.3 | 31.6 |
| 培训的机会少 | 37.7 | 47.1 | 53.3 | 28.9 |
| 与工作冲突 | 44.9 | 49.1 | 49.7 | 42.1 |
| 形式、内容不理想，难以参与更多优质培训 | 21.7 | 36.4 | 45.0 | 50.0 |
| 效果不好，帮助不大 | 26.1 | 36.8 | 35.7 | 52.6 |
| 学校领导不重视和不鼓励 | 4.3 | 8.9 | 12.2 | 31.6 |
| 家庭因素 | 15.9 | 9.3 | 7.5 | 7.9 |

### （三）培训理论与教学实践结合状况

卡方检验结果显示，不同学历的农村教师对参与的培训内容是侧重"理论学习"还是侧重"教育教学技能"方面存在显著差异（$\chi^2=29.909, p<0.001$）。学历越高的农村教师群体中，认为参与的培训提供的课程内容侧重"理论学习"的人数比例越高；学历为本科的农村教师群体中，认为参与的培训提供的课程内容侧重"教育教学技能"的人数比例最低；学历为研究生及以上的农村教师群体中，认为参与的培训提供的课程内容是理论学习与教育教学技能结合的人数比例最低（表 3-16）。

表 3-16 不同学历农村教师参与的培训提供的课程内容侧重点　（单位：%）

| 学历 | 理论学习 | 教育教学技能 | 两者结合 |
| --- | --- | --- | --- |
| 高中或中专 | 10.3 | 38.2 | 51.5 |
| 大专 | 15.6 | 38.7 | 45.7 |
| 本科 | 22.0 | 29.5 | 48.5 |
| 研究生及以上 | 31.6 | 42.1 | 26.3 |

卡方检验结果显示，在不同学历的农村教师看来，现在培训者注重提升学员的素质的差异没有达到 0.01 的显著性水平（$\chi^2=23.957$，$p=0.021>0.01$）。

### （四）培训效果综合考察

由单因素方差分析结果可知，不同学历的农村教师对培训效果的评价的差异也没有达到 0.01 的显著性水平［$f(3, 2038)=3.348$，$p=0.018>0.01$］。

关于阻碍农村教师有效将培训内容与自己教学实际结合起来的因素，卡方检验结果显示，最高学历不同的农村教师在"与优秀教师等交流机会少"（$\chi^2=21.968$，$p<0.001$）、"缺乏教学实践指导活动"（$\chi^2=20.538$，$p<0.001$）两个选项上存在显著差异。具体来看，认为"与优秀教师等交流机会少"阻碍自己有效将培训内容与自己教学实际结合的农村教师在各学历群体中所占比例随学历的提升而增加；学历为高中或中专的农村教师群体中，认为"缺乏教学实践指导活动"阻碍自己有效将培训内容与实际教学结合的农村教师比例远低于其他农村教师（表 3-17）。

表 3-17 不同学历农村教师将培训内容与实际教学有效结合的阻碍因素　（单位：%）

| 阻碍因素 | 高中或中专 | 大专 | 本科 | 研究生及以上 |
| --- | --- | --- | --- | --- |
| 工作时间紧、任务重 | 82.1 | 76.0 | 78.6 | 59.5 |
| 自我学习和提升的意识不够 | 43.3 | 26.3 | 29.7 | 35.1 |
| 对理论研究把握不够，难以针对性运用 | 35.8 | 32.2 | 36.8 | 32.4 |
| 与优秀教师等交流机会少 | 25.4 | 39.3 | 47.0 | 59.5 |
| 缺乏专家指导 | 20.9 | 34.1 | 32.7 | 32.4 |
| 缺乏教学实践指导活动 | 13.4 | 33.3 | 38.9 | 37.8 |

## 五、不同性别农村教师培训情况

### （一）工作压力

对于农村教师在目前工作中所面临的压力，卡方检验结果显示，男性农村教师和女性农村教师在"评职称、晋升"（$\chi^2$=7.78，$p$=0.005<0.01）、"处理各种人际关系"（$\chi^2$=9.837，$p$=0.002<0.01）、"自己学习和进修"（$\chi^2$=14.633，$p$<0.001）这三个方面存在显著差异。

具体来看，对于"提高学生成绩或升学率""管理学生"是最大的压力，男女农村教师没有显著差异，但在"评职称、晋升"方面存在较大压力的男性农村教师比例比女性农村教师比例高 6.5%，在"处理各种人际关系"方面存在较大压力的男性农村教师比例比女性农村教师比例高 5.1%，而在"自己学习和进修"方面存在较大压力的男性农村教师比例则比女性农村教师比例低 7.9%（表 3-18）。

表 3-18　不同性别农村教师在各方面的压力比较　　　　（单位：%）

| 工作压力 | 男 | 女 | 男女比例差值 |
| --- | --- | --- | --- |
| 提高学生成绩或升学率 | 61.7 | 65.9 | −4.2 |
| 管理学生 | 58.4 | 55.7 | 2.7 |
| 学校考核、评比 | 35.6 | 37.3 | −1.7 |
| 评职称、晋升 | 54.1 | 47.6 | 6.5 |
| 进入更好的学校任教 | 15.0 | 19.0 | −4.0 |
| 处理各种人际关系 | 17.4 | 12.3 | 5.1 |
| 自己学习和进修 | 26.8 | 34.7 | −7.9 |

对于在教学方面遇到的主要难题，卡方检验结果显示，男性农村教师和女性农村教师在"积极性和热情不足"（$\chi^2$=7.775，$p$=0.005<0.01）、"理念陈旧"（$\chi^2$=30.343，$p$<0.001）、"缺乏创造性或艺术"（$\chi^2$=18.928，$p$<0.001）、"缺乏教学技能"（$\chi^2$=30.938，$p$<0.001）、"缺少反思和总结"（$\chi^2$=16.947，$p$<0.001）、"培训机会少"（$\chi^2$=7.388，$p$=0.007<0.01）六个方面存在显著差异。

具体来看，"缺乏创造性或艺术"和"培训机会少"是农村教师面临的主要难题，但男性农村教师中，认为"缺乏创造性或艺术"是教学中主要难题的比例比女性农村教师低 9.0%，认为"培训机会少"是教学中主要难题的比例比女性农村教师低 5.3%。另外，男性农村教师中，认为"积极性和热情不足"是教学方面主要难题的比例比女性农村教师高 5.9%，认为"理念陈旧"是教学中主要难题的比例比女性农村教师高 11.1%，认为"缺乏教学技能"是教学中主要难题的比例比女性农村教师低 9.2%，认为"缺少反思和总结"是教学中主要难题的比例比女性农村教师低 7.1%（表 3-19）。

表 3-19　不同性别农村教师教学方面遇到的主要难题比较　　（单位：%）

| 主要难题 | 男性教师 | 女性教师 | 男女比例差值 |
| --- | --- | --- | --- |
| 积极性和热情不足 | 28.4 | 22.5 | 5.9 |
| 理念陈旧 | 30.8 | 19.7 | 11.1 |

续表

| 主要难题 | 男性教师 | 女性教师 | 男女比例差值 |
|---|---|---|---|
| 学科知识不扎实 | 13.2 | 16.7 | -3.5 |
| 缺乏创造性或艺术 | 39.0 | 48.0 | -9.0 |
| 综合素养不够 | 15.3 | 17.9 | -2.6 |
| 缺乏教学技能 | 11.8 | 21.0 | -9.2 |
| 对学生的理解和指导欠佳，难以激发学生的兴趣 | 35.8 | 34.4 | 1.4 |
| 缺少反思和总结 | 15.9 | 23.0 | -7.1 |
| 教育设备不足或自己用不好 | 30.7 | 31.1 | -0.4 |
| 培训机会少 | 35.1 | 40.4 | -5.3 |

## （二）培训意愿、频次、动机与障碍

根据卡方检验结果，男性农村教师与女性农村教师在培训意愿方面存在显著差异（$\chi^2=29.940$，$p<0.001$），主要表现为男性农村教师中"非常愿意"参与培训的人数比例比女性农村教师低 7.6%，而"不太愿意"参与培训的男性农村教师比例则比女性农村教师高 5.1%（表 3-20）。

表 3-20　不同性别农村教师参与培训的意愿比较　　（单位：%）

| 教师 | 非常愿意 | 比较愿意 | 意愿一般 | 不太愿意 | 很不愿意 |
|---|---|---|---|---|---|
| 男性 | 33.0 | 31.2 | 21.4 | 10.7 | 3.7 |
| 女性 | 40.6 | 32.3 | 19.6 | 5.6 | 2.0 |

在平均每个学年参与培训的次数方面，独立样本 $t$ 检验的结果显示，男性农村教师和女性农村教师平均每学年参与的培训次数不存在显著差异（$t=-0.660$，$df=1785$，$p=0.509>0.05$）。

对于农村教师参与培训的原因和动机，卡方检验结果显示，男性农村教师和女性农村教师在"完成上级或学校的任务"（$\chi^2=16.281$，$p<0.001$）、"提高教育教学能力、更好地教书育人"（$\chi^2=49.639$，$p<0.001$）、"加强与同行、名师的交流切磋等"（$\chi^2=36.445$，$p<0.001$）、"开阔眼界、更新知识和理念"（$\chi^2=17.072$，$p<0.001$）"利于评职称、晋职"（$\chi^2=17.6$，$p<0.001$）五项动机上存在显著差异。

具体来看，男性农村教师中，将"完成上级或学校的任务"作为培训动机的比例比女性农村教师高 9.3%，将"利于评职称、晋职"两种外在动机作为培训动机的比例比女性农村教师高 7.9%；而将"提高教育教学能力、更好地教书育人""加强与同行、名师的交流切磋等""开阔眼界、更新知识和理念"三项内在动机作为培训动机的比例则分别比女性农村教师低 14.0%、13.6%、8.6%（表3-21）。

表 3-21　不同性别农村教师在培训原因和动机方面的比较　（单位：%）

| 培训动机 | 男性教师 | 女性教师 | 男女比例差值 |
| --- | --- | --- | --- |
| 完成上级或学校的任务 | 48.0 | 38.7 | 9.3 |
| 提高教育教学能力、更好地教书育人 | 65.1 | 79.1 | −14.0 |
| 加强与同行、名师的交流切磋等 | 38.8 | 52.4 | −13.6 |
| 开阔眼界、更新知识和理念 | 62.8 | 71.4 | −8.6 |
| 利于评职称、晋职 | 26.0 | 18.1 | 7.9 |
| 调入更好的学校 | 4.4 | 6.1 | −1.7 |

对于农村教师参与培训的障碍，卡方检验结果显示，男性农村教师和女性农村教师在各种参与培训的障碍方面的差异均没有达到显著性水平，主要是培训机会少，培训形式、内容、效果不好。

### （三）培训理论与教育教学技能相结合的状况

对于现在的培训者注重提升学员哪方面的技能这一问题，由卡方检验结果可知，男性农村教师和女性农村教师的回答存在显著差异（$\chi^2=18.177$，$p=0.001<0.01$）。具体表现为男性农村教师中认为培训者注重提升学员教育和专业理论知识与教育教学技能相结合能力的人数比例比女性农村教师低 7.4%（表 3-22）。

表 3-22　不同性别农村教师对现在培训者关注点的看法　（单位：%）

| 看法 | 男 | 女 | 男女比例差值 |
| --- | --- | --- | --- |
| 教育和专业理论知识 | 17.1 | 16.6 | 0.5 |
| 教育教学技能 | 30.0 | 27.4 | 2.6 |
| 较多教育和专业理论知识，较少教育教学技能 | 29.0 | 25.8 | 3.2 |
| 较少教育和专业理论知识，较多教育教学技能 | 12.1 | 11.1 | 1.0 |
| 两者结合 | 11.8 | 19.2 | −7.4 |

### （四）培训效果综合考察

在对培训效果的综合评价方面，独立样本 $t$ 检验结果显示，男性农村教师和女性农村教师在接受的培训的有效性方面不存在显著差异（$t=-0.692$，df=2056，$p=0.489>0.05$）。

在什么因素阻碍农村教师将培训内容与自己教学实际有效结合起来这一问题上，根据卡方检验的结果，男性农村教师和女性农村教师在"与优秀教师等交流机会少"（$\chi^2=11.600$，$p=0.001<0.01$）、"缺乏专家指导"（$\chi^2=16.587$，$p<0.001$）或"缺乏教学实践指导活动"（$\chi^2=18.085$，$p<0.001$）等三个问题上有显著差异。从具体情况来看，男性农村教师中存在这三方面问题的人数比例分别比女性农村教师低 7.6%、8.6%和 9.3%（表 3-23）。

表 3-23　不同性别农村教师将培训内容与教学实际相结合的阻碍因素　　（单位：%）

| 阻碍因素 | 男 | 女 | 男女比例差值 |
| --- | --- | --- | --- |
| 工作时间紧、任务重 | 78.3 | 77.1 | 1.2 |
| 自我学习和提升的意识不够 | 30.1 | 28.8 | 1.3 |
| 对理论研究把握不够，难以针对性运用 | 32.5 | 37.6 | −5.1 |
| 与优秀教师等交流机会少 | 39.7 | 47.3 | −7.6 |
| 缺乏专家指导 | 27.4 | 36.0 | −8.6 |
| 缺乏教学实践指导活动 | 30.9 | 40.2 | −9.3 |

## 六、不同学段农村教师培训情况

### （一）工作压力

就在工作中压力比较大的方面而言，卡方检验结果显示不同学段的农村教师在"评职称、晋升"（$\chi^2=48.890$，$p<0.001$）、"管理学生"（$\chi^2=17.039$，$p<0.001$）和"自己学习和进修"（$\chi^2=21.497$，$p<0.001$）三个方面存在显著差异。具体表现为，认为"管理学生"方面压力比较大的初中农村教师比例最高，高中农村教师该比例最低，前者比后者高出15.8个百分点，这种情况可能与初中阶段的学生正处于青春期有关；认为"评职称、晋升"方面压力比较大的小学农村教师比例分别比高中、初中低11.0%、17.2%；而认为"自己学习和进修"方面压力比较大的小学农村教师比例则分别比高中、初中高11.1%、8.7%（表3-24）。

表 3-24　不同学段农村教师压力比较大的方面　　（单位：%）

| 压力 | 高中 | 初中 | 小学 |
| --- | --- | --- | --- |
| 提高学生成绩或升学率 | 62.2 | 65.2 | 64.2 |
| 管理学生 | 45.5 | 61.3 | 56.0 |
| 学校考核、评比 | 37.0 | 36.0 | 37.1 |
| 评职称、晋升 | 53.7 | 59.9 | 42.7 |
| 进入更好的学校任教 | 12.2 | 17.5 | 18.9 |
| 处理各种人际关系 | 17.1 | 12.8 | 15.0 |
| 自己学习和进修 | 25.2 | 27.6 | 36.3 |

关于在教学中遇到的主要难题，卡方检验结果显示，不同学段的农村教师在"缺乏创造性或艺术"（$\chi^2=22.394$，$p<0.001$）、"缺乏教学技能"（$\chi^2=20.044$，$p<0.001$）和"培训机会少"（$\chi^2=9.773$，$p=0.008<0.01$）三方面存在显著差异。具体表现是，认为"缺乏创造性或艺术"是其教学中主要难题的农村教师比例随学段上升而递减，高中农村教师中该比例比小学农村教师低13.3%；认为"缺乏教学技能"是其在教育中遇到的主要难题的农村教师比例随学段上升而递减，高

中农村教师中该比例比小学农村教师低 10.0%；初中农村教师中认为"培训机会少"的人数比例最高，分别比小学和高中高出 6.7%、8.4%（表 3-25）。

表 3-25　不同学段农村教师教学中遇到的主要难题　　　　（单位：%）

| 主要难题 | 高中 | 初中 | 小学 |
| --- | --- | --- | --- |
| 积极性和热情不足 | 22.2 | 27.4 | 23.3 |
| 理念陈旧 | 25.1 | 27.8 | 21.6 |
| 学科知识不扎实 | 21.0 | 14.9 | 14.4 |
| 缺乏创造性或艺术 | 35.8 | 40.6 | 49.1 |
| 综合素养不够 | 20.2 | 17.5 | 16.0 |
| 缺乏教学技能 | 10.7 | 14.8 | 20.7 |
| 对学生的理解和指导欠佳，难以激发学生的兴趣 | 33.7 | 36.1 | 34.6 |
| 缺少反思和总结 | 16.9 | 18.5 | 21.9 |
| 教育设备不足或自己用不好 | 23.9 | 32.5 | 31.2 |
| 培训机会少 | 34.2 | 42.6 | 35.9 |

## （二）培训意愿、机会、动机、障碍

### 1. 培训意愿

由卡方检验结果可知，不同学段的农村教师在参与培训的意愿方面存在显著差异（$\chi^2$=20.729，$p$=0.008<0.01）。高中里面"非常愿意"参与培训的农村教师比例将近五分之二，比该比例最低的初中高 3.4%；然而高中农村教师中"很不愿意"参与培训的人数比例依然最高，比该比例最低的小学高 3.6%。由此可见，高中农村教师中参与培训意愿的两极分化现象是比较严重的（表 3-26）。

表 3-26　不同学段农村教师参与培训的意愿　　　　（单位：%）

| 学段 | 非常愿意 | 比较愿意 | 意愿一般 | 不太愿意 | 很不愿意 | 愿意合计 | 不愿意合计 |
| --- | --- | --- | --- | --- | --- | --- | --- |
| 高中 | 39.6 | 31.5 | 17.4 | 6.4 | 5.1 | 71.1 | 11.5 |
| 初中 | 36.2 | 33.6 | 18.3 | 8.3 | 3.6 | 69.8 | 11.9 |
| 小学 | 38.6 | 29.9 | 22.5 | 7.5 | 1.5 | 68.5 | 9.0 |

### 2. 培训机会

由单因素方差分析结果可知，不同学段的农村教师在每个学年参与培训的次数上存在显著差异[$f(2, 1756)$=5.644，$p$=0.004<0.01]。事后多重检验（LSD）结果表明，高中和初中农村教师在每个学年参与培训的次数差异达到显著性水平（$p$=0.001<0.01），高中农村教师平均每学年参与培训的次数为 2.15 次，而初中农村教师为 1.71 次，平均比高中农村教师少 0.44 次。

### 3. 培训动机

对于参与培训的原因和动机，卡方检验结果显示，不同学段的农村教师在"完成上级或学校的任务"（$\chi^2$=17.961，$p$<0.001）、"提高教育教学能力、更好地教书育人"（$\chi^2$=51.354，$p$<0.001）、"开阔眼界、更新知识和理念"和"利于评职称、晋升"（$\chi^2$=18.633，$p$<0.001）四个选项上存在显著差异。具体而言，初中农村教师中将"完成上级或学校的任务"作为参与培训动机的人数比例最高，将近一半；小学农村教师中该比例最低，比初中低十多个百分点。将"提高教育教学能力、更好地教书育人"或"开阔眼界、更新知识和理念"作为参与培训动机的农村教师比例均随学段上升而递减，其中，小学农村教师中这两项比例最高，高中最低。将"利于评职称、晋升"作为培训动机的农村教师比例随学段上升而递增，高中农村教师中该比例比小学农村教师高14.0%。从上述数据可以看出，小学农村教师参与培训的动机相对更为端正（表3-27）。

表3-27 不同学段农村教师参与培训的原因和动机 （单位：%）

| 原因和动机 | 高中 | 初中 | 小学 |
| --- | --- | --- | --- |
| 完成上级或学校的任务 | 43.6 | 48.1 | 38.0 |
| 提高教育教学能力、更好地教书育人 | 58.1 | 70.6 | 79.4 |
| 加强与同行、名师的交流切磋等 | 50.2 | 43.1 | 48.7 |
| 开阔眼界、更新知识和理念 | 59.3 | 65.8 | 72.2 |
| 利于评职称、晋职 | 29.9 | 25.4 | 15.9 |
| 调入更好的学校 | 8.3 | 4.4 | 5.3 |

**4. 培训障碍**

在参与培训的障碍方面，卡方检验结果显示，不同学段的农村教师在"经费负担重"（$\chi^2$=12.494，$p$=0.002<0.01）、"与工作冲突"（$\chi^2$=19.585，$p$<0.001）、"形式、内容不理想，难以参与更多优质培训"（$\chi^2$=11.389，$p$=0.003<0.01）、"效果不好，帮助不大"（$\chi^2$=9.249，$p$=0.0098<0.01）和"学校领导不重视和不鼓励"（$\chi^2$=24.860，$p$<0.001）等方面存在显著差异。

从具体情况来看，认为"经费负担重"是其参与培训障碍的农村教师比例随学段上升而递增，高中农村教师中该比例比小学高10.0%。认为"与工作冲突"是其参与培训障碍的农村教师比例随学段上升而递减，高中农村教师中该比例比小学低15.7%；小学农村教师中认为"形式、内容不理想，难以参与更多优质培训"是其参与培训障碍的人数比例分别比高中和初中低7.2个百分点、7.6个百分点；初中农村教师中认为"效果不好、帮助不大"的农村教师占40%，高于其他学段，小学农村教师中该比例最低；高中农村教师中将"学校领导不重视和不鼓励"作为参与培训障碍的人数比例约为小学或初中的两倍（表3-28）。

表 3-28　不同学段农村教师参与培训的障碍　　　　　　（单位：%）

| 障碍 | 高中 | 初中 | 小学 |
|---|---|---|---|
| 经费负担重 | 29.4 | 23.1 | 19.4 |
| 培训的机会少 | 46.1 | 52.0 | 51.2 |
| 与工作冲突 | 37.1 | 47.9 | 52.8 |
| 形式、内容不理想，难以参与更多优质培训 | 45.3 | 45.7 | 38.1 |
| 效果不好，帮助不大 | 36.7 | 40.0 | 32.9 |
| 学校领导不重视和不鼓励 | 20.8 | 10.8 | 9.7 |
| 家庭因素 | 6.1 | 8.5 | 8.1 |

### （三）培训理论与教学实践结合状况

#### 1. 培训内容

在培训提供的课程内容的侧重点方面，由卡方检验结果可知，不同学段农村教师之间存在显著差异（$\chi^2=20.067$，$p<0.001$）。小学农村教师中认为其参与的培训提供的课程内容侧重"理论学习"的人数比例低于初中和高中，而认为侧重"教育教学技能"和"两者结合"的农村教师比例均高于初中和高中（表3-29）。

表 3-29　不同学段农村教师参与培训提供的课程侧重点　　　（单位：%）

| 学段 | 理论学习 | 教育教学技能 | 两者结合 |
|---|---|---|---|
| 高中 | 23.6 | 30.9 | 45.5 |
| 初中 | 24.7 | 30.7 | 44.6 |
| 小学 | 16.3 | 34.4 | 49.2 |

#### 2. 培训者

关于现在的培训者注重提升学员哪些方面这个问题，卡方检验结果显示，不同学段农村教师的看法存在显著差异（$\chi^2=36.404$，$p<0.001$）。具体表现为，高中农村教师认为现在的培训者侧重提升学员"教育和专业理论知识"的人数比例比小学和初中各高出约 11 个百分点；认为现在的培训者侧重提升学员的"教育教学技能"或"两者结合"能力的农村教师比例均随学段升高而递减；初中农村教师中选择"较多教育和专业理论知识，较少教育教学技能"这一选项的人数比例最高，比该比例最低的高中高出 7.1 个百分点；高中农村教师中选择"较少教育和专业理论知识，较多教育教学技能"这一选项的人数比例最高，比该比例最低的小学高出 5.9%（表 3-30）。

表 3-30　不同学段农村教师对现在的培训侧重点的看法　　　（单位：%）

| 学段 | 教育和专业理论知识 | 教育教学技能 | 较多教育和专业理论知识，较少教育教学技能 | 较少教育和专业理论知识，较多教育教学技能 | 两者结合 |
|---|---|---|---|---|---|
| 高中 | 26.5 | 23.7 | 22.8 | 15.1 | 11.9 |
| 初中 | 15.8 | 27.0 | 29.9 | 13.1 | 14.3 |
| 小学 | 15.4 | 30.7 | 26.1 | 9.2 | 18.5 |

## (四) 培训效果综合考察

单因素方差分析结果显示，不同学段的农村教师对培训效果的评价存在显著差异（$f(2, 2019)=14.678, p<0.001$）。事后多重检验（LSD）结果表明，初中与其他学段的农村教师在对培训效果的评价方面差异显著（$p<0.001$）。具体而言，初中农村教师对培训效果的评价是最低的，平均得分分别比小学和高中农村教师低 0.14 分、0.22 分。

对于阻碍将培训内容与农村教师自己教学实际结合的因素方面，卡方检验结果显示，不同学段的农村教师在"工作时间紧、任务重"（$\chi^2=14.186, p=0.001<0.01$）这个选项上存在显著差异。具体表现为小学和初中农村教师中将其作为阻碍因素的人数比例均接近 80%，比高中高出 11 多个百分点，见表 3-31。

表 3-31 不同学段农村教师对培训内容与教学实际有效结合的阻碍因素的看法

（单位：%）

| 阻碍因素 | 高中 | 初中 | 小学 |
| --- | --- | --- | --- |
| 工作时间紧、任务重 | 67.6 | 78.8 | 78.9 |
| 自我学习和提升的意识不够 | 32.4 | 31.3 | 27.2 |
| 对理论研究把握不够，难以针对性运用 | 39.4 | 33.8 | 36.0 |
| 与优秀教师等交流机会少 | 39.8 | 46.0 | 44.3 |
| 缺乏专家指导 | 26.1 | 31.3 | 35.1 |
| 缺乏教学实践指导活动 | 34.4 | 33.2 | 39.9 |

# 第二节 农村教师培训的实际需求

## 一、农村教师培训的总体需求

### (一) 有效的培训类型、形式和内容

#### 1. 培训类型

"观摩优秀教师示范课并评课交流"是参加人数最多的培训类型，参加过此类型培训的农村教师接近 70%。像这种观摩交流类的培训还有"专家、名师和专业技术人员送教下乡""前往名校参观或跟岗学习、实践"，参加过这两类培训的农村教师分别占 50.7%、35.2%。"集中培训和网络研修结合"也是参加人数非常多的培训，参加过这类培训的农村教师比例为 60.2%。"国培计划"作为组织层次最高的培训，参加的农村教师人数超过 50%。参加过校本培训、教学研讨会的

农村教师比例为40%～50%。参加"新教师入职适应性培训""青蓝结对"这两种培训的农村教师相对较少,前者比例不到20%,后者比例只有10.3%(图3-18)。

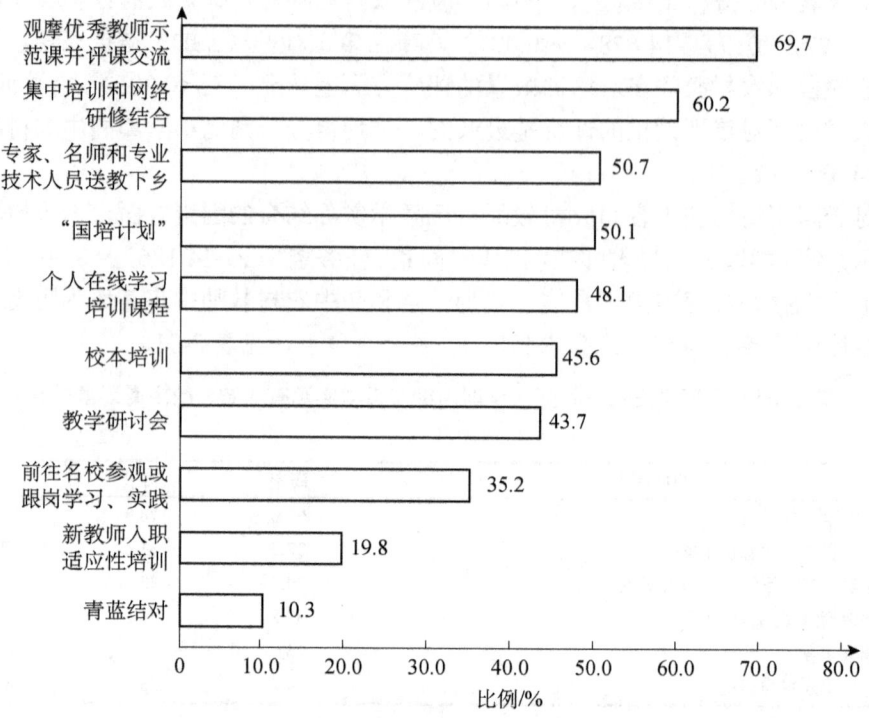

图3-18 农村教师参加过的培训类型

从农村教师对这些培训类型的评价来看,观摩交流类的培训类型最受农村教师欢迎,有67.0%的农村教师认为"观摩优秀教师示范课并评课交流"有效,接近50%的农村教师认为"前往名校参观或跟岗学习、实践"有效,38.9%的农村教师认为"专家、名师和专业技术人员送教下乡"有效。"教学研讨会"也是相对比较受欢迎的培训类型,有超过三分之一的参加者认为"教学研讨会"是有效的。相比较而言,"青蓝结对"、"校本培训"、"集中培训和网络研修结合"、"国培计划"和"个人在线学习培训课程"在农村教师眼中效果不太理想,参加者认为它们有效的比例为20%～25%。"新教师入职适应性培训"是效果最差的培训类型,只有16.4%的参加者认为这种培训是有效的(图3-19)。

## 2. 培训形式

在培训形式方面,农村教师参加较多的,首先是"专题讲座"这种形式,比例为72.4%;其次是"在岗研修""互动交流""案例分析",比例分别为43.0%、38.1%、34.6%;然后是"经验分享",比例为20.4%;参加"成果生成与展示"、"问题解决"、"任务驱动"和"单向传授知识"这四种形式培训的农村教师比例相对较低,在这四种形式中，比例最高的只有12.1%，比例最低的为10.4%。农村教师最少接受的教师培训形式是"跟踪指导"和"训后回访"，比例均在3%左右（图3-20）。

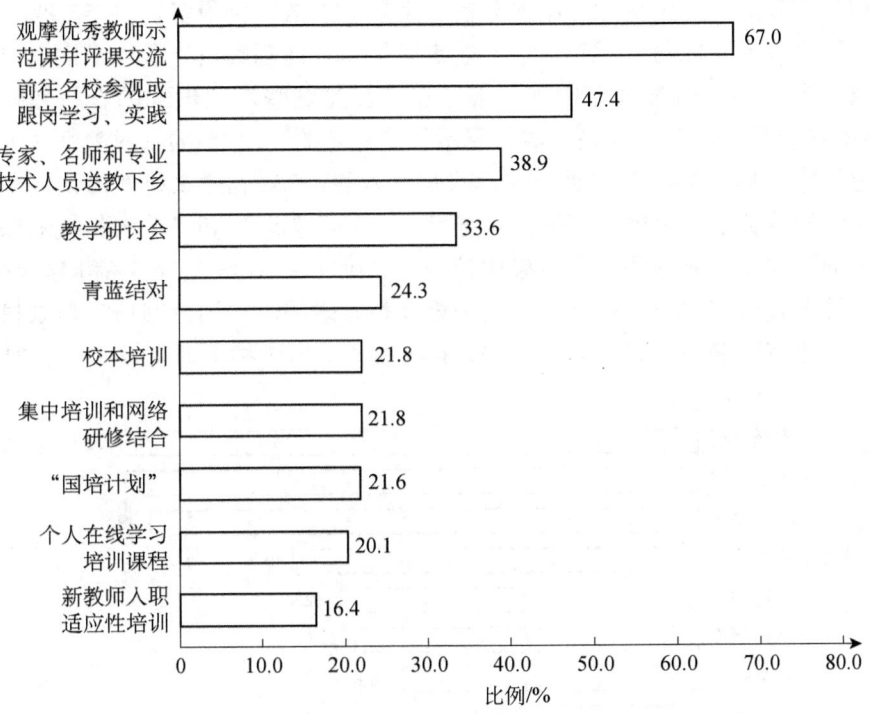

图 3-19　农村教师认为有效的培训类型

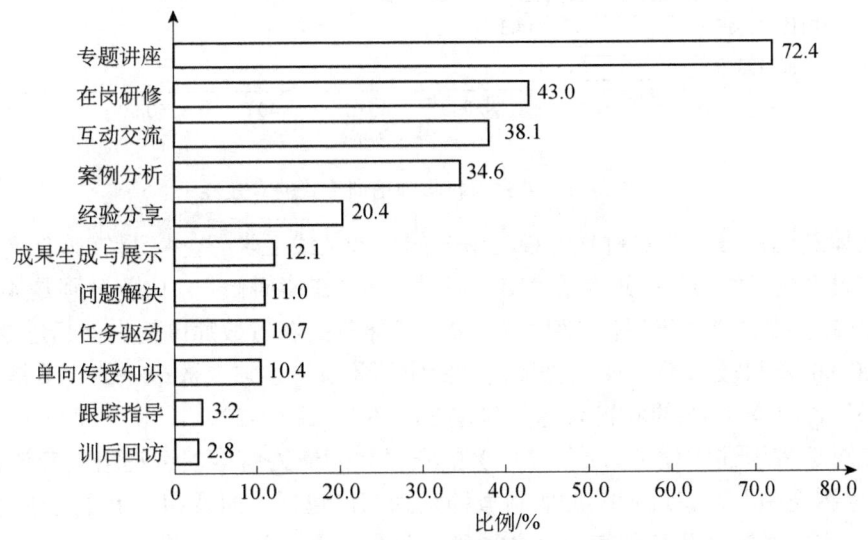

图 3-20　农村教师参加过的培训形式

在各种形式培训的效果方面,"案例分析"、"互动交流"和"经验分享"在农村教师眼中是最有效的。在参与过这类培训的农村教师中,50%左右的人认为它们是有效的,其中认为"案例分析"有效的人数比例最多,占52.9%。调查结果显示"成果生成与展示"、"专题讲座"、"问题解决"和"在岗研修"这四种培训形式的有效性处在中间位置,在参加过这些培训形式的农村教师中,36.7%的农村教师认为"成果生成与展示"是有效的,32.4%的农村教师认为"专题讲座"或"问题解决"这类培训形式是有效的,26.8%的农村教师认为"在岗研修"这种培训形式有效。"跟踪指导"、"任务驱动"和"单向传授知识"这三种培训形式在农村教师看来效果比较差,分别只有16.4%、16.3%和14.3%的参加过此种形式培训的农村教师认为这类培训是有效的。"训后回访"是农村教师眼中效果最差的培训形式,只有11.0%的参加者认为这种培训有效(图3-21)。

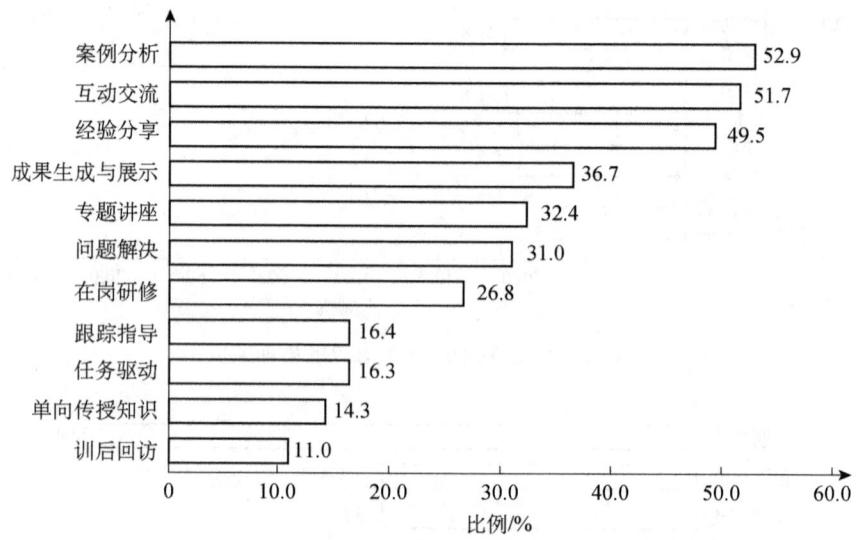

图3-21 各种农村教师培训形式的有效性

具体到远程培训,农村教师参与最多的环节是线上学习,将近75%的农村教师参与过"线上学习";其次是"交流研讨"和"在岗研修",比例分别是44.0%和42.3%;参加过"线下研修"和"远程指导"环节的农村教师比例也都超过30%;只有20%的农村教师参与过"现代技术操作"环节;参与人数最少的环节是"凝练成果",仅有7.3%的农村教师参与过这项环节(图3-22)。

在对远程培训的期待方面,73.1%的农村教师认为有效的远程培训应该包括"优秀课例视频",将近60%的农村教师认为应该包括"面授和线上学习结合",47.8%的农村教师认为应该包括"学员的微课展示和交流"(图3-23)。

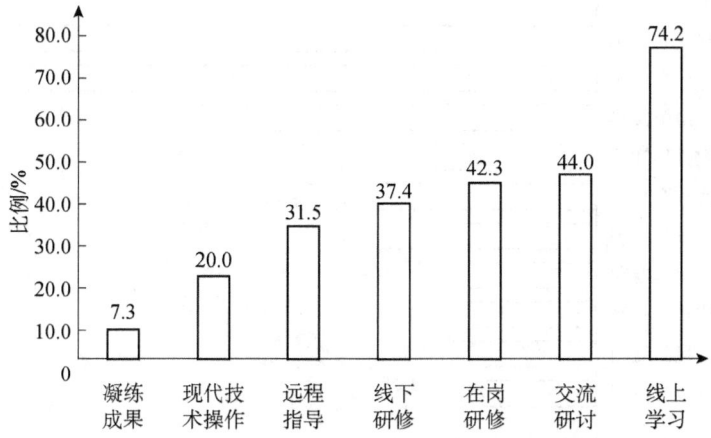

图 3-22 农村教师参与远程培训的主要环节

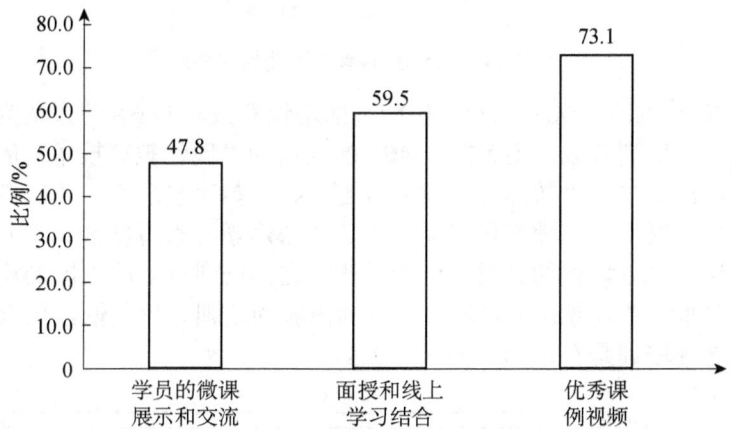

图 3-23 有效的远程培训的要素

### 3. 培训内容

就培训内容而言,"专业学科专业知识"和"教学技能"两项是农村教师接触最多的,并反映这也是培训的主要内容,所占比例均在 65% 左右。其次是"师德修养"、"心理学、教育学知识"和"现代教育技术",比例分别为 43.1%、34.0%、32.1%。"教育管理"、"教师专业发展专题"、"教育改革与政策"和"教育科研能力"等内容在农村教师培训中涉及的相对较少,认为这些内容是其参与培训的主要内容的农村教师比例为 15%～25%。"学生安全与发展""论文或公文写作"是农村教师培训中最少见到的内容,前者只有 12.1% 的农村教师将其认为是参与培训的主要内容,而后者比例仅为 3.4%(图 3-24)。

在各类培训内容中,农村教师对"教学技能"、"专业学科专业知识"和"现代教育技术"这三项内容有效性的评价相对较高。在参与过这些内容培训的农村

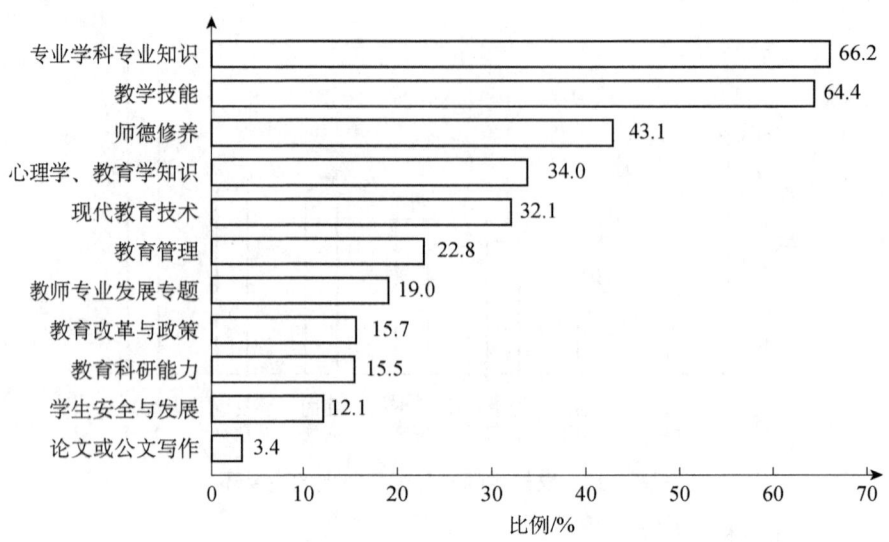

图 3-24　农村教师参与培训的主要内容

教师中，超过 50%的人认为"教学技能"的培训有效，47.6%的人认为"专业学科专业知识"的培训有效，还有接近 40%的人认为"现代教育技术"的培训效果是比较好的。在参与过"教师专业发展专题"、"教育管理"、"师德修养"、"学生安全与发展"、"教育科研能力"、"心理学、教育学知识"和"论文或公文写作"这些内容培训的农村教师中，认为这类培训有效的人比例均为 20%~30%。农村教师对"教育改革与政策"这项内容的培训评价最低，仅有 16.2%的参加者认为这种培训是有效的（图 3-25）。

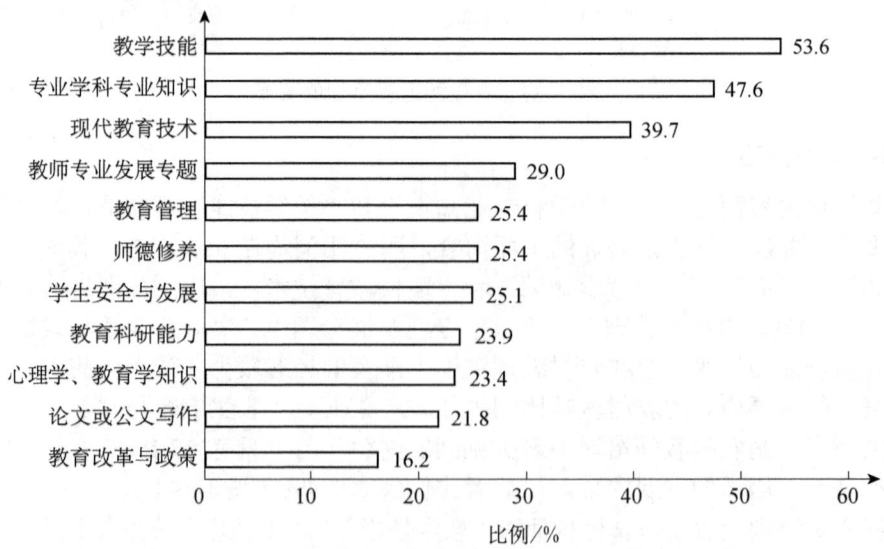

图 3-25　各项培训内容的有效性

## （二）对理论知识培训的态度

### 1. 意愿

关于参加高等理论学习的意愿，调查结果显示，大多数农村教师的意愿还是比较高的。其中，约32%的农村教师选择"非常愿意"和"比较愿意"。有21.3%的农村教师选择"一般愿意"；14.6%的农村教师不愿意参加，其中选择"不太愿意"的占11.0%，选择"几乎不愿意"的占3.6%（详见图3-26）。

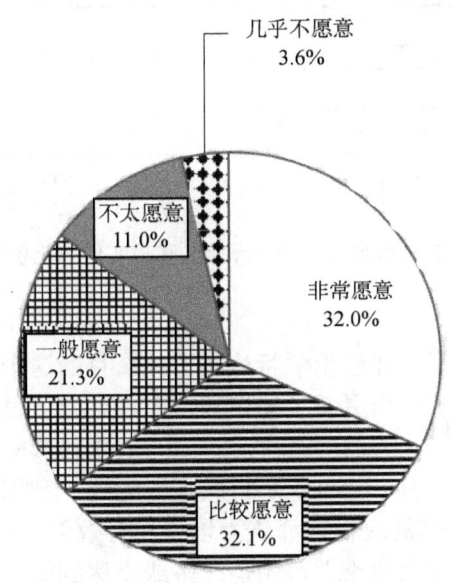

图3-26　农村教师参加高等理论学习的意愿

### 2. 内容

对农村教师教学指导意义和现实价值比较大的理论知识，是了解农村教师培训需求需重点考查的指标。根据调查结果，"学科知识"、"教学理论"、"教育学和心理学"和"课程理论"是农村教师认为最重要的四项理论知识，对其教学的指导意义和现实价值比较大，其中，前两者比例均超过55%，后两者比例约为50%。另外，对于"班级管理、德育和心理健康教育理论"，也有38.3%的农村教师认为对其教学的指导意义和现实价值比较大；而"评价理论"和"教育研究方法"在农村教师眼中的重要性则要低得多，比例分别为16.8%和14.3%（图3-27）。

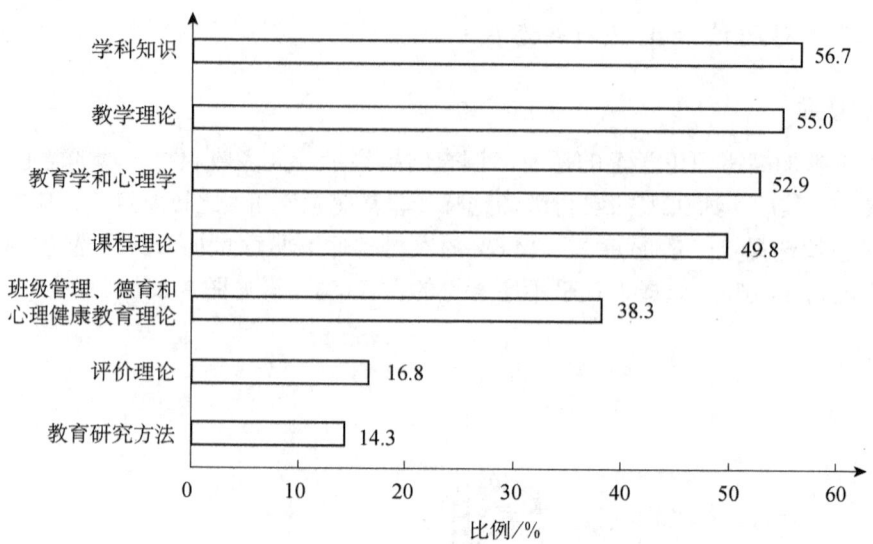

图 3-27 对农村教师教学的指导意义和现实价值比较大的理论知识

### 3. 目的

对于通过教育教学和专业理论学习达到了什么目的这个问题,有超过 65%的农村教师认为通过这样的培训更新了知识和理念、开阔了眼界;有 43.2%农村教师认为这类培训"结识了优秀的同行"。有 39.8%农村教师认为"增强了分析教育和专业问题的能力";有 35.5%的农村教师认为能"利用教育理论解决现实教育教学问题";仅有 6.9%的农村教师认为培训没有效果。在多数农村教师眼中,通过培训中教育教学和专业理论学习还是或多或少达到了一定目的的(图 3-28)。

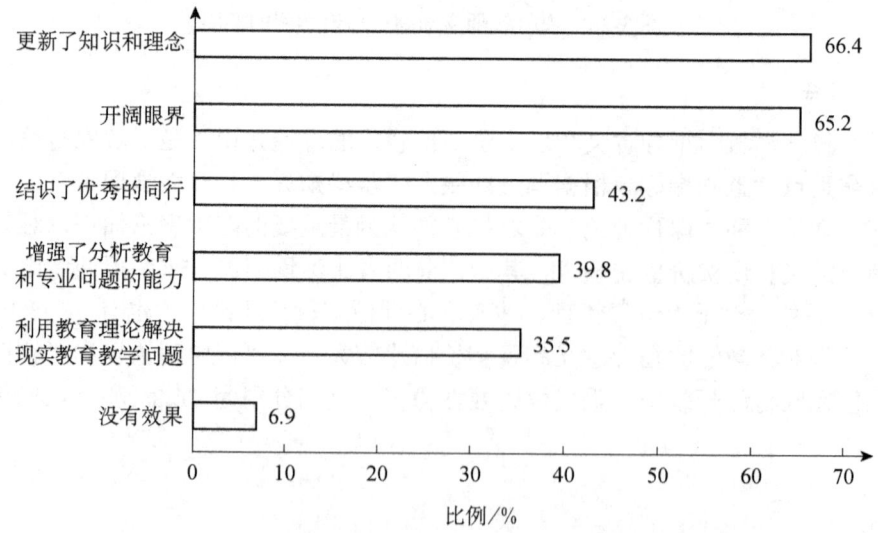

图 3-28 农村教师通过教育教学和专业理论学习达到的目的

## （三）理想的培训者

在参与调查的农村教师中，接受过"一线教学名师"培训的超过50%；接受过"教研员"培训的接近40%；接受过"高校专家或教授""教育行政部门人员""骨干教师"的培训的人数比例为30%~35%；接受过"专业技术人员"培训的有23.2%；接受过"教材编写者"培训的人数最少，仅占8.2%（图3-29）。

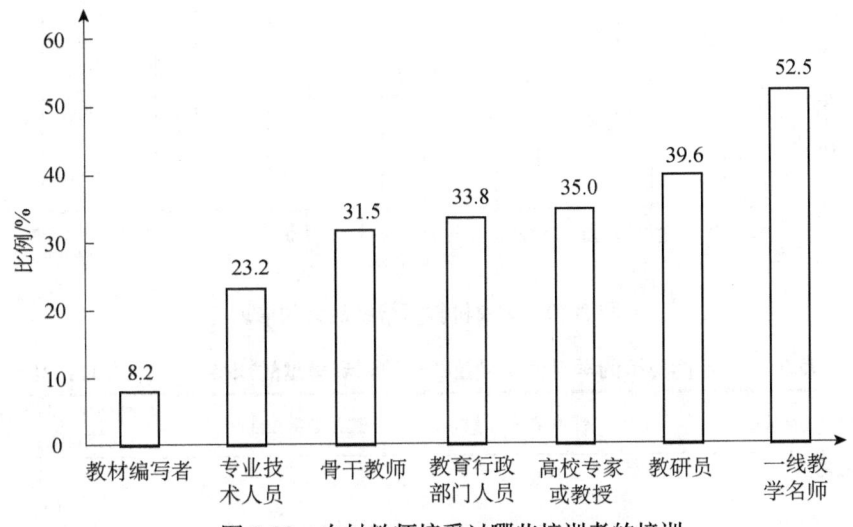

图3-29　农村教师接受过哪些培训者的培训

在农村教师们看来，培训效果最好的是"一线教学名师"进行的培训，将近70%的参加者认为"一线教学名师"对其帮助最大；其次是"骨干教师"进行的培训，超过40%的参加者认为对其帮助最大；然后是"专业技术人员"提供的培训，该比例为31.8%。在农村教师看来，"高校专家或教授""教研员""教材编写者"等培训者对其帮助相对不够大，认为这三类培训者对其帮助较大的农村教师比例均只有20%左右。"教育行政部门人员"提供的培训对农村教师的帮助最小，仅有9.5%的参加者认为这类人员对自己帮助最大（图3-30）。

对于不同类型的学习，农村教师期待的培训者类型也是不一样的。对于"理论学习"，农村教师更期待培训者是"高校专家或教授"、"一线教学名师"；对于"教育教学技能学习"，农村教师更期待培训者首先是"一线教学名师"和"骨干教师"，其次是"专业技术人员"；对于能把"理论学习与教育教学技能学习"结合起来让自己融会贯通，农村教师更期待培训者是"一线教学名师"和"骨干教师"，其次是"专业技术人员"、"高校专家或教授"。总起来看，"一线教学名师"是农村教师在各种类型的学习中都最期待的一类培训者（表3-32）。

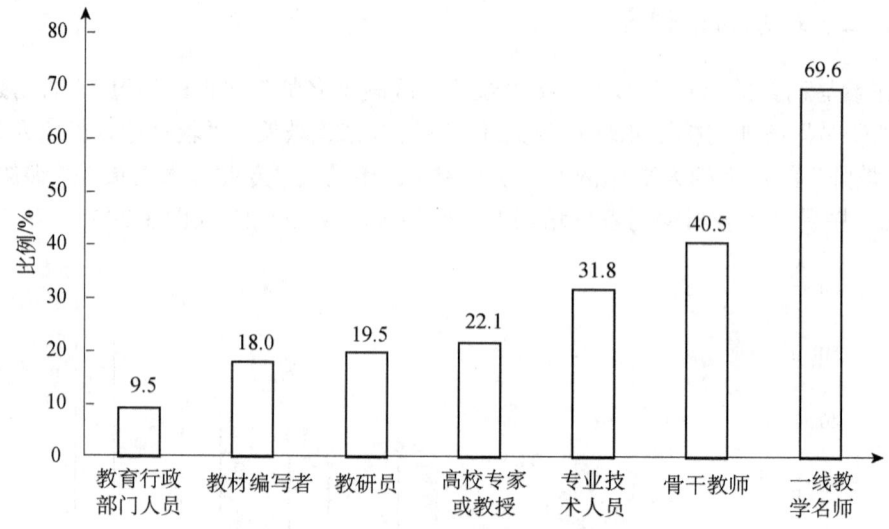

图 3-30　对农村教师帮助最大的培训者

表 3-32　不同类型的学习中农村教师对培训者类型的期待　　　　（单位：%）

| 期待的培训者 | 理论学习 | 教育教学技能学习 | 理论学习与教育教学技能融会贯通 |
| --- | --- | --- | --- |
| 教育行政部门人员 | 5.6 | 4.1 | 8.0 |
| 教研员 | 14.6 | 11.0 | 19.5 |
| 骨干教师 | 17.7 | 26.0 | 32.9 |
| 教材编写者 | 18.6 | 8.4 | 17.6 |
| 专业技术人员 | 19.4 | 21.1 | 25.1 |
| 高校专家或教授 | 28.2 | 15.4 | 26.3 |
| 一线教学名师 | 35.8 | 46.3 | 51.6 |

　　至于培训者自身的素质，56.6%的农村教师认为未来培训者应该侧重提高"教育教学技能水平"，将近50%的农村教师认为未来培训者需要侧重提高"理论研究与教育教学技能结合的水平"，46.3%的农村教师认为未来的培训者应该侧重提高"对学员当地文化和现实问题的了解"。另外，认为未来培训者应该侧重提高"教育教学和专业理论水平""对参训学员群体状况的了解"程度的农村教师比例分别为38.9%、34.1%（图3-31）。

　　就农村教师心目中理想培训者的特征而言，"在教育理论与研究上十分专业，又了解一线教学实践"是选择人数最多的一项，73.7%的农村教师认为该特征是理想的培训者最应该具备的；一半以上的农村教师认为"敬业负责，能与组织者和参与者进行有效沟通"或"能做到教学的科学性和艺术性的统一，使得培训活动具有吸引力和实效性"也是理想培训者的特征；44%左右的农村教师认为"在

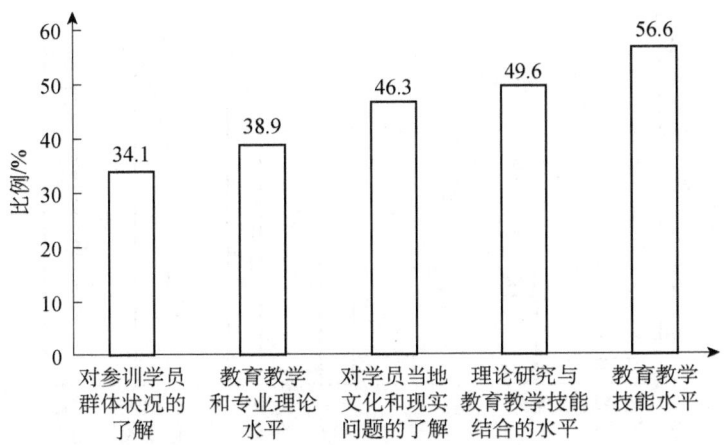

图 3-31 未来培训者需要侧重提高的方面

培训前、中、后都能开展系统的指导和服务,而不是仅停留在培训期"或"全面发展型,能够给自己学科知识、教学能力、职业调试等提供全方位帮助"是理想培训者的主要特征。相对而言,认为理想的培训者"熟知一线教育经验就好,理论水平其次"的农村教师就比较少(表 3-33)。

表 3-33 农村教师认为理想的培训者应具备的特征 (单位:%)

| 理想培训者的特征 | 农村教师选择比例 |
| --- | --- |
| 在教育理论与研究上十分专业,又了解一线教学实践 | 73.7 |
| 敬业负责,能与组织者和参与者进行有效沟通 | 57.3 |
| 能做到教学的科学性和艺术性的统一,使得培训活动具有吸引力和实效性 | 56.9 |
| 在培训前、中、后都能开展系统的指导和服务,而不是仅停留在培训期 | 44.7 |
| 全面发展型,能够给自己学科知识、教学能力、职业调试等提供全方位帮助 | 43.3 |
| 熟知一线教育经验就好,理论水平其次 | 33.4 |

## (四)认可的培训机构

参与此次调查的农村教师参加过的培训,由教育局、教师进修学校、远程教育培训机构和本校四类培训机构提供的最多,超过 60%的农村教师参加过由教育局提供的培训,58%左右的农村教师参加过由教师进修学校或远程教育培训机构提供的培训,51.7%的农村教师参加过由本校提供的培训。高等院校和优秀中小学校也是培训的提供者,分别有 19.3%和 17.8%的农村教师参加过由这两类机构提供的培训。有极少的农村教师参加过社会培训机构提供的培训,仅占 5.0%(图 3-32)。

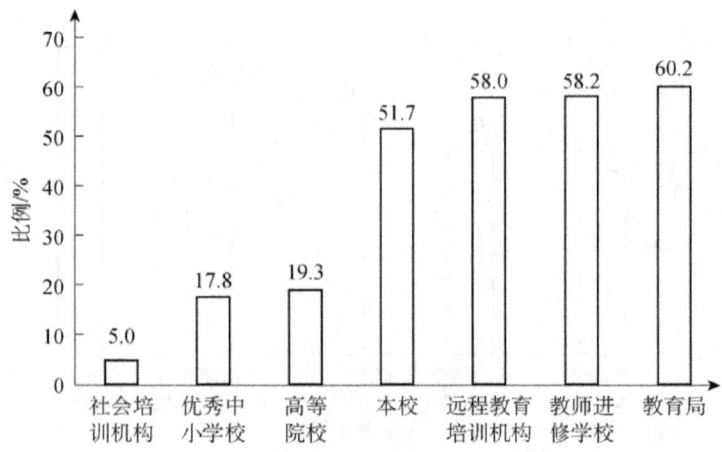

图 3-32　农村教师培训的提供者

优秀中小学校提供的培训最受农村教师认可，64.6%的农村教师认为对自己帮助最大。关于本校、高等院校和教师进修学校提供的培训，均有超过30%的农村教师认为对自己的帮助最大；而教育局、社会培训机构和远程教育培训机构提供的培训，农村教师对其认可的程度相对较低，分别只有22.3%、24.5%和25.8%的参加者认为对其帮助最大，其中教育局该比例最低（图3-33）。

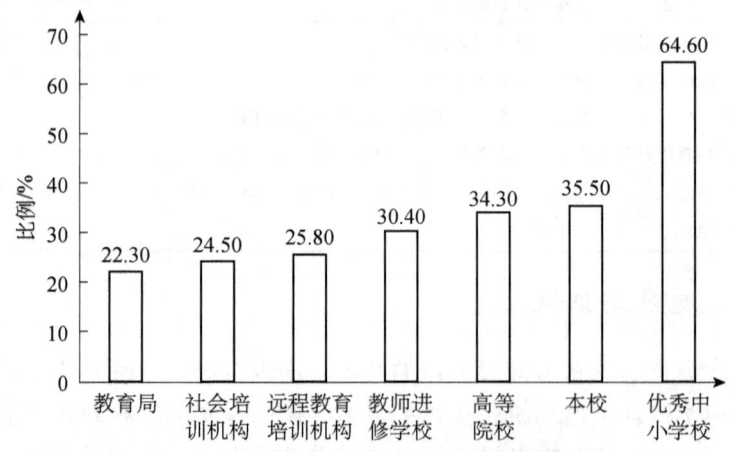

图 3-33　农村教师帮助最大的教师培训提供机构

农村教师对各类提供教师培训的机构的满意程度从高到低依次为优秀中小学校、本校、高等院校、教师进修学校、教育局、远程教育培训机构、社会培训机构（图3-34）。

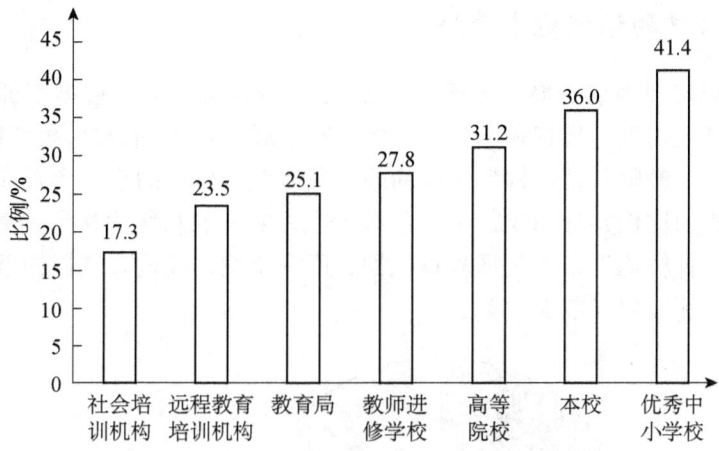

图 3-34　农村教师对其组织和管理最满意的机构

### (五) 合理的培训考核方式

在培训的考核方式方面,认为"平时成绩和结业成绩结合"这种方式较合理的农村教师比例为 64.6%,认为"通过实践性的任务考核"较为合理的农村教师比例为 45.1%;认为"学员授课展示所学"和"结业时进行卷面考试即可"这两种考核方式合理的农村教师比例分别只有 28.9%和 26.4%;认为"提交课程论文即可"这种考核方式合理的农村教师数量最少,只有 16.4%。相对而言,多数农村教师更倾向于"平时成绩和结业成绩结合"与"通过实践性的任务考核"这两种考核方式(图 3-35)。

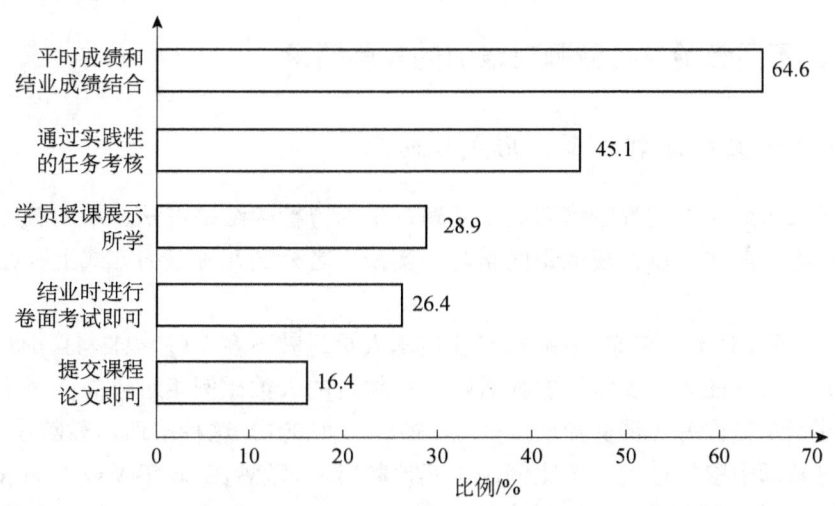

图 3-35　农村教师认为较合理的培训考核方式

### （六）最佳的培训地点顺序

关于开展培训地点的最佳顺序，38.6%的农村教师认为"根据培训的需要，各单位合作开展培训"最有利于自己的培训和发展，31.4%的农村教师认为"所在单位、高校、教师教育机构"这样的顺序最有利于自己的培训和发展，选择这两项的农村教师比例共计70%。另外各有15%左右的农村教师认为"高校、所在单位、教师教育机构"或"教师教育机构、所在单位、高校"这样的顺序最有利于自己的培训和发展（图3-36）。

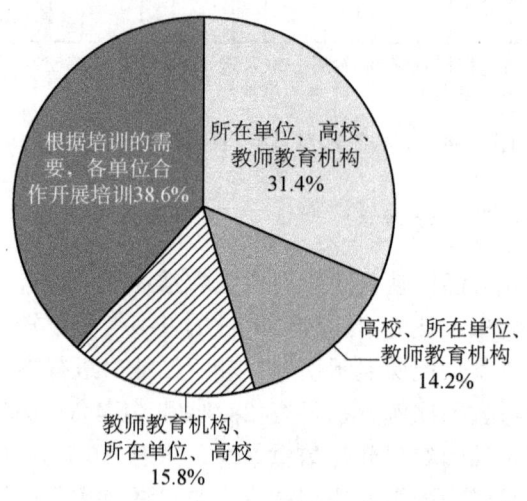

图3-36 农村教师培训和发展培训地点的最佳顺序

## 二、不同教龄农村教师对培训的实际需求

### （一）有效的培训类型、形式和内容

对于入职后参加过哪些培训这个问题，由卡方检验结果可知，不同教龄的农村教师在除"前往名校参观或跟岗学习、实践"之外的九种培训方式上存在显著差异。

具体来看，对于"专家、名师和专业技术人员送教下乡"（$\chi^2=21.441, p<0.001$）这种培训，教龄在4~25年的农村教师中参加过的人数比例相对较高；对于"观摩优秀教师示范课并评课交流"（$\chi^2=24.501, p<0.001$）这种培训，教龄在4~8年的农村教师中参加过的人数比例高于其他教龄段，教龄在26年及以上的农村教师该比例最低；对于"教学研讨会"（$\chi^2=14.206, p=0.007<0.01$）这种培训，教

龄在 9~15 年的农村教师中参加过的人数比例高于其他教龄段,教龄为 0~3 年的农村教师该比例最低;对于"集中培训和网络研修结合"($\chi^2$=46.398, $p$<0.001)这种培训,教龄为 16~25 年的农村教师中参加过的人数比例高于其他教龄段,而教龄为 0~3 年的农村教师中该比例最低,其次是教龄为 4~8 年的农村教师;对于"个人在线学习培训课程"($\chi^2$=39.791, $p$=<0.01)这种培训,教龄在 9~25 年的农村教师中参加过的人数比例高于其他教龄段,而教龄为 0~3 年的农村教师中该比例最低;对于"青蓝结对"($\chi^2$=69.871, $p$<0.001)这种培训,教龄为 9~15 年的农村教师中参加过的人数比例超过 20%,而教龄为 16~25 年和 26 年及以上的农村教师中该比例分别只有 7.3%和 3.1%;对于"新教师入职适应性培训"($\chi^2$=201.867, $p$<0.001)这种培训,教龄为 0~3 年的农村教师中参加过的人数比例最高,其次是教龄为 4~8 年的农村教师,教龄为 26 年及以上的农村教师中该比例最低;对于"校本培训"($\chi^2$=85.210, $p$<0.001),教龄超过 16 年的农村教师中参加过的人数比例超过一半,而教龄为 0~3 年的农村教师中该比例只有 27.7%;对于"国培计划"($\chi^2$=58.278, $p$<0.001),教龄为 0~3 年的农村教师中参加过的人数比例大幅低于其他教龄段(表 3-34)。

表 3-34 不同教龄的农村教师参加过的培训类型　　　　(单位:%)

| 培训类型 | 0~3 年 | 4~8 年 | 9~15 年 | 16~25 年 | 26 年及以上 |
| --- | --- | --- | --- | --- | --- |
| 专家、名师和专业技术人员送教下乡 | 44.9 | 57.7 | 52.8 | 54.4 | 44.6 |
| 前往名校参观或跟岗学习、实践 | 35.0 | 36.1 | 39.5 | 35.3 | 33.0 |
| 观摩优秀教师示范课并评课交流 | 69.7 | 77.0 | 70.2 | 73.3 | 61.7 |
| 教学研讨会 | 35.8 | 42.6 | 50.0 | 46.1 | 43.6 |
| 集中培训和网络研修结合 | 48.9 | 51.2 | 60.5 | 68.1 | 62.9 |
| 个人在线学习培训课程 | 33.2 | 48.8 | 51.2 | 54.5 | 47.0 |
| 青蓝结对 | 16.8 | 13.7 | 20.2 | 7.3 | 3.1 |
| 新教师入职适应性培训 | 40.9 | 37.5 | 19.8 | 13.0 | 5.3 |
| 校本培训 | 27.7 | 35.7 | 40.7 | 54.8 | 53.3 |
| "国培计划" | 30.7 | 51.9 | 50.8 | 56.2 | 53.7 |

在参加过上述培训的农村教师中,关于这些培训的有效性,由卡方检验结果可知,不同教龄的农村教师在对"集中培训和网络研修结合"($\chi^2$=27.023, $p$<0.001)、"个人在线学习培训课程"($\chi^2$=31.977, $p$<0.001)、"青蓝结对"($\chi^2$=16.283, $p$=0.003<0.01)、"校本培训"($\chi^2$=28.789, $p$<0.001)、"国培计划"($\chi^2$=9.831, $p$=0.043<0.05)这五种类型培训有效性的评价存在显著差异。

具体来看,教龄在 26 年及以上的农村教师中认为"集中培训和网络研修结合"和"校本培训"最有效的人数比例均大幅高于其他教龄段;教龄在 26 年及以上的农村教师中认为"个人在线学习培训课程"和"国培计划"最有效的人数比例也高于其他教龄段,教龄为 0~3 年的农村教师中该比例次之;对于"青蓝结对"这种培训,教龄在 0~3 年的农村教师中认为这类培训最有效的人数比例最高,其次是教龄为 9~15 年的农村教师(表 3-35)。

表 3-35　不同教龄农村教师对各类培训有效性的评价　　(单位:%)

| 培训项目 | 0~3 年 | 4~8 年 | 9~15 年 | 16~25 年 | 26 年及以上 |
| --- | --- | --- | --- | --- | --- |
| 专家、名师和专业技术人员送教下乡 | 35.7 | 44.2 | 34.7 | 34.5 | 44.3 |
| 前往名校参观或跟岗学习、实践 | 51.8 | 53.3 | 48.4 | 50.2 | 36.9 |
| 观摩优秀教师示范课并评课交流 | 68.7 | 70.3 | 66.7 | 68.0 | 60.7 |
| 教学研讨会 | 26.4 | 26.7 | 38.7 | 34.4 | 36.2 |
| 集中培训和网络研修结合 | 20.9 | 14.7 | 21.8 | 17.0 | 33.3 |
| 个人在线学习培训课程 | 25.3 | 12.7 | 20.0 | 14.1 | 33.5 |
| 青蓝结对 | 40.4 | 18.2 | 34.7 | 15.3 | 14.3 |
| 新教师入职适应性培训 | 19.6 | 18.9 | 16.0 | 10.3 | 14.5 |
| 校本培训 | 18.6 | 12.9 | 15.9 | 18.6 | 35.1 |
| "国培计划" | 26.7 | 19.4 | 16.7 | 19.2 | 28.7 |

在农村教师接受较多的培训形式方面,卡方检验结果显示,不同教龄的农村教师在是否参加过"在岗研修"($\chi^2=33.138$, $p<0.001$)或"单向传授知识"($\chi^2=16.517$, $p=0.002<0.01$)两种形式的培训上存在显著差异。

具体而言,教龄为 0~3 年的农村教师中参加过"在岗研修"这一形式培训的人数比例大幅低于其他教龄段;教龄在 8 年及以下的农村教师中参加过"单向传授知识"这种培训形式的农村教师比例相对较高,而教龄为 9~15 年和 26 年及以上的农村教师中该比例相对较低(表 3-36)。

表 3-36　不同教龄的农村教师参与过的培训形式　　(单位:%)

| 培训形式 | 0~3 年 | 4~8 年 | 9~15 年 | 16~25 年 | 26 年及以上 |
| --- | --- | --- | --- | --- | --- |
| 专题讲座 | 69.2 | 73.0 | 71.8 | 76.4 | 70.7 |
| 案例分析 | 29.3 | 32.5 | 32.9 | 36.7 | 38.5 |
| 互动交流 | 43.8 | 40.5 | 40.0 | 36.4 | 36.8 |
| 任务驱动 | 7.2 | 12.1 | 8.2 | 13.4 | 10.7 |
| 问题解决 | 10.9 | 10.7 | 10.2 | 10.8 | 11.7 |
| 在岗研修 | 29.0 | 43.3 | 41.6 | 47.7 | 46.8 |
| 跟踪指导 | 3.3 | 4.2 | 5.1 | 2.9 | 1.7 |
| 训后回访 | 2.5 | 2.8 | 3.1 | 3.0 | 2.2 |
| 经验分享 | 26.1 | 22.5 | 21.6 | 19.7 | 16.1 |
| 成果生成与展示 | 15.6 | 12.8 | 13.7 | 12.9 | 7.6 |
| 单向传授知识 | 13.0 | 14.5 | 7.5 | 11.7 | 6.6 |

在参与过相应培训的农村教师中,在对这些培训的有效性的评价方面,由卡方检验结果可知,不同教龄的农村教师在对"专题讲座"($\chi^2=12.988$,

$p=0.011<0.05$)、"任务驱动"($\chi^2=16.410, p=0.003<0.01$)、"训后回访"($\chi^2=10.165, p=0.038<0.05$)、"经验分享"($\chi^2=14.416, p=0.006<0.01$)和"成果生成与展示"($\chi^2=11.024, p=0.026<0.05$)这五种培训形式的评价存在显著差异。

具体而言,在参加过"专题讲座"培训的农村教师里,教龄为26岁及以上的农村教师中认为它最有效的人数比例高于其他教龄段,教龄为4~8年的农村教师中该比例最低;在参加过"任务驱动"培训形式的农村教师里,教龄为0~3年的农村教师中认为该形式培训最有效的人数比例大幅高于其他教龄段,且该比例随教龄上升呈现下降趋势;在参加过"训后回访"这种培训形式的农村教师中,教龄为4~8年的农村教师中认为该种培训形式最有效的人数比例远高于其他教龄段;在参加过"经验分享"这种培训形式的农村教师里,教龄为9~15年的农村教师中认为此类培训最有效的人数比例最高,而教龄为26年及以上的农村教师中该比例最低;在参加过"成果生成与展示"这种培训形式的农村教师里,教龄在26年及以上的农村教师中认为此类培训最有效的人数比例远低于其他教龄段(表3-37)。

表3-37 不同教龄农村教师对各种形式培训有效性的评价 （单位：%）

| 培训形式 | 0~3年 | 4~8年 | 9~15年 | 16~25年 | 26年及以上 |
|---|---|---|---|---|---|
| 专题讲座 | 31.3 | 22.4 | 33.6 | 33.0 | 38.7 |
| 案例分析 | 46.2 | 47.7 | 43.7 | 54.3 | 61.0 |
| 互动交流 | 59.1 | 52.3 | 51.1 | 50.7 | 47.1 |
| 任务驱动 | 41.7 | 23.1 | 14.3 | 11.7 | 9.1 |
| 问题解决 | 38.2 | 37.1 | 15.4 | 31.9 | 28.2 |
| 在岗研修 | 30.0 | 29.2 | 23.2 | 27.8 | 24.4 |
| 跟踪指导 | 15.4 | 22.2 | 33.3 | 17.9 | 7.1 |
| 训后回访 | 8.3 | 35.7 | 9.1 | 10.7 | 4.9 |
| 经验分享 | 51.5 | 54.7 | 67.4 | 49.6 | 34.1 |
| 成果生成与展示 | 44.2 | 45.0 | 41.9 | 38.6 | 18.6 |
| 单向传授知识 | 20.0 | 24.3 | 11.1 | 13.7 | 5.1 |

在农村教师参与培训的主要内容方面,卡方检验结果显示,不同教龄段的农村教师在是否参加过以"教育管理"($\chi^2=15.318, p=0.004<0.01$)、"教育科研能力"($\chi^2=25.192, p<0.001$)、"教育改革与政策"($\chi^2=19.904, p=0.001<0.01$)、"现代教育技术"($\chi^2=37.261, p<0.001$)和"教师专业发展专题"($\chi^2=14.908, p=0.005<0.01$)为主要内容的培训上存在显著差异。

具体而言,在教龄为26年及以上的农村教师中,参加过以"教育管理"或"教师专业发展专题"为主要内容的培训的人数比例大幅低于其他教龄段农村教师;教龄为16~25年的农村教师中,参加过以"教育科研能力"为主要内容的培训的人数比例高于其他教龄段农村教师,教龄为9~15年的农村教师该比例次之;

对于以"教育改革与政策"或"现代教育技术"为主要内容的培训,教龄为16～25年的农村教师中参加人数比例最高,其次是教龄为26年及以上的农村教师(表3-38)。

表 3-38　不同教龄农村教师参与过的培训内容　　　　　　　(单位:%)

| 培训内容 | 0～3 年 | 4～8 年 | 9～15 年 | 16～25 年 | 26 年及以上 |
| --- | --- | --- | --- | --- | --- |
| 心理学、教育学知识 | 32.2 | 35.7 | 29.0 | 35.7 | 35.3 |
| 专业学科专业知识 | 61.2 | 64.0 | 68.6 | 70.0 | 65.6 |
| 教学技能 | 68.9 | 68.4 | 65.1 | 63.5 | 63.3 |
| 师德修养 | 43.2 | 38.7 | 40.0 | 44.9 | 46.0 |
| 教育管理 | 26.0 | 23.9 | 25.5 | 25.4 | 16.2 |
| 教育科研能力 | 13.6 | 11.8 | 17.6 | 20.4 | 10.6 |
| 教育改革与政策 | 8.8 | 13.5 | 14.5 | 19.5 | 17.1 |
| 现代教育技术 | 19.8 | 29.3 | 29.4 | 38.8 | 33.7 |
| 教师专业发展专题 | 20.9 | 19.9 | 17.6 | 22.3 | 13.2 |
| 学生安全与发展 | 10.3 | 9.1 | 14.9 | 13.1 | 12.7 |
| 论文或公文写作 | 4.4 | 5.4 | 3.5 | 3.1 | 2.1 |

在参加过相应内容培训的农村教师中,从对培训有效性的评价来看,由卡方检验结果可知,不同教龄的农村教师对以"师德修养"($\chi^2$=14.166,$p$=0.007<0.01)和"教育科研能力"($\chi^2$=9.621,$p$=0.047<0.01)为主要内容的培训有效性的评价存在显著差异。教龄为0～3年的农村教师中认为以"师德修养"为主要内容的培训最有效的人数比例远高于其他教龄段;教龄为4～8年的农村教师中认为以"教育科研能力"为主要内容的培训最有效的人数比例远高于其他教龄段农村教师,而教龄为0～3年的农村教师中该比例远低于其他教龄段农村教师(表3-39)。

表 3-39　不同教龄农村教师对各项培训内容有效性的评价　　　(单位:%)

| 培训内容 | 0～3 年 | 4～8 年 | 9～15 年 | 16～25 年 | 26 年及以上 |
| --- | --- | --- | --- | --- | --- |
| 心理学、教育学知识 | 28.9 | 23.9 | 25.4 | 21.7 | 22.2 |
| 专业学科专业知识 | 49.4 | 50.3 | 43.6 | 45.4 | 50.4 |
| 教学技能 | 57.6 | 57.1 | 54.7 | 52.3 | 49.2 |
| 师德修养 | 39.3 | 22.3 | 22.1 | 21.7 | 25.6 |
| 教育管理 | 28.8 | 31.3 | 30.4 | 22.7 | 18.3 |
| 教育科研能力 | 7.3 | 36.4 | 21.1 | 26.3 | 25.0 |
| 教育改革与政策 | 9.1 | 15.4 | 21.6 | 12.3 | 20.5 |
| 现代教育技术 | 40.0 | 31.1 | 44.8 | 40.8 | 39.0 |
| 教师专业发展专题 | 32.1 | 34.7 | 27.9 | 26.6 | 26.5 |
| 学生安全与发展 | 26.5 | 20.0 | 33.3 | 18.2 | 29.7 |
| 论文或公文写作 | 31.8 | 18.8 | 23.1 | 36.8 | 6.5 |

## （二）对理论知识培训的态度

### 1. 意愿

由卡方检验结果可知，不同教龄的农村教师在是否愿意参加高等理论学习方面存在显著差异（$\chi^2=111.981$，$p<0.001$）。具体表现为农村教师参加高等理论学习的意愿随教龄增长呈现下降趋势，教龄为0~3年和4~8年的农村教师愿意参加高等理论学习的比例分别为80.0%和71.9%，而教龄在26年及以上的农村教师该比例只有52.2%；教龄为0~3年的农村教师不愿意参加高等理论学习的比例为5.8%，而教龄为26年及以上的农村教师该比例高达22.9%（表3-40）。

表3-40　不同教龄农村教师参加高等理论学习的意愿　　　（单位：%）

| 教龄 | 非常愿意 | 比较愿意 | 一般愿意 | 不太愿意 | 几乎不愿意 | 愿意合计 | 不愿意合计 |
| --- | --- | --- | --- | --- | --- | --- | --- |
| 0~3年 | 48.1 | 31.9 | 14.2 | 3.4 | 2.4 | 80.0 | 5.8 |
| 4~8年 | 37.4 | 34.4 | 16.9 | 7.9 | 3.3 | 71.9 | 11.3 |
| 9~15年 | 30.4 | 33.1 | 22.6 | 10.9 | 3.1 | 63.4 | 14.0 |
| 16~25年 | 32.4 | 29.3 | 23.5 | 12.0 | 2.8 | 61.8 | 14.7 |
| 26年及以上 | 18.7 | 33.6 | 24.9 | 16.4 | 6.4 | 52.2 | 22.9 |

### 2. 内容

对于哪些知识对农村教师的教学指导意义和现实价值比较大，卡方检验结果显示，不同教龄的农村教师对"评价理论"（$\chi^2=18.702$，$p=0.001<0.01$）、"班级管理、德育和心理健康教育理论"（$\chi^2=53.187$，$p<0.001$）和"教育研究方法"（$\chi^2=14.942$，$p=0.005<0.01$）的现实意义和指导价值的评价存在显著差异。

对于"评价理论"和"班级管理、德育和心理健康教育理论"这两种理论知识，在教龄为26年及以上的农村教师中认为其指导价值和现实意义较大的人数比例最低，其次为教龄为16~25年的农村教师；对于"班级管理、德育和心理健康教育理论"和"教育研究方法"这两种理论知识，在教龄为4~8年的农村教师中认为其指导价值和现实意义较大的人数比例最高，其次为教龄为0~3年的农村教师（表3-41）。

表3-41　不同教龄农村教师对各种理论知识的指导意义和现实价值的评价

（单位：%）

| 理论知识 | 0~3年 | 4~8年 | 9~15年 | 16~25年 | 26年及以上 |
| --- | --- | --- | --- | --- | --- |
| 教育学和心理学 | 59.0 | 53.4 | 50.8 | 53.9 | 49.2 |
| 学科知识 | 62.5 | 61.7 | 54.3 | 55.3 | 54.3 |
| 课程理论 | 46.1 | 46.0 | 50.4 | 51.7 | 51.7 |
| 教学理论 | 54.6 | 56.4 | 53.1 | 57.0 | 51.7 |
| 评价理论 | 22.2 | 20.1 | 20.2 | 15.0 | 12.2 |

续表

| 理论知识 | 0~3年 | 4~8年 | 9~15年 | 16~25年 | 26年及以上 |
|---|---|---|---|---|---|
| 班级管理、德育和心理健康教育理论 | 48.8 | 49.0 | 42.6 | 34.5 | 28.3 |
| 教育研究方法 | 16.7 | 19.8 | 15.1 | 13.2 | 10.5 |

### 3. 目的

关于农村教师通过培训中的教育教学和专业理论学习达到了哪些目的这个问题，卡方检验结果显示，不同教龄的农村教师对"结识了优秀的同行"目的的评价存在显著差异（$\chi^2=52.190$, $p<0.001$）。认为达到了此目的的农村教师比例随教龄增加呈现下降趋势，教龄为0~3年的农村教师中有57.6%的人认为达到了此目的，教龄为4~8年的农村教师中有近50%的人认为达到了此目的，而教龄为26年及以上的农村教师中，该比例仅有31.9%（表3-42）。

表3-42　不同教龄农村教师教育教学和专业理论学习达到的目的　　（单位：%）

| 目的 | 0~3年 | 4~8年 | 9~15年 | 16~25年 | 26年及以上 |
|---|---|---|---|---|---|
| 开阔眼界 | 70.1 | 64.8 | 65.2 | 65.8 | 62.5 |
| 更新了知识和理念 | 67.3 | 65.9 | 65.6 | 66.8 | 67.8 |
| 结识了优秀的同行 | 57.6 | 49.7 | 45.8 | 41.0 | 31.9 |
| 增强了分析教育和专业问题的能力 | 46.8 | 38.3 | 38.7 | 40.5 | 37.5 |
| 利用教育理论解决现实教育教学问题 | 40.6 | 36.2 | 31.6 | 38.3 | 30.1 |
| 没有效果 | 5.4 | 9.3 | 6.7 | 8.0 | 4.6 |

## （三）理想的培训者

对于农村教师接受过哪些培训者的培训这个问题，卡方检验结果显示，不同教龄农村教师对是否接受过由"专业技术人员"（$\chi^2=24.299$, $p<0.001$）和"骨干教师"（$\chi^2=15.283$, $p=0.004<0.01$）进行的培训存在显著差异。

具体而言，在教龄为0~3年的农村教师中，参加过由专业技术人员进行的培训的人数比例大幅低于其他教龄段，其次是教龄为9~15年的农村教师；对于由"骨干教师"提供的培训这一选项，参加者比例随教龄上升呈现下降趋势，教龄为0~3年的农村教师中，该比例最高，其次为教龄为4~8年的农村教师（表3-43）。

表3-43　不同教龄农村教师接触到的培训者　　（单位：%）

| 培训者 | 0~3年 | 4~8年 | 9~15年 | 16~25年 | 26年及以上 |
|---|---|---|---|---|---|
| 教育行政部门人员 | 44.9 | 38.2 | 34.2 | 35.7 | 31.5 |
| 教研员 | 38.9 | 44.2 | 47.6 | 43.8 | 37.5 |
| 高校专家、教授 | 38.1 | 43.8 | 39.6 | 38.3 | 31.5 |
| 一线教学名师 | 51.4 | 54.2 | 55.6 | 58.6 | 56.1 |
| 教材编写者 | 4.9 | 6.0 | 9.8 | 10.8 | 8.5 |

续表

| 培训者 | 0~3 年 | 4~8 年 | 9~15 年 | 16~25 年 | 26 年及以上 |
|---|---|---|---|---|---|
| 专业技术人员 | 14.2 | 29.1 | 20.4 | 26.1 | 29.2 |
| 骨干教师 | 42.1 | 38.6 | 32.4 | 32.4 | 28.4 |

在参加过由上述培训者进行的培训的农村教师中,不同教龄的农村教师对"教研员"($\chi^2$=14.729, $p$=0.005<0.01)、"一线教学名师"($\chi^2$=15.063, $p$=0.005<0.01)、"骨干教师"($\chi^2$=26.864, $p$<0.001)对其帮助程度的评价存在显著差异。

对于"教研员"这一类培训者,教龄为 4~8 年的农村教师中认为其对自身帮助最大的人数比例最高,教龄为 16 年及以上的农村教师中该比例相对较低;对于"一线教学名师"这一类培训者,教龄为 16~25 年的农村教师中认为其对自身帮助最大的人数比例最高,教龄在 26 年及以上的农村教师中该比例最低;对于"骨干教师"这一类培训者对自身帮助程度的评价上,教龄为 16~25 年的农村教师中认为其对自身帮助最大的人数比例远低于其他教龄段的农村教师(表 3-44)。

表 3-44　不同教龄农村教师对不同培训者对自身帮助程度的评价　　(单位:%)

| 培训者 | 0~3 年 | 4~8 年 | 9~15 年 | 16~25 年 | 26 年及以上 |
|---|---|---|---|---|---|
| 教育行政部门人员 | 12.6 | 14.3 | 10.8 | 8.1 | 5.0 |
| 教研员 | 23.2 | 29.8 | 21.7 | 15.1 | 14.3 |
| 高校专家、教授 | 23.2 | 17.0 | 28.4 | 20.3 | 25.8 |
| 一线教学名师 | 66.7 | 69.8 | 71.3 | 76.0 | 61.0 |
| 教材编写者 | 18.8 | 11.1 | 36.4 | 10.6 | 23.5 |
| 专业技术人员 | 26.3 | 32.0 | 33.3 | 34.8 | 26.4 |
| 骨干教师 | 52.8 | 48.0 | 43.1 | 26.6 | 46.8 |

关于农村教师在"理论学习"方面期待的培训者,卡方检验结果显示,不同教龄的农村教师对"高校专家、教授"($\chi^2$=20.750, $p$<0.001)、"骨干教师"($\chi^2$=13.580, $p$=0.009<0.01)的期待存在显著差异。

对"高校专家、教授"的期待,农村教师比例随教龄增加而下降;对"骨干教师"的期待,教龄为 0~3 年的农村教师中比例最高,其次为教龄为 9~15 年的农村教师(表 3-45)。

表 3-45　不同教龄农村教师在理论学习方面期待的培训者　　(单位:%)

| 培训者 | 0~3 年 | 4~8 年 | 9~15 年 | 16~25 年 | 26 年及以上 |
|---|---|---|---|---|---|
| 教育行政部门人员 | 9.0 | 8.1 | 5.9 | 4.9 | 4.2 |
| 教研员 | 17.1 | 19.4 | 15.5 | 14.1 | 13.9 |
| 高校专家、教授 | 38.0 | 34.0 | 32.3 | 28.0 | 22.3 |
| 一线教学名师 | 39.2 | 39.7 | 35.0 | 38.9 | 34.1 |
| 教材编写者 | 19.6 | 21.1 | 23.2 | 16.6 | 21.3 |
| 专业技术人员 | 14.3 | 17.0 | 19.5 | 21.6 | 24.4 |
| 骨干教师 | 24.9 | 18.2 | 22.7 | 17.5 | 14.2 |

关于在"教育教学技能学习"方面所期待的培训者，卡方检验结果显示，不同教龄的农村教师对"一线教学名师"（$\chi^2$=13.757，$p$=0.008<0.01）和"骨干教师"（$\chi^2$=17.529，$p$=0.002<0.01）的期待存在显著差异。

在"教育教学技能学习"方面，在教龄为0~15年的农村教师中，期待由"一线教学名师"进行培训的人数比例高于其他教龄段；在教龄为0~3年的农村教师中，期待由"骨干教师"进行培训的人数比例最高，其次为教龄为4~8年的农村教师（表3-46）。

表3-46 不同教龄农村教师在教育教学技能学习方面期待的培训者　　（单位：%）

| 培训者 | 0~3年 | 4~8年 | 9~15年 | 16~25年 | 26年及以上 |
| --- | --- | --- | --- | --- | --- |
| 教育行政部门人员 | 6.4 | 3.7 | 3.4 | 4.0 | 4.1 |
| 教研员 | 13.6 | 12.3 | 11.3 | 11.0 | 9.6 |
| 高校专家、教授 | 16.5 | 18.9 | 15.7 | 14.3 | 16.3 |
| 一线教学名师 | 53.0 | 53.9 | 53.9 | 46.5 | 42.2 |
| 教材编写者 | 7.2 | 9.9 | 11.8 | 9.0 | 7.3 |
| 专业技术人员 | 21.2 | 18.9 | 24.0 | 21.9 | 25.3 |
| 骨干教师 | 35.2 | 32.9 | 21.6 | 26.8 | 22.7 |

卡方检验结果显示，不同教龄农村教师对"教研员"（$\chi^2$=13.892，$p$=0.008<0.01）、"教材编写者"（$\chi^2$=16.058，$p$=0.003<0.01）、"骨干教师"（$\chi^2$=26.468，$p$<0.001）的期待存在显著差异。

在"理论学习与教育教学技能学习的融会贯通"方面，教龄为4~8年的农村教师期待由"教研员"进行培训的比例最高，其次是教龄为0~3年的农村教师。教龄为0~3年的农村教师期待由"教材编写者"对其进行培训的人数比例相对较高，而教龄为26年及以上的农村教师中该比例最低。对于"骨干教师"的期待，农村教师比例随教龄增加而下降，其中教龄为0~3年的农村教师中该比例最高，其次为教龄为4~8年的农村教师（详见表3-47）。

表3-47 不同教龄农村教师在理论学习与教育教学技能学习融会贯通方面期待的培训者

（单位：%）

| 培训者 | 0~3年 | 4~8年 | 9~15年 | 16~25年 | 26年及以上 |
| --- | --- | --- | --- | --- | --- |
| 教育行政部门人员 | 11.3 | 9.2 | 9.3 | 7.3 | 5.4 |
| 教研员 | 22.9 | 25.9 | 20.3 | 16.5 | 17.2 |
| 高校专家、教授 | 32.0 | 27.7 | 30.4 | 24.7 | 21.5 |
| 一线教学名师 | 56.4 | 56.0 | 48.5 | 48.3 | 53.5 |
| 教材编写者 | 22.2 | 18.4 | 19.8 | 18.4 | 11.0 |
| 专业技术人员 | 26.7 | 25.5 | 23.6 | 25.9 | 23.7 |
| 骨干教师 | 42.1 | 36.5 | 34.6 | 32.0 | 23.7 |

对于未来培训者需要侧重提高的方面，卡方检验结果显示，不同教龄农村教

师对未来培训者是否需要侧重提高"对学员当地文化和现实问题的了解"（$\chi^2=63.501$，$p<0.001$）的判断存在显著差异。教龄为 26 年及以上的农村教师中认为未来培训者应侧重提高这方面的人数比例大幅低于其他教龄段农村教师（表 3-48）。

表 3-48 不同教龄农村教师认为未来培训者应提高的方面 （单位：%）

| 应提高方面 | 0~3 年 | 4~8 年 | 9~15 年 | 16~25 年 | 26年及以上 |
|---|---|---|---|---|---|
| 教育教学和专业理论水平 | 45.9 | 34.8 | 33.9 | 38.7 | 39.5 |
| 教育教学技能水平 | 60.6 | 54.8 | 59.1 | 52.3 | 60.5 |
| 理论研究与教育教学技能结合的水平 | 52.7 | 52.8 | 49.4 | 48.0 | 47.8 |
| 对学员当地文化和现实问题的了解 | 50.7 | 52.5 | 54.5 | 49.8 | 30.3 |
| 对参训学员群体状况的了解 | 36.0 | 35.8 | 30.7 | 37.4 | 29.1 |

在对最理想的培训者应具备的特征的判断上，卡方检验结果显示，不同教龄农村教师在三个方面存在显著差异（表 3-49）。教龄为 0~3 年的农村教师中，认为未来培训者应该"敬业负责，能与组织者与参与者进行有效沟通"（$\chi^2=14.658$，$p=0.005<0.01$）的人数比例最高，其次是教龄为 4~8 年的农村教师。教龄为 0~8 年的农村教师中，认为未来培训者应该"在培训前、中、后都能开展系统的指导和服务，而不是仅停留在培训期"（$\chi^2=26.386$，$p<0.001$）和"全面发展型，能够给自己学科知识、教学能力、职业调试等提供全方位帮助"（$\chi^2=19.413$，$p=0.001<0.01$）的人数比例高于其他教龄段，而在教龄为 26 年及以上的农村教师中，该比例最低。

表 3-49 不同教龄农村教师认为最理想培训者应具备的特征 （单位：%）

| 特征 | 0~3 年 | 4~8 年 | 9~15 年 | 16~25 年 | 26年及以上 |
|---|---|---|---|---|---|
| 在教育理论与研究上十分专业，又了解一线教学实践 | 77.4 | 74.1 | 70.3 | 73.8 | 74.7 |
| 敬业负责，能与组织者与参与者进行有效沟通 | 64.9 | 61.3 | 53.5 | 58.3 | 51.8 |
| 能做到教学的科学性和艺术性的统一，使得培训活动具有吸引力和实效性 | 59.7 | 61.6 | 62.1 | 55.2 | 52.1 |
| 在培训前、中、后都能开展系统的指导和服务，而不是仅停留在培训期 | 51.7 | 52.9 | 44.9 | 44.1 | 36.1 |
| 熟知一线教育经验就好，理论水平其次 | 33.7 | 32.3 | 31.6 | 36.2 | 31.5 |
| 全面发展型，能够给自己学科知识、教学能力、职业调试等提供全方位帮助 | 49.7 | 50.2 | 44.9 | 42.0 | 36.3 |

## （四）认可的培训机构

关于农村教师参加过由哪些培训机构提供的培训这一问题，不同教龄的农村教师在教育局（$\chi^2=15.293$，$p=0.004<0.01$）、教师进修学校（$\chi^2=31.780$，$p<0.001$）、高等院校（$\chi^2=16,564$，$p=0.002<0.01$）、优秀中小学校（$\chi^2=34.756$，$p<0.001$）、远程教育培训机构（$\chi^2=32.994$，$p<0.001$）等培训机构方面存在显著差异。

教龄为 26 年及以上的农村教师中参加过由教育局提供的培训的人数比例低于其他教龄段；教龄为 16~25 年的农村教师中参加过由教师进修学校提供的培训的人数比例大幅高于其他教龄段，而教龄为 0~3 年的农村教师中该比例最低；教龄为 4~8 年和 16~25 年的农村教师中参加过由高等院校和远程教育培训机构提供的培训的人数比例相对较高，而教龄为 0~3 年的农村教师中该比例最低；教龄为 4~8 年的农村教师中参加过由优秀中小学校提供的培训的人数比例最高，而教龄在 16 年及以上的农村教师中该比例相对较低（表 3-50）。

表 3-50　不同教龄农村教师接触过的培训机构　　　　（单位：%）

| 培训机构 | 0~3 年 | 4~8 年 | 9~15 年 | 16~25 年 | 26 年及以上 |
| --- | --- | --- | --- | --- | --- |
| 教育局 | 65.6 | 68.7 | 61.8 | 63.1 | 55.6 |
| 教师进修学校 | 51.1 | 55.6 | 56.1 | 68.4 | 59.0 |
| 高等院校 | 15.6 | 25.4 | 17.1 | 22.5 | 16.0 |
| 本校 | 49.2 | 56.7 | 57.3 | 55.5 | 48.6 |
| 优秀中小学校 | 24.8 | 27.2 | 20.3 | 13.8 | 14.6 |
| 远程教育培训机构 | 46.6 | 64.9 | 56.5 | 65.4 | 58.8 |
| 社会培训机构 | 4.6 | 5.6 | 3.3 | 5.4 | 5.2 |

在参加过由上述机构提供的培训的农村教师中，在对其有效性的评价方面，卡方检验结果显示，不同教龄农村教师在对教育局（$\chi^2=10.933$，$p=0.027<0.05$）、远程教育培训机构（$\chi^2=26.176$，$p<0.001$）提供的培训对其帮助程度的评价上存在显著差异。

对于由教育局提供的培训，认为其对自己帮助最大的农村教师比例随教龄增加而下降。对于由远程教育培训机构提供的培训，教龄为 26 年以上的农村教师中认为这类培训对自身帮助最大的人数比例大幅高于其他教龄段，而在教龄为 4~15 年的农村教师中该比例较低（表 3-51）。

表 3-51　不同教龄农村教师对不同培训机构的评价　　　　（单位：%）

| 培训机构 | 0~3 年 | 4~8 年 | 9~15 年 | 16~25 年 | 26 年及以上 |
| --- | --- | --- | --- | --- | --- |
| 教育局 | 29.6 | 26.7 | 23.1 | 19.4 | 17.7 |
| 教师进修学校 | 40.8 | 28.9 | 29.6 | 27.1 | 32.3 |
| 高等院校 | 26.8 | 38.2 | 46.3 | 35.1 | 28.1 |
| 本校 | 38.0 | 32.4 | 39.4 | 33.5 | 36.5 |
| 优秀中小学校 | 66.7 | 75.0 | 66.7 | 58.8 | 54.7 |
| 远程教育培训机构 | 22.1 | 18.7 | 18.0 | 26.0 | 38.4 |
| 社会培训机构 | 25.0 | 40.0 | 25.0 | 16.1 | 18.2 |

关于培训机构的组织和管理，卡方检验结果显示，不同教龄农村教师对教师进修学校（$\chi^2=15.025$，$p=0.005<0.01$）、优秀中小学校（$\chi^2=20.888$，$p<0.001$）和远程教育培训机构（$\chi^2=16.214$，$p=0.003<0.01$）的组织和管理满意程度存在显著差异。

在参加过由教师进修学校提供的培训的农村教师中,教龄为 0~3 年的农村教师对其组织和管理最满意的人数比例最高;在参加过由优秀中小学校提供的培训的农村教师中,教龄为 4~8 年的农村教师中对其组织和管理最满意的人数比例远高于其他教龄段,教龄为 26 年及以上的农村教师中该比例最低;在参加过由远程教育培训机构提供的培训的农村教师中,教龄为 26 年及以上的农村教师中对其组织和管理最满意的人数比例最高,而教龄为 9~15 年的农村教师满意度最低(表3-52)。

表 3-52 不同教龄农村教师对教师培训机构组织和管理的满意程度 (单位:%)

| 培训机构 | 0~3 年 | 4~8 年 | 9~15 年 | 16~25 年 | 26 年及以上 |
|---|---|---|---|---|---|
| 教育局 | 25.2 | 27.6 | 31.0 | 20.6 | 26.8 |
| 教师进修学校 | 40.3 | 22.6 | 25.4 | 24.2 | 31.1 |
| 高等院校 | 25.5 | 31.6 | 40.5 | 32.6 | 25.9 |
| 本校 | 34.2 | 29.9 | 36.1 | 37.1 | 41.2 |
| 优秀中小学校 | 35.4 | 61.5 | 47.1 | 34.2 | 27.6 |
| 远程教育培训机构 | 25.0 | 17.0 | 13.8 | 26.1 | 31.1 |
| 社会培训机构 | 4.3 | 21.4 | 7.1 | 24.3 | 16.0 |

综上所述,对于远程教育机构提供的培训,教龄为 4~15 年的农村教师无论对其对自身的帮助程度,还是对其组织和管理的满意程度,都相对较低,而教龄在 26 年及以上的农村教师对远程教育机构提供的培训的评价相对较高。

关于农村教师参与远程培训的主要环节这个问题,卡方检验结果显示,不同教龄农村教师在是否参与"在岗研修"这一环节上存在显著差异($\chi^2$=19.266,$p$=0.001<0.01)。教龄为 4~8 年、16~25 年和 26 年及以上的农村教师将之作为主要参与环节的人数比例高于教龄为 0~3 年和 9~15 年的农村教师(表 3-53)。

表 3-53 不同教龄农村教师参与的远程培训主要环节 (单位:%)

| 主要环节 | 0~3 年 | 4~8 年 | 9~15 年 | 16~25 年 | 26 年及以上 |
|---|---|---|---|---|---|
| 线上学习 | 72.1 | 78.2 | 73.4 | 77.4 | 72.4 |
| 线下研修 | 37.9 | 42.2 | 39.5 | 39.1 | 32.7 |
| 交流研讨 | 50.4 | 48.1 | 46.9 | 44.3 | 38.5 |
| 在岗研修 | 35.7 | 43.6 | 36.7 | 47.8 | 42.4 |
| 远程指导 | 25.7 | 32.5 | 28.1 | 33.0 | 34.3 |
| 凝练成果 | 7.0 | 7.6 | 7.8 | 8.5 | 5.3 |
| 现代技术操作 | 19.1 | 19.4 | 19.5 | 20.2 | 21.2 |

(五)合理的培训考核方式

由卡方检验结果可知,不同教龄的农村教师对"通过实践性的任务考核,例如课题研究、小组展示"是不是一种合理的培训考核方式的看法存在显著差异

($\chi^2$=36.949, $p$<0.001)。认为该考核方式合理的农村教师比例随教龄增加呈现出下降趋势,其中教龄为 0~3 年的农村教师中该比例最高,其次为教龄为 4~8 年的农村教师,两者都大幅高于其他教龄段农村教师,教龄在 26 岁及以上的农村教师中该比例最低(表 3-54)。

表 3-54　不同教龄农村教师对于培训考核方式合理性的看法　　　（单位：%）

| 考核方式 | 0~3 年 | 4~8 年 | 9~15 年 | 16~25 年 | 26 年及以上 |
| --- | --- | --- | --- | --- | --- |
| 平时成绩和结业成绩结合 | 70.0 | 62.0 | 62.7 | 65.9 | 66.5 |
| 结业时进行卷面考试即可 | 27.2 | 24.7 | 25.7 | 26.2 | 30.2 |
| 通过实践性的任务考核,例如课题研究、小组展示 | 57.6 | 53.8 | 42.6 | 42.7 | 37.9 |
| 提交课程论文即可 | 16.3 | 17.8 | 15.7 | 17.7 | 14.5 |
| 学员授课展示所学 | 32.2 | 33.6 | 26.1 | 28.0 | 28.3 |

### (六) 最佳的培训地点顺序

在培训地点顺序方面,卡方检验结果显示,不同教龄农村教师的偏好存在显著差异($\chi^2$=35.694, $p$<0.001)。具体来看,教龄为 26 年及以上的农村教师对"所在单位、高校、教师教育机构"这一顺序的偏好程度弱于其他教龄段;农村教师对"高校、所在单位、教师教育机构"这一顺序的偏好随教龄增加而减弱,教龄为 0~15 年的农村教师对此顺序的偏好强于其他教龄段农村教师;农村教师对"根据培训的需要,各单位合作开展培训"这一培训顺序的偏好随教龄增加而增强,教龄为 16 年及以上的农村教师对此顺序的偏好强于其他教龄段(表 3-55)。

表 3-55　不同教龄农村教师对培训顺序的偏好　　　（单位：%）

| 培训顺序 | 0~3 年 | 4~8 年 | 9~15 年 | 16~25 年 | 26 年及以上 |
| --- | --- | --- | --- | --- | --- |
| 所在单位、高校、教师教育机构 | 34.6 | 35.5 | 32.1 | 30.8 | 26.8 |
| 高校、所在单位、教师教育机构 | 19.5 | 18.4 | 17.0 | 11.7 | 10.1 |
| 教师教育机构、所在单位、高校 | 15.9 | 12.9 | 15.6 | 17.0 | 17.0 |
| 根据培训的需要,各单位合作开展培训 | 30.1 | 33.2 | 35.4 | 40.5 | 46.0 |

## 三、不同学历农村教师对培训的实际需求

### (一) 有效的培训类型、形式和内容

在农村教师入职后参加过的培训方面,卡方检验结果显示,不同学历的农村教师在"专家、名师和专业技术人员送教下乡"($\chi^2$=21.497, $p$<0.001)、"观摩优秀教师示范课并评课交流"($\chi^2$=13.333, $p$=0.004<0.01)、"个人在线学习培训课程"($\chi^2$=11.709, $p$=0.008<0.01)、"青蓝结对"($\chi^2$=28.398, $p$<0.001)、"新教师入职适应性培训"($\chi^2$=50.843, $p$<0.001)、"校本培训"($\chi^2$=14.639,

$p<0.01$）等方面存在显著差异。

最高学历为大专或本科的农村教师中，参加过"专家、名师和专业技术人员送教下乡"和"观摩优秀教师示范课并评课交流"这两类培训的人数比例大幅高于其他学历；最高学历为高中或中专的农村教师中参加过"个人在线学习培训课程"的人数比例大幅低于其他学历；对于"青蓝结对"这种培训，学历为本科或研究生及以上的农村教师中参加过此种培训的人数比例相对较高，两者均在13%左右，最高学历为高中或中专的农村教师中该比例最低，只有1.6%；对于"新教师入职适应性培训"，最高学历为本科的农村教师中参加过此类培训的人数比例接近四分之一，高于其他学历，最高学历为高中或中专的农村教师中该比例最低，只有4.7%；对于"校本培训"，最高学历为大专的农村教师中参加过此类培训的人数比例超过一半，高于其他学历，最高学历为研究生及以上的农村教师中该比例最低，不足30%（表3-56）。

表3-56 不同学历农村教师参加过的培训 （单位：%）

| 培训类型 | 高中或中专 | 大专 | 本科 | 研究生及以上 |
| --- | --- | --- | --- | --- |
| 专家、名师和专业技术人员送教下乡 | 29.7 | 51.0 | 53.0 | 27.0 |
| 前往名校参观或跟岗学习、实践 | 40.6 | 30.6 | 36.9 | 35.1 |
| 观摩优秀教师示范课并评课交流 | 54.7 | 69.4 | 72.1 | 54.1 |
| 教学研讨会 | 32.8 | 40.5 | 45.7 | 48.6 |
| 集中培训和网络研修结合 | 51.6 | 63.8 | 60.0 | 59.5 |
| 个人在线学习培训课程 | 29.7 | 46.5 | 50.0 | 56.8 |
| 青蓝结对 | 1.6 | 5.0 | 12.6 | 13.5 |
| 新教师入职适应性培训 | 4.7 | 10.9 | 24.3 | 18.9 |
| 校本培训 | 32.8 | 51.2 | 44.7 | 29.7 |
| "国培计划" | 39.1 | 51.2 | 50.9 | 40.5 |

在参加过上述类型培训的农村教师中，不同学历农村教师对"前往名校参观或跟岗学习、实践"（$\chi^2=24.658$，$p<0.001$）、"集中培训和网络研修结合"（$\chi^2=10.622$，$p=0.014<0.05$）、"个人在线学习培训课程"（$\chi^2=8.030$，$p=0.045<0.05$）、"青蓝结对"（$\chi^2=11.548$，$p=0.009<0.01$）有效性的评价存在显著差异。

在参加过"前往名校参观或跟岗学习、实践"的农村教师中，最高学历为本科的农村教师中认为此类培训有效的人数比例超过一半，远高于其他学历；在最高学历为高中或中专、研究生及以上的农村教师中该比例最低，分别只有15.4%和12.5%。在参加过"集中培训和网络研修结合"这类培训的农村教师中，最高学历为高中或中专的农村教师中认为此类培训最有效的人数比例最高，本科或研究生及以上学历的农村教师中该比例较低；在参加过"个人在线学习培训课程"的农村教师里，学历为高中或中专的农村教师中认为此类培训最有效的人数比例相对较高，而学历为本科的农村教师中该比例最低；在参加过"青蓝结对"的农村教师里,学历为研究生及以上的农村教师中认为这类培训最有效的人数比例高达 75%,学历为大专或本科的农村教师中该比例在 20% 左右,而最高学历为高中或中专的农村教师中认为这种培训最有效的人数比例为 0(表 3-57)。

表 3-57　不同学历农村教师对各种培训类型有效性的评价　　　（单位：%）

| 培训类型 | 高中或中专 | 大专 | 本科 | 研究生及以上 |
|---|---|---|---|---|
| 专家、名师和专业技术人员送教下乡 | 22.2 | 39.9 | 39.2 | 22.2 |
| 前往名校参观或跟岗学习、实践 | 15.4 | 39.0 | 53.0 | 12.5 |
| 观摩优秀教师示范课并评课交流 | 46.7 | 66.0 | 68.5 | 62.5 |
| 教学研讨会 | 30.4 | 32.2 | 33.8 | 69.2 |
| 集中培训和网络研修结合 | 42.3 | 25.1 | 19.5 | 17.6 |
| 个人在线学习培训课程 | 29.4 | 25.8 | 17.4 | 23.5 |
| 青蓝结对 | 0 | 15.2 | 27.7 | 75.0 |
| 新教师入职适应性培训 | 12.5 | 20.7 | 15.1 | 14.3 |
| 校本培训 | 40.9 | 27.0 | 18.1 | 27.3 |
| "国培计划" | 23.8 | 24.5 | 20.2 | 30.8 |

关于农村教师参加过哪些形式的培训,卡方检验结果显示,不同学历的农村教师相比,在"专题讲座"($\chi^2$=19.532,$p$<0.001)、"成果生成与展示"($\chi^2$=12.449,$p$=0.006<0.01)、"单向传授知识"($\chi^2$=12.519,$p$=0.006<0.01)方面存在显著差异。

对于"专题讲座"这种培训形式,最高学历为大专或本科的农村教师中参加次数较多的人数比例比其余农村教师高出约 20 个百分点;对于"成果生成与展示"这种培训形式,最高学历为本科或研究生及以上的农村教师中经常参加的人数比例较高,最高学历为高中或中专的农村教师中该比例为 0;对于"单向传授知识"这种培训形式,经常参加的人数比例随学历升高呈现上升趋势,学历为高中或中专的农村教师中该比例远低于其他学历的农村教师(表 3-58)。

表 3-58　不同学历农村教师接受较多的培训形式　　　（单位：%）

| 培训形式 | 高中或中专 | 大专 | 本科 | 研究生及以上 |
|---|---|---|---|---|
| 专题讲座 | 50.8 | 74.4 | 73.8 | 56.8 |
| 案例分析 | 37.7 | 36.3 | 34.0 | 32.4 |
| 互动交流 | 44.3 | 37.9 | 38.2 | 43.2 |
| 任务驱动 | 11.5 | 11.3 | 10.6 | 13.5 |
| 问题解决 | 18.0 | 9.6 | 10.6 | 18.9 |
| 在岗研修 | 37.7 | 43.8 | 43.8 | 32.4 |
| 跟踪指导 | 0 | 2.7 | 3.5 | 8.1 |
| 训后回访 | 0 | 2.3 | 3.2 | 0 |
| 经验分享 | 14.8 | 18.9 | 21.9 | 10.8 |
| 成果生成与展示 | 0 | 10.3 | 13.6 | 13.5 |
| 单向传授知识 | 1.6 | 7.8 | 12.1 | 13.5 |

在较多接触上述培训形式的农村教师中，由卡方检验结果可知，不同学历的农村教师对"案例分析"（$\chi^2=8.746$，$p=0.033<0.05$）、"在岗研修"（$\chi^2=8.311$，$p=0.04<0.05$）这两种培训形式的有效性的评价存在显著差异。

最高学历为研究生及以上的农村教师中认为"案例分析"这种培训形式有效的人数比例不足10%，而其余学历农村教师中该比例均超过50%；最高学历为高中或中专的农村教师中认为"在岗研修"这种培训形式最有效的人数比例只有7.4%，其余学历该比例均在20%以上（表3-59）。

表3-59 不同学历农村教师对各种培训形式有效性的评价 （单位：%）

| 培训形式 | 高中或中专 | 大专 | 本科 | 研究生及以上 |
| --- | --- | --- | --- | --- |
| 专题讲座 | 39.3 | 36.7 | 30.3 | 41.2 |
| 案例分析 | 55.0 | 53.5 | 54.1 | 9.1 |
| 互动交流 | 44.0 | 47.3 | 52.3 | 80.0 |
| 任务驱动 | 0 | 11.6 | 19.7 | 20.0 |
| 问题解决 | 42.9 | 32.8 | 30.1 | 28.6 |
| 在岗研修 | 7.4 | 32.2 | 26.0 | 23.1 |
| 跟踪指导 | 0 | 10.5 | 20.9 | 25.0 |
| 训后回访 | 0 | 2.9 | 16.7 | 0 |
| 经验分享 | 63.6 | 41.1 | 52.0 | 60.0 |
| 成果生成与展示 | 0 | 31.9 | 40.3 | 25.0 |
| 单向传授知识 | 14.3 | 6.5 | 16.8 | 40.0 |

在农村教师参与培训的主要内容上，卡方检验结果显示，不同学历的农村教师对"教育管理"（$\chi^2=12.663$，$p=0.005<0.01$）、"教育科研能力"（$\chi^2=14.904$，$p=0.002<0.01$）、"教师专业发展专题"（$\chi^2=19.909$，$p<0.001$）、"论文或公文写作"（$\chi^2=13.776$，$p=0.003<0.01$）等主要内容的评价存在显著差异。

最高学历为高中或中专的农村教师中参与培训的主要内容为这些内容的人数比例均低于其他学历。最高学历为高中或中专的农村教师中参与培训的主要内容是"教育管理"的人数比例只有7.6%，其余学历该比例均超过20%；不同学历的农村教师中参与培训的主要内容是"教育科研能力"的人数比例随着学历的提升而增加；最高学历为本科和研究生及以上的农村教师中参与培训的主要内容是"教师专业发展专题"的人数比例均超过20%，而学历为高中或中专的农村教师中该比例只有6.1%；不同学历的农村教师中参与培训的主要内容是"论文或公文写作"的人数比例随学历提升而增加，学历为高中或中专的农村教师中该比例为0，而学历为研究生及以上的农村教师中该比例为8.1%（表3-60）。

表3-60 不同学历农村教师参与培训的主要内容 （单位：%）

| 主要内容 | 高中或中专 | 大专 | 本科 | 研究生及以上 |
| --- | --- | --- | --- | --- |
| 心理学、教育学知识 | 42.4 | 32.2 | 34.3 | 37.8 |
| 专业学科专业知识 | 54.5 | 67.8 | 66.6 | 67.6 |

续表

| 主要内容 | 高中或中专 | 大专 | 本科 | 研究生及以上 |
|---|---|---|---|---|
| 教学技能 | 74.2 | 64.1 | 64.9 | 56.8 |
| 师德修养 | 53.0 | 47.0 | 41.5 | 43.2 |
| 教育管理 | 7.6 | 20.6 | 24.7 | 24.3 |
| 教育科研能力 | 6.1 | 11.9 | 17.5 | 21.6 |
| 教育改革与政策 | 6.1 | 15.9 | 16.2 | 21.6 |
| 现代教育技术 | 18.2 | 33.5 | 32.7 | 32.4 |
| 教师专业发展专题 | 6.1 | 14.6 | 21.7 | 21.6 |
| 学生安全与发展 | 6.1 | 10.7 | 13.0 | 16.2 |
| 论文或公文写作 | 0 | 1.5 | 4.3 | 8.1 |

在参与培训的主要内容是上述项目的农村教师中,在对这些培训内容有效性的评价方面,由卡方检验结果可知,不同学历的农村教师之间在各项内容上均不存在显著差异。

## (二) 对理论知识培训的态度

### 1. 意愿

由卡方检验结果可知,不同学历的农村教师在参加高等理论学习意愿方面存在显著差异。具体表现为最高学历为高中或中专的农村教师中愿意参加高等理论学习的人数比例最高,其次是最高学历为本科的农村教师,学历为大专的农村教师中该比例最低;学历为本科的农村教师中"非常愿意"参与高等理论学习的人数比例最高。最高学历为大专和研究生及以上的农村教师中不愿意参与高等理论学习的人数比例相对较高,其中研究生及以上学历的农村教师中"几乎不愿意"参与高等理论学习的人数比例超过 10%,而其余学历该比例均在 5%以下(表3-61)。

表3-61  不同学历农村教师参加高等理论学习的意愿　　　　(单位:%)

| 学历 | 非常愿意 | 比较愿意 | 一般愿意 | 不太愿意 | 几乎不愿意 | 愿意合计 | 不愿意合计 |
|---|---|---|---|---|---|---|---|
| 高中或中专 | 17.9 | 53.7 | 14.9 | 11.9 | 1.5 | 71.6 | 13.4 |
| 大专 | 24.5 | 31.8 | 24.3 | 15.2 | 4.3 | 56.3 | 19.5 |
| 本科 | 35.8 | 31.3 | 20.4 | 9.3 | 3.1 | 67.2 | 12.4 |
| 研究生及以上 | 26.3 | 34.2 | 21.1 | 7.9 | 10.5 | 60.5 | 18.4 |

### 2. 内容

在不同理论知识对农村教师教学的指导意义和现实价值方面,卡方检验结果显示,不同学历的农村教师对"班级管理、德育和心理健康教育理论"($\chi^2=28.514$,$p<0.001$)、"教育研究方法"($\chi^2=15.069$,$p=0.002<0.01$)对其指导意义和价值

的评价存在显著差异。学历为本科的农村教师中认为"班级管理、德育和心理健康教育理论"对其教学的指导意义和现实价值比较大的人数比例最高,超过40%;学历为高中或中专的农村教师中该比例最低,只有12.9%。在最高学历不同的农村教师中,认为"教育研究方法"对自己教学的指导意义和现实价值比较大的人数比例随学历提升而增加,研究生及以上的农村教师中该比例为27.0%,而最高学历为高中或中专的农村教师中,该比例只有2.9%(表3-62)。

表3-62 不同学历农村教师对理论知识指导意义和现实价值的评价 (单位:%)

| 理论知识 | 高中或中专 | 大专 | 本科 | 研究生及以上 |
| --- | --- | --- | --- | --- |
| 教育学和心理学 | 52.9 | 50.5 | 53.6 | 62.2 |
| 学科知识 | 61.4 | 55.1 | 57.5 | 51.4 |
| 课程理论 | 57.1 | 49.6 | 49.4 | 51.4 |
| 教学理论 | 41.4 | 58.3 | 54.1 | 62.2 |
| 评价理论 | 10.0 | 13.9 | 18.5 | 10.8 |
| 班级管理、德育和心理健康教育理论 | 12.9 | 35.7 | 41.1 | 24.3 |
| 教育研究方法 | 2.9 | 12.3 | 15.4 | 27.0 |

### 3. 目的

关于农村教师通过培训中教育教学和专业理论学习达到的目的,卡方检验结果显示,不同学历的农村教师相比,在"结识了优秀的同行"($\chi^2$=16.164,$p$=0.001<0.01)及"没有效果"($\chi^2$=15.454,$p$=0.001<0.01)方面存在显著差异。

具体而言,最高学历为本科的农村教师中,通过培训达到"结识了优秀的同行"这个目的的人数比例高于其他学历;研究生及以上学历的农村教师中认为培训中教育教学和专业理论学习"没有效果"的人数比例超过20%,而其余学历的农村教师该比例均为个位数,学历为高中或中专的农村教师该比例只有2.9%(表3-63)。

表3-63 不同学历农村教师教育教学和专业理论学习达到的目的 (单位:%)

| 目的 | 高中或中专 | 大专 | 本科 | 研究生及以上 |
| --- | --- | --- | --- | --- |
| 开阔了眼界 | 60.3 | 62.0 | 67.9 | 51.4 |
| 更新了知识和理念 | 63.2 | 67.6 | 66.6 | 70.3 |
| 结识了优秀的同行 | 33.8 | 37.5 | 46.7 | 37.8 |
| 增强了分析教育和专业问题的能力 | 30.9 | 37.5 | 41.5 | 40.5 |
| 利用教育理论解决现实教育教学问题 | 30.9 | 31.8 | 37.5 | 43.2 |
| 没有效果 | 2.9 | 5.8 | 7.0 | 21.6 |

### (三)理想的培训者

关于农村教师接触到的培训者,卡方检验结果显示,不同学历的农村教师在接受"教育行政部门人员"($\chi^2$=18.354,$p$<0.001)、"教研员"($\chi^2$=15.879,

$p=0.001<0.01$）、"高校专家、教授"（$\chi^2=12.033$，$p=0.007<0.01$）、"骨干教师"（$\chi^2=11.939$，$p=0.008<0.01$）的培训上存在显著差异。具体表现为，最高学历为高中或中专、本科的农村教师中接受过"教育行政部门人员"培训的人数比例高于其他学历；最高学历为本科的农村教师中接受过"教研员"的培训的人数比例最高，学历为高中或中专、研究生及以上的农村教师中该比例较低；学历为大专或本科的农村教师中接受过"高校专家、教授"的培训的人数比例相对较高，学历为高中或中专的农村教师中该比例最低，不及前者的一半；最高学历为本科的农村教师中接受过"骨干教师"的培训的人数比例高于其他学历，学历为高中或中专的农村教师中该比例最低，低于本科的一半（表3-64）。

表3-64　不同学历农村教师接受过培训的培训者情况　　　　（单位：%）

| 培训者 | 高中或中专 | 大专 | 本科 | 研究生及以上 |
| --- | --- | --- | --- | --- |
| 教育行政部门人员 | 40.3 | 28.6 | 39.0 | 31.3 |
| 教研员 | 29.0 | 37.8 | 45.4 | 31.3 |
| 高校专家、教授 | 17.7 | 37.4 | 38.9 | 31.3 |
| 一线教学名师 | 43.5 | 60.9 | 55.4 | 50.0 |
| 教材编写者 | 4.8 | 8.2 | 9.0 | 9.4 |
| 专业技术人员 | 30.6 | 26.5 | 24.1 | 18.8 |
| 骨干教师 | 16.1 | 31.7 | 35.5 | 31.3 |

在接受过上述相应培训者培训的农村教师中，就这些培训者对其帮助程度的评价而言，由卡方检验结果可知，不同学历的农村教师对这些培训者的评价均无显著差异。

关于农村教师在"理论学习"方面期待的培训者，由卡方检验结果可知，不同学历的农村教师在期待"教育行政部门人员"（$\chi^2=13.164$，$p=0.004<0.01$）、"一线教学名师"（$\chi^2=17.652$，$p=0.001<0.01$）、"专业技术人员"（$\chi^2=20.532$，$p<0.001$）提供培训方面存在显著差异。具体表现为，学历为高中或中专的农村教师期待"教育行政部门人员"对其进行培训的人数比例最高，在大专学历的农村教师中该比例最低；学历为本科和研究生及以上的农村教师中期待"一线教学名师"对其进行培训的人数比例超过40%，而学历为高中或中专的农村教师中该比例不足20%；期待"专业技术人员"的培训的农村教师人数比例随学历提升而降低，最高学历为高中或中专的农村教师中该比例是研究生及以上学历农村教师的3倍（表3-65）。

表3-65　不同学历的农村教师在理论学习方面期待的培训者　　　（单位：%）

| 培训者 | 高中或中专 | 大专 | 本科 | 研究生及以上 |
| --- | --- | --- | --- | --- |
| 教育行政部门人员 | 12.7 | 3.2 | 6.6 | 10.0 |
| 教研员 | 4.8 | 14.3 | 15.9 | 26.7 |

续表

| 培训者 | 高中或中专 | 大专 | 本科 | 研究生及以上 |
|---|---|---|---|---|
| 高校专家、教授 | 17.5 | 27.8 | 31.0 | 26.7 |
| 一线教学名师 | 19.0 | 32.7 | 40.2 | 43.3 |
| 教材编写者 | 27.0 | 20.1 | 19.1 | 20.0 |
| 专业技术人员 | 30.2 | 26.5 | 17.8 | 10.0 |
| 骨干教师 | 14.3 | 15.2 | 20.2 | 20.0 |

对于农村教师在"教育教学技能学习"方面期待的培训者，卡方检验结果显示，不同学历的农村教师在期待"教研员"（$\chi^2$=15.749，$p$=0.001<0.01）、"教材编写者"（$\chi^2$=13.878，$p$=0.007<0.01）的培训方面存在显著差异。具体表现为，最高学历为高中或中专的农村教师中在"教育教学技能学习"方面期待"教研员"对其进行培训的人数比例是其他学历的2~4倍；最高学历为本科、研究生及以上的农村教师中期待"教材编写者"对其进行培训的人数比例是其余学历的两倍多（表3-66）。

表3-66 不同学历农村教师所期待的教育教学技能培训者 （单位：%）

| 培训者 | 高中或中专 | 大专 | 本科 | 研究生及以上 |
|---|---|---|---|---|
| 教育行政部门人员 | 7.1 | 3.1 | 4.6 | 6.7 |
| 教研员 | 26.8 | 9.5 | 11.5 | 6.7 |
| 高校专家、教授 | 16.1 | 13.1 | 17.5 | 16.7 |
| 一线教学名师 | 28.6 | 47.7 | 49.8 | 50.0 |
| 教材编写者 | 3.6 | 5.0 | 10.6 | 10.0 |
| 专业技术人员 | 19.6 | 26.1 | 21.0 | 10.0 |
| 骨干教师 | 19.6 | 27.3 | 27.5 | 36.7 |

对于农村教师在"理论学习与教育教学技能学习融会贯通"方面期待的学习者，不同学历农村教师之间的差异均未达到显著性水平。

就农村教师所认为的未来培训者需要侧重提高的方面而言，卡方检验结果显示，不同学历的农村教师对"对学员当地文化和现实问题的了解"（$\chi^2$=26.517，$p$<0.001）和"对参训学员群体状况的了解"（$\chi^2$=14.776，$p$=0.002<0.01）等方面的认识存在显著差异。具体表现为最高学历为本科的农村教师中认为未来培训者需要侧重提高这两方面的人数比例最高，学历为高中或中专的农村教师该比例约为前者的一半（表3-67）。

表3-67 不同学历农村教师认为未来培训者需要提高的方面 （单位：%）

| 提高方面 | 高中或中专 | 大专 | 本科 | 研究生及以上 |
|---|---|---|---|---|
| 教育教学和专业理论水平 | 43.3 | 37.2 | 39.3 | 47.4 |
| 教育教学技能水平 | 55.2 | 59.1 | 55.6 | 52.6 |
| 理论研究与教育教学技能结合的水平 | 55.2 | 47.2 | 50.6 | 50.0 |
| 对学员当地文化和现实问题的了解 | 26.9 | 40.8 | 50.1 | 36.8 |
| 对参训学员群体状况的了解 | 14.9 | 32.1 | 35.9 | 28.9 |

对于农村教师对最理想培训者应该具备的特征的认识,卡方检验结果显示,不同学历的农村教师在认为最理想的培训者是否应该具备"在培训前、中、后都能开展系统的指导和服务,而不是仅停留在培训期"($\chi^2=13.456$,$p=0.004<0.01$)或"全面发展型,能够给自己学科知识、教学能力、职业调试等提供全方位帮助"($\chi^2=14.079$,$p=0.003<0.01$)这两个特征上存在显著差异。具体表现为最高学历为高中或中专的农村教师中认为最理想的培训者应该具备前一个特征的人数比例大幅低于其他学历;而对后一项特征,不同学历的农村教师认为最理想的培训者应当具备该特征的人数比例随学历提升而升高,最高学历为研究生及以上的农村教师中该比例比最高学历为高中或中专的农村教师高出20多个百分点(表3-68)。

表3-68 不同学历的农村教师认为最理想的培训者应当具备的特征 (单位:%)

| 特征 | 高中或中专 | 大专 | 本科 | 研究生及以上 |
| --- | --- | --- | --- | --- |
| 在教育理论与研究上十分专业,又了解一线教学实践 | 77.9 | 71.8 | 74.9 | 70.3 |
| 敬业负责,能与组织者与参与者进行有效沟通 | 45.6 | 53.7 | 59.7 | 67.6 |
| 能做到教学的科学性和艺术性的统一,使得培训活动具有吸引力和实效性 | 55.9 | 53.8 | 58.9 | 45.9 |
| 在培训前、中、后都能开展系统的指导和服务,而不是仅停留在培训期 | 26.5 | 41.8 | 47.0 | 45.9 |
| 熟知一线教育经验就好,理论水平其次 | 26.5 | 32.1 | 34.4 | 40.5 |
| 全面发展型,能够给自己学科知识、教学能力、职业调试等提供全方位帮助 | 27.9 | 39.2 | 45.8 | 51.4 |

(四)认可的培训机构

在农村教师接触的培训机构方面,由卡方检验结果可知,不同学历的农村教师在参加由教育局($\chi^2=22.830$,$p<0.001$)、远程教育培训机构($\chi^2=19.826$,$p<0.001$)提供的培训方面存在显著差异。具体表现在,最高学历为本科的农村教师中参加过由教育局提供的培训的人数比例最高,其次是研究生及以上的农村教师,最高学历为高中或中专的农村教师中该比例最低;最高学历为本科的农村教师中参加过由远程教育培训机构提供培训的人数比例最高,其次是学历为大专的农村教师,再次为最高学历为高中或中专,研究生及以上的农村教师中该比例最低(表3-69)。

表3-69 不同学历农村教师接触到的培训机构 (单位:%)

| 培训机构 | 高中或中专 | 大专 | 本科 | 研究生及以上 |
| --- | --- | --- | --- | --- |
| 教育局 | 40.0 | 57.5 | 65.4 | 61.8 |
| 教师进修学校 | 60.0 | 63.5 | 59.1 | 50.0 |
| 高等院校 | 7.7 | 17.5 | 21.5 | 23.5 |
| 本校 | 44.6 | 53.6 | 54.1 | 47.1 |
| 优秀中小学校 | 10.8 | 16.9 | 19.5 | 11.8 |
| 远程教育培训机构 | 40.0 | 56.9 | 62.7 | 44.1 |
| 社会培训机构 | 6.2 | 4.0 | 5.5 | 5.9 |

在参加过上述相应的培训机构提供的培训的农村教师中,就这些机构提供的培训对自己的帮助而言,卡方检验的结果显示,不同学历的农村教师在对各培训机构对其帮助程度的评价方面均不存在显著差异;就这些机构的组织和管理而言,由卡方检验结果可知,不同学历的农村教师在对这些机构的组织和管理的满意程度上均不存在显著差异。

具体到远程培训,就农村教师参与远程培训的主要环节而言,卡方检验结果显示,不同学历的农村教师在"线上学习"($\chi^2=11.759$,$p=0.008<0.01$)、"交流研讨"($\chi^2=11.721$,$p=0.008<0.01$)方面存在显著差异。具体表现为,最高学历为高中或中专的农村教师中主要参与环节为"线上学习"的人数比例比其余学历低15~20个百分点;学历为本科、研究生及以上学历的农村教师中主要参与环节为"交流研讨"的人数比例高于其他学历(表3-70)。

表3-70  不同学历农村教师参与远程培训的主要环节　　　　(单位:%)

| 培训环节 | 高中或中专 | 大专 | 本科 | 研究生及以上 |
| --- | --- | --- | --- | --- |
| 线上学习 | 58.2 | 74.2 | 76.5 | 72.2 |
| 线下研修 | 31.3 | 34.4 | 39.4 | 52.8 |
| 交流研讨 | 41.8 | 38.5 | 47.2 | 50.0 |
| 在岗研修 | 44.8 | 42.8 | 42.5 | 33.3 |
| 远程指导 | 34.3 | 31.4 | 32.0 | 30.6 |
| 凝练成果 | 3.0 | 5.6 | 8.4 | 8.3 |
| 现代技术操作 | 22.4 | 19.8 | 20.5 | 13.9 |

关于有效的远程培训应该包括哪些方面这个问题,卡方检验结果显示,不同学历的农村教师在"学员的微课展示和交流"($\chi^2=15.438$,$p=0.001<0.01$)这一选项上存在显著差异。具体表现为,最高学历为本科或高中或中专的农村教师中认为有效的远程培训应该包括"学员的微课展示和交流"的人数比例在50%左右,而最高学历为大专、研究生及以上的农村教师中该比例仅略高于40%(表3-71)。

表3-71  不同学历农村教师认为有效远程培训的要素　　　　(单位:%)

| 要素 | 高中或中专 | 大专 | 本科 | 研究生及以上 |
| --- | --- | --- | --- | --- |
| 学员的微课展示和交流 | 48.5 | 40.9 | 51.4 | 40.5 |
| 面授和线上学习结合 | 68.2 | 61.8 | 59.0 | 67.6 |
| 优秀课例视频 | 75.8 | 72.7 | 74.6 | 67.6 |

### (五)合理的培训考核方式

对于哪些培训考核方式比较合理这个问题,卡方检验结果显示,不同学历的农村教师对"通过实践性的任务考核,例如课例研究、小组展示"($\chi^2=16.488$,$p=0.001<0.01$)这种考核方式的合理性的看法存在显著差异。具体表现为,最高学历为研究生及以上的农村教师中认为这种考核方式合理的人数比例为55.6%,

最高学历为本科的农村教师中该比例也接近50%，但是最高学历为高中或中专、大专的农村教师中该比例不足40%（表3-72）。

表3-72 不同学历农村教师对合理的培训考核方式的看法 （单位：%）

| 考核方式 | 高中或中专 | 大专 | 本科 | 研究生及以上 |
| --- | --- | --- | --- | --- |
| 平时成绩和结业成绩结合 | 65.2 | 66.7 | 65.2 | 52.8 |
| 结业时进行卷面考试即可 | 40.9 | 26.6 | 25.9 | 30.6 |
| 通过实践性的任务考核，例如课题研究、小组展示 | 39.4 | 38.9 | 48.5 | 55.6 |
| 提交课程论文即可 | 22.7 | 13.0 | 18.0 | 13.9 |
| 学员授课展示所学 | 21.2 | 29.9 | 29.1 | 41.7 |

### （六）最佳的培训地点顺序

在对开展培训的地点的最佳顺序的看法上，卡方检验结果显示，不同学历的农村教师之间存在显著差异。具体来看，最高学历为高中或中专学历的农村教师中偏好"所在单位、高校、教师教育机构"这一培训顺序的人数比例只有20%，而其他学历该比例均在30%左右；最高学历为大专的农村教师中偏好"高校、所在单位、教师教育机构"这一培训顺序的人数比例低于其他学历；最高学历为研究生及以上的农村教师中偏好"教师教育机构、所在单位、高校"的人数比例大幅高于其他学历，最高学历为高中或中专的农村教师中该比例最低，不及前者的三分之一；偏好"根据培训的需要，各单位合作开展培训"的农村教师在各学历层次中各自的比例随学历提升而降低，最高学历为研究生及以上的农村教师中该比例比最高学历为高中或中专的教师低20多个百分点（详见表3-73）。

表3-73 不同学历农村教师对培训地点顺序的偏好 （单位：%）

| 培训地点顺序 | 高中或中专 | 大专 | 本科 | 研究生及以上 |
| --- | --- | --- | --- | --- |
| 所在单位、高校、教师教育机构 | 20.0 | 28.6 | 33.2 | 31.0 |
| 高校、所在单位、教师教育机构 | 18.2 | 9.5 | 16.0 | 13.8 |
| 教师教育机构、所在单位、高校 | 7.3 | 18.7 | 14.9 | 24.1 |
| 根据培训的需要，各单位合作开展培训 | 54.5 | 43.2 | 35.9 | 31.0 |

## 四、不同性别农村教师对培训的实际需求

### （一）有效的培训类型、形式和内容

对于入职后参加过的培训，卡方检验结果显示，男性农村教师与女性农村教师在三种类型的培训上存在显著差异。具体表现在，参加过"观摩优秀教师示范课并评课交流"（$\chi^2=15.601$, $p<0.001$）、"新教师入职适应性培训"（$\chi^2=22.485$,

$p<0.001$）的男性农村教师比例分别比女性农村教师低 8.7%和 8.8%，而参加过"教学研讨会"（$\chi^2=7.807$，$p=0.005<0.01$）的男性农村教师比例则比女性农村教师高 6.4%（表 3-74）。

表 3-74　不同性别农村教师参加过的培训类型比较　　　（单位：%）

| 培训类型 | 男 | 女 | 男女比例差值 |
| --- | --- | --- | --- |
| 专家、名师和专业技术人员送教下乡 | 49.6 | 52.0 | −2.4 |
| 前往名校参观或跟岗学习、实践 | 35.7 | 35.1 | 0.6 |
| 观摩优秀教师示范课并评课交流 | 65.0 | 73.7 | −8.7 |
| 教学研讨会 | 47.7 | 41.3 | 6.4 |
| 集中培训和网络研修结合 | 61.4 | 60.1 | 1.3 |
| 个人在线学习培训课程 | 48.5 | 48.3 | 0.2 |
| 青蓝结对 | 10.4 | 10.3 | 0.1 |
| 新教师入职适应性培训 | 14.7 | 23.5 | −8.8 |
| 校本培训 | 46.9 | 45.3 | 1.6 |
| "国培计划" | 51.7 | 49.6 | 2.1 |

在这些培训类型的有效性方面，卡方检验结果显示，男性农村教师和女性农村教师对四种培训类型的看法存在显著差异。具体表现为，在参加过相应类型培训的农村教师中，认为"观摩优秀教师示范课并评课交流"（$\chi^2=18.387$，$p<0.001$）最有效的男性农村教师比例比女性农村教师低 12.1%；而认为"教学研讨会"（$\chi^2=4.103$，$p=0.043<0.05$）、"集中培训和网络研修结合"（$\chi^2=10.367$，$p=0.001<0.01$）和"国培计划"（$\chi^2=7.383$，$p=0.007<0.01$）最有效男性农村教师比例则分别比女性农村教师高 7.0%、8.5%和 7.8%（详见表 3-75）。

表 3-75　不同性别农村教师认为有效培训类型比较　　　（单位：%）

| 培训类型 | 男 | 女 | 男女比例差值 |
| --- | --- | --- | --- |
| 专家、名师和专业技术人员送教下乡 | 37.1 | 40.0 | −2.9 |
| 前往名校参观或跟岗学习、实践 | 48.5 | 46.6 | 1.9 |
| 观摩优秀教师示范课并评课交流 | 59.4 | 71.5 | −12.1 |
| 教学研讨会 | 37.6 | 30.6 | 7.0 |
| 集中培训和网络研修结合 | 26.9 | 18.4 | 8.5 |
| 个人在线学习培训课程 | 22.9 | 18.3 | 4.6 |
| 青蓝结对 | 18.9 | 28.1 | −9.2 |
| 新教师入职适应性培训 | 12.0 | 18.5 | −6.5 |
| 校本培训 | 25.2 | 19.4 | 5.8 |
| "国培计划" | 26.2 | 18.4 | 7.8 |

对于农村教师接受较多的培训形式，卡方检验结果显示，男性农村教师和女性农村教师在"互动交流"（$\chi^2=7.835$，$p=0.005<0.01$）和"任务驱动"（$\chi^2=9.436$，$p=0.002<0.01$）这两种形式的培训上存在显著差异。具体表现为，男性农村教师

中接受"互动交流"这种形式的培训的人数比例比女性农村教师低 6.5%，而接受"任务驱动"这种形式的培训的男性农村教师比例则比女性农村教师高 4.4%（表3-76）。

表 3-76　不同性别农村教师参加过的培训形式的比较　　　（单位：%）

| 培训形式 | 男 | 女 | 男女比例差值 |
| --- | --- | --- | --- |
| 专题讲座 | 72.7 | 73.0 | −0.3 |
| 案例分析 | 35.0 | 34.8 | 0.2 |
| 互动交流 | 34.5 | 41.0 | −6.5 |
| 任务驱动 | 13.4 | 9.0 | 4.4 |
| 问题解决 | 12.2 | 10.2 | 2.0 |
| 在岗研修 | 42.5 | 43.9 | −1.4 |
| 跟踪指导 | 2.1 | 4.1 | −2.0 |
| 训后回访 | 2.6 | 3.0 | −0.4 |
| 经验分享 | 17.9 | 22.4 | −4.5 |
| 成果生成与展示 | 11.3 | 12.7 | −1.4 |
| 单向传授知识 | 9.3 | 11.3 | −2.0 |

在这些培训形式的有效性方面，卡方检验的结果显示男性农村教师和女性农村教师对"专题讲座"（$\chi^2=11.888$，$p=0.001<0.01$）、"经验分享"（$\chi^2=5.035$，$p=0.025<0.05$）这两种培训形式的评价存在显著差异。具体表现为，认为"专题讲座"这种培训形式最有效的男性农村教师比例比女性农村教师高 9.7%，而认为"经验分享"这种培训形式最有效的男性农村教师比例则比女性农村教师低 11.7%（表 3-77）。

表 3-77　不同性别农村教师认为有效培训形式比较　　　（单位：%）

| 培训形式 | 男 | 女 | 男女比例差值 |
| --- | --- | --- | --- |
| 专题讲座 | 38.2 | 28.5 | 9.7 |
| 案例分析 | 53.1 | 52.7 | 0.4 |
| 互动交流 | 48.8 | 53.4 | −4.6 |
| 任务驱动 | 11.6 | 21.1 | −9.5 |
| 问题解决 | 29.0 | 32.6 | −3.6 |
| 在岗研修 | 29.0 | 25.4 | 3.6 |
| 跟踪指导 | 11.6 | 19.2 | −7.6 |
| 训后回访 | 8.7 | 12.7 | −4.0 |
| 经验分享 | 42.1 | 53.8 | −11.7 |
| 成果生成与展示 | 31.0 | 39.9 | −8.9 |
| 单向传授知识 | 11.5 | 16.3 | −4.8 |

对于农村教师参与培训的主要内容，卡方检验的结果显示，男性农村教师和女性农村教师在参与"教学技能"（$\chi^2=10.451$，$p=0.001<0.01$）这项培训内容方

面存在显著差异,具体表现为,男性农村教师中参与培训的主要内容是"教学技能"的人数比例比女性农村教师低 6.9%(表 3-78)。

表 3-78 不同性别农村教师参加培训内容的比较 （单位：%）

| 培训内容 | 男 | 女 | 男女比例差值 |
| --- | --- | --- | --- |
| 心理学、教育学知识 | 35.5 | 33.2 | 2.3 |
| 专业学科专业知识 | 65.5 | 67.4 | −1.9 |
| 教学技能 | 60.7 | 67.6 | −6.9 |
| 师德修养 | 42.1 | 44.3 | −2.2 |
| 教育管理 | 24.4 | 22.1 | 2.3 |
| 教育科研能力 | 16.4 | 15.2 | 1.2 |
| 教育改革与政策 | 17.9 | 14.4 | 3.5 |
| 现代教育技术 | 34.7 | 30.7 | 4.0 |
| 教师专业发展专题 | 19.3 | 19.1 | 0.2 |
| 学生安全与发展 | 13.6 | 11.2 | 2.4 |
| 论文或公文写作 | 3.5 | 3.4 | 0.1 |

在这些培训内容的有效性方面,卡方检验结果显示,男性农村教师和女性农村教师在对"教育管理"这一培训内容有效性的评价上存在显著差异($\chi^2$=4.023, $p$=0.045<0.05)。具体表现为,对于参加过"教育管理"这项培训的农村教师,男性农村教师中认为这项培训有效的人数比例比女性农村教师高 8.9%(详见表 3-79)。

表 3-79 不同性别农村教师认为有效培训内容比较 （单位：%）

| 培训内容 | 男 | 女 | 男女比例差值 |
| --- | --- | --- | --- |
| 心理学、教育学知识 | 23.4 | 23.1 | 0.3 |
| 专业学科专业知识 | 45.8 | 48.9 | −3.1 |
| 教学技能 | 51.6 | 55.1 | −3.5 |
| 师德修养 | 23.8 | 26.2 | −2.4 |
| 教育管理 | 30.8 | 21.9 | 8.9 |
| 教育科研能力 | 22.4 | 25.0 | −2.6 |
| 教育改革与政策 | 16.1 | 16.2 | −0.1 |
| 现代教育技术 | 43.3 | 36.8 | 6.5 |
| 教师专业发展专题 | 24.5 | 32.3 | −7.8 |
| 学生安全与发展 | 31.6 | 20.8 | 10.8 |
| 论文或公文写作 | 25.0 | 19.7 | 5.3 |

具体到远程培训,对于教师参与的远程培训的主要环节这一问题,男性农村教师和女性农村教师在"交流研讨"这一环节上存在显著差异($\chi^2$=7.477, $p$=0.006<0.01)。从具体情况来看,男性农村教师中参与的远程培训的主要环节是"交流研讨"的人数比例比女性农村教师低 6.1%(表 3-80)。

表 3-80　不同性别农村教师在参与远程培训环节方面的比较　（单位：%）

| 培训环节 | 男 | 女 | 男女比例差值 |
| --- | --- | --- | --- |
| 线上学习 | 75.1 | 75.0 | 0.1 |
| 线下研修 | 36.2 | 38.9 | −2.7 |
| 交流研讨 | 40.9 | 47.0 | −6.1 |
| 在岗研修 | 40.4 | 44.1 | −3.7 |
| 远程指导 | 30.3 | 32.6 | −2.3 |
| 凝练成果 | 7.4 | 7.4 | 0.0 |
| 现代技术操作 | 18.3 | 21.4 | −3.1 |

在对有效远程教育应当包含的要素的认识方面，卡方检验的结果显示，男性农村教师和女性农村教师在对有效的远程教育是否应当包含"优秀课例视频"这一问题的认识上存在显著差异（$\chi^2=27.712$，$p<0.001$）。从具体情况来看，男性农村教师中认为有效的远程教育应当包含"优秀课例视频"的人数比例比女性农村教师低 10.5%（表 3-81）。

表 3-81　不同性别农村教师认为有效的远程培训的要素　（单位：%）

| 远程培训要素 | 男 | 女 | 男女比例差值 |
| --- | --- | --- | --- |
| 学员的微课展示和交流 | 45.7 | 50.1 | −4.4 |
| 面授和线上学习结合 | 60.7 | 59.8 | 0.9 |
| 优秀课例视频 | 67.6 | 78.1 | −10.5 |

## （二）对理论知识培训的态度

在农村教师参加高等理论学习的意愿方面，卡方检验结果显示，男性农村教师和女性农村教师存在显著差异（$\chi^2=21.638$，$p<0.001$），具体表现在男性农村教师"非常愿意"、"比较愿意"参加高等理论学习的比例分别比女性农村教师低 3.6%、2.6%，而"不太愿意"或"几乎不愿意"参加高等理论学习的男性农村教师比例则分别比女性农村教师高 4.3%、2.8%。比较而言，女性农村教师更愿意参加高等理论学习（表 3-82）。

表 3-82　不同性别农村教师参加高等理论学习的意愿比较　（单位：%）

| 教师 | 非常愿意 | 比较愿意 | 一般愿意 | 不太愿意 | 几乎不愿意 |
| --- | --- | --- | --- | --- | --- |
| 农村男教师 | 29.80 | 30.60 | 20.80 | 13.60 | 5.30 |
| 农村女教师 | 33.40 | 33.20 | 21.60 | 9.30 | 2.50 |

关于农村教师认为什么理论知识对自身教学的指导意义和现实价值比较大，卡方检验结果显示，男性农村教师和女性教师在两个选项上存在显著差异。具体而言，男性农村教师中认为"学科知识"（$\chi^2=12.159$，$p<0.001$）和"教学理论"（$\chi^2=24.560$，$p<0.001$）对其教学的指导意义和现实价值比较大的比例分别比女性

农村教师低7.9%、11.2%（表3-83）。

表3-83 不同性别农村教师对指导意义和现实价值比较大的理论知识比较 （单位：%）

| 理论知识 | 男 | 女 | 男女比例差值 |
| --- | --- | --- | --- |
| 教育学和心理学 | 53.6 | 52.4 | 1.2 |
| 学科知识 | 52.0 | 59.9 | -7.9 |
| 课程理论 | 47.7 | 51.3 | -3.6 |
| 教学理论 | 48.3 | 59.5 | -11.2 |
| 评价理论 | 16.0 | 17.5 | -1.5 |
| 班级管理、德育和心理健康教育理论 | 35.4 | 40.3 | -4.9 |
| 教育研究方法 | 13.9 | 14.7 | -0.8 |

在通过培训中教育教学理论学习所达到的目的方面，卡方检验结果显示，男性农村教师和女性农村教师在"结识了优秀的同行"（$\chi^2=37.772$，$p<0.001$）、"利用教育理论解决现实教育教学问题"（$\chi^2=10.469$，$p=0.001<0.01$）这两个目的上存在显著差异。从具体情况来看，男性农村教师中认为通过培训达到了这两个目的的人数比例分别比女性农村教师低13.8%和6.9%（表3-84）。

表3-84 不同性别农村教师对理论知识培训达到的目的 （单位：%）

| 培训目的 | 男 | 女 | 男女比例差值 |
| --- | --- | --- | --- |
| 开阔眼界 | 63.5 | 67.1 | -3.6 |
| 更新了知识和理念 | 66.0 | 67.4 | -1.4 |
| 结识了优秀的同行 | 35.3 | 49.1 | -13.8 |
| 增强了分析教育和专业问题的能力 | 36.9 | 42.2 | -5.3 |
| 利用教育理论解决现实教育教学问题 | 31.6 | 38.5 | -6.9 |
| 没有效果 | 8.7 | 5.7 | 3.0 |

## （三）理想的培训者

在农村教师接受过哪些培训者的培训这一问题上，根据卡方检验的结果，男性农村教师和女性农村教师在接受"教育行政部门人员"（$\chi^2=7.698$，$p=0.006<0.01$）和"骨干教师"（$\chi^2=13.252$，$p<0.001$）这两类培训者的培训方面存在显著差异。具体表现为，男性农村教师中接受过"教育行政部门人员"的培训的人数比例比女性农村教师高6.7%，而接受过"骨干教师"的培训的男性农村教师比例比女性农村教师低8.5%（详见表3-85）。

表3-85 不同性别农村教师接触到的培训者 （单位：%）

| 培训者 | 男 | 女 | 男女比例差值 |
| --- | --- | --- | --- |
| 教育行政部门人员 | 40.2 | 33.5 | 6.7 |
| 教研员 | 41.8 | 42.8 | -1.0 |

续表

| 培训者 | 男 | 女 | 男女比例差值 |
|---|---|---|---|
| 高校专家、教授 | 34.1 | 39.8 | −5.7 |
| 一线教学名师 | 55.7 | 56.5 | −0.8 |
| 教材编写者 | 10.8 | 7.2 | 3.6 |
| 专业技术人员 | 25.6 | 24.3 | 1.3 |
| 骨干教师 | 28.8 | 37.3 | −8.5 |

关于不同培训者对农村教师的帮助，卡方检验的结果显示，男性农村教师和女性农村教师在对"一线教学名师"对其帮助程度的看法上存在显著差异（$\chi^2=5.139$，$p=0.023<0.05$）。具体表现为，对于参加过由"一线教学名师"进行的培训的农村教师，男性教师认为对自己帮助最大的人数比例比女性教师低6.7%（表3-86）。

表3-86　不同性别农村教师对培训者对自身帮助的评价　（单位：%）

| 培训者 | 男 | 女 | 男女比例差值 |
|---|---|---|---|
| 教育行政部门人员 | 9.0 | 9.9 | −0.9 |
| 教研员 | 18.0 | 20.5 | −2.5 |
| 高校专家、教授 | 25.6 | 19.9 | 5.7 |
| 一线教学名师 | 65.7 | 72.4 | −6.7 |
| 教材编写者 | 15.4 | 20.7 | −5.3 |
| 专业技术人员 | 34.8 | 29.8 | 5.0 |
| 骨干教师 | 36.4 | 42.8 | −6.4 |

对于在"理论学习"方面所期待的培训者，卡方检验结果显示，男性农村教师和女性农村教师对"一线教学名师"（$\chi^2=10.694$，$p=0.001<0.01$）和"骨干教师"（$\chi^2=8.492$，$p=0.004<0.01$）的期待存在显著差异。具体表现为在理论学习中期待"一线教学名师"和"骨干教师"对其进行培训的男性农村教师比例分别比女性农村教师比例低7.4%、5.3%（表3-87）。

表3-87　不同性别农村教师在理论学习方面期待的培训者比较　（单位：%）

| 培训者 | 男 | 女 | 男女比例差值 |
|---|---|---|---|
| 教育行政部门人员 | 6.0 | 5.7 | 0.3 |
| 教研员 | 14.4 | 16.1 | −1.7 |
| 高校专家、教授 | 27.2 | 31.3 | −4.1 |
| 一线教学名师 | 33.2 | 40.6 | −7.4 |
| 教材编写者 | 18.5 | 20.3 | −1.8 |
| 专业技术人员 | 20.7 | 20.0 | 0.7 |
| 骨干教师 | 15.4 | 20.7 | −5.3 |

对于在"教育教学技能"学习方面所期待的培训者，卡方检验结果显示，男

性农村教师和女性农村教师对"骨干教师"（$\chi^2$=9.918，$p$=0.002<0.01）的期待存在显著差异，具体表现为在"教育教学技能学习"方面，男性农村教师中期待"骨干教师"对其进行培训的比例比女性农村教师低6.6%（表3-88）。

表3-88 不同性别农村教师在教育教学技能学习方面期待的培训者比较（单位：%）

| 培训者 | 男 | 女 | 男女比例差值 |
| --- | --- | --- | --- |
| 教育行政部门人员 | 4.3 | 4.3 | 0.0 |
| 教研员 | 11.0 | 11.9 | −0.9 |
| 高校专家、教授 | 15.3 | 16.6 | −1.3 |
| 一线教学名师 | 45.3 | 50.7 | −5.4 |
| 教材编写者 | 8.7 | 9.0 | −0.3 |
| 专业技术人员 | 21.1 | 23.0 | −1.9 |
| 骨干教师 | 23.4 | 30.0 | −6.6 |

对于在"理论学习和教育教学技能学习的融会贯通"方面所期待的培训者，卡方检验结果显示，男性农村教师和女性农村教师对"一线教学名师"（$\chi^2$=8.238，$p$=0.004<0.01）、"教材编写者"（$\chi^2$=10.910，$p$=0.001<0.01）、"专业技术人员"（$\chi^2$=7.545，$p$=0.006<0.01）和"骨干教师"（$\chi^2$=34.462，$p$<0.001）四类培训者的期待上存在显著差异。具体表现为在"理论学习和教育教学技能学习的融会贯通"方面，男性农村教师中期待这四类培训者的比例分别比女性农村教师低 6.7%、6.0%、5.6%和 13.2%（详见表3-89）。

表3-89 不同性别农村教师在"理论学习和教育教学技能学习的融会贯通"方面期待的培训者（单位：%）

| 培训者 | 男 | 女 | 男女比例差值 |
| --- | --- | --- | --- |
| 教育行政部门人员 | 7.80 | 8.20 | −0.4 |
| 教研员 | 17.80 | 20.80 | −3.0 |
| 高校专家、教授 | 23.50 | 28.20 | −4.7 |
| 一线教学名师 | 47.80 | 54.50 | −6.7 |
| 教材编写者 | 14.10 | 20.10 | −6.0 |
| 专业技术人员 | 21.90 | 27.50 | −5.6 |
| 骨干教师 | 25.10 | 38.30 | −13.2 |

关于农村教师所认为的未来培训者需要侧重提高的方面，卡方检验结果显示，男性农村教师和女性农村教师在"理论研究与教育教学技能结合的水平"（$\chi^2$=10.754，$p$=0.001<0.01）和"对学员当地文化和现实问题的了解"（$\chi^2$=13.629，$p$<0.001）两个选项上存在显著差异。具体表现为，男性农村教师中认为未来培训者应侧重提高这两方面水平的人数比例分别比女性农村教师低 7.4%、8.3%（表3-90）。

表 3-90　不同性别农村教师期望未来培训者提高的方面　　（单位：%）

| 提高方面 | 男 | 女 | 男女比例差值 |
| --- | --- | --- | --- |
| 教育教学和专业理论水平 | 42.2 | 36.6 | 5.6 |
| 教育教学技能水平 | 54.4 | 58.0 | −3.6 |
| 理论研究与教育教学技能结合的水平 | 45.3 | 52.7 | −7.4 |
| 对学员当地文化和现实问题的了解 | 41.4 | 49.7 | −8.3 |
| 对参训学员群体状况的了解 | 31.4 | 36.0 | −4.6 |

关于最理想的培训者应该具备的特征,卡方检验结果显示,男性农村教师和女性农村教师对"敬业负责,能与组织者与参与者进行有效沟通"($\chi^2$=12.614,$p$<0.001)、"能做到教学的科学性和艺术性的统一,使得培训活动具有吸引力和实效性"($\chi^2$=9.625,$p$=0.002<0.01)、"在培训前、中、后都能开展系统的指导和服务,而不是仅停留在培训期"($\chi^2$=16.121,$p$<0.001)、"全面发展型,能够给自己学科知识、教学能力、职业调试等提供全方位帮助"($\chi^2$=43.341,$p$<0.01)这四种特征的看法存在显著差异。具体表现为男性农村教师中认为这四项特征是未来最理想的培训者应该具备的特征的人数比例分别比女性农村教师低 7.8%、6.7%、8.9%和 14.6%（表 3-91）。

表 3-91　不同性别农村教师认为最理想的培训者应该具备的特征　　（单位：%）

| 特征 | 男 | 女 | 男女比例差值 |
| --- | --- | --- | --- |
| 在教育理论与研究上十分专业,又了解一线教学实践 | 72.3 | 75.1 | −2.8 |
| 敬业负责,能与组织者和参与者进行有效沟通 | 52.8 | 60.6 | −7.8 |
| 能做到教学的科学性和艺术性的统一,使得培训活动具有吸引力和实效性 | 53.1 | 59.8 | −6.7 |
| 在培训前、中、后都能开展系统的指导和服务,而不是仅停留在培训期 | 39.6 | 48.5 | −8.9 |
| 熟知一线教育经验就好,理论水平其次 | 30.3 | 35.6 | −5.3 |
| 全面发展型,能够给自己学科知识、教学能力、职业调试等提供全方位帮助 | 34.7 | 49.3 | −14.6 |

### （四）认可的培训机构

对于农村教师参加过哪些机构提供的培训这一问题,根据卡方检验的结果,男性农村教师和女性农村教师在是否参加过"本校"($\chi^2$=26.406,$p$<0.001)、"优秀中小学校"($\chi^2$=18.977,$p$<0.001)和"远程教育培训机构"($\chi^2$=13.167,$p$<0.001)的培训方面存在显著差异。具体表现在,参加过这三类培训机构组织的培训的男性农村教师比例分别比女性农村教师低 11.6%、7.8%和 7.8%（表 3-92）。

表 3-92　不同性别农村教师接触过的培训机构　　　（单位：%）

| 培训机构 | 男 | 女 | 男女比例差值 |
| --- | --- | --- | --- |
| 教育局 | 63.9 | 61.1 | 2.8 |
| 教师进修学校 | 60.1 | 60.2 | −0.1 |
| 高等院校 | 21.3 | 19.0 | 2.3 |
| 本校 | 46.5 | 58.1 | −11.6 |
| 优秀中小学校 | 13.7 | 21.5 | −7.8 |
| 远程教育培训机构 | 55.3 | 63.1 | −7.8 |
| 社会培训机构 | 5.6 | 4.9 | 0.7 |

关于各类培训机构对农村教师的帮助，卡方检验结果显示，男性农村教师和女性农村教师对"教育局"（$\chi^2=15.080$，$p<0.001$）、"远程教育培训机构"（$\chi^2=10.329$，$p=0.001<0.01$）这两类培训机构对自身的帮助方面的评价存在显著差异。具体表现为，在参加过相应的培训机构培训的农村教师中，认为教育局组织的培训对其帮助最大的男性农村教师比例比女性农村教师低 10.1%，而认为远程教育培训机构组织的培训对其帮助最大的男性农村教师比例则比女性农村教师高 9.3%（表3-93）。

表 3-93　不同性别农村教师对各类培训机构对其帮助程度的评价　　（单位：%）

| 培训机构 | 男 | 女 | 男女比例差值 |
| --- | --- | --- | --- |
| 教育局 | 16.40 | 26.50 | −10.1 |
| 教师进修学校 | 31.90 | 29.60 | 2.3 |
| 高等院校 | 31.30 | 36.60 | −5.3 |
| 本校 | 37.20 | 34.70 | 2.5 |
| 优秀中小学校 | 59.80 | 66.80 | −7.0 |
| 远程教育培训机构 | 31.70 | 22.40 | 9.3 |
| 社会培训机构 | 20.00 | 26.40 | −6.4 |

## （五）合理的培训考核方式

至于培训后的考核方式，根据卡方检验的结果，男性农村教师和女性农村教师对"学员授课展示所学"的认识存在显著差异（$\chi^2=11.149$，$p=0.001<0.01$）。从具体情况来看，男性农村教师中认为"学员授课展示所学"是一种较合理的培训考核方式的人数比例比女性农村教师低 6.8%（表 3-94）。

表 3-94　不同性别农村教师对培训后考核方式的看法　　（单位：%）

| 考核方式 | 男 | 女 | 男女比例差值 |
| --- | --- | --- | --- |
| 平时成绩和结业成绩结合 | 64.0 | 66.3 | −2.3 |
| 结业时进行卷面考试即可 | 29.7 | 24.7 | 5.0 |

续表

| 考核方式 | 男 | 女 | 男女比例差值 |
|---|---|---|---|
| 通过实践性的任务考核，例如课题研究、小组展示 | 43.8 | 46.8 | -3.0 |
| 提交课程论文即可 | 17.5 | 15.9 | 1.6 |
| 学员授课展示所学 | 25.3 | 32.1 | -6.8 |

### （六）最佳的培训地点顺序

在开展培训地点的最佳顺序方面，卡方检验结果显示，男教师和女教师的偏好不存在显著差异（$\chi^2=3.447$，$p=0.328>0.05$）。

## 五、不同学段农村教师对培训的实际需求

### （一）有效的培训类型、形式和内容

在农村教师入职后参加过的培训方面，卡方检验结果显示，不同学段的农村教师在"专家、名师和专业技术人员送教下乡"（$\chi^2=32.154$，$p<0.001$）、"观摩优秀教师示范课并评课交流"（$\chi^2=39.902$，$p<0.001$）、"教学研讨会"（$\chi^2=17.375$，$p<0.001$）、"集中培训和网络研修结合"（$\chi^2=10.017$，$p=0.007<0.01$）、"个人在线学习培训课程"（$\chi^2=9.545$，$p=0.008<0.01$）、"青蓝结对"（$\chi^2=33.568$，$p<0.001$）、"校本培训"（$\chi^2=23.041$，$p<0.001$）、"国培计划"（$\chi^2=37.854$，$p<0.001$）等方面存在显著差异。

具体来看，高中农村教师中参加过"专家、名师和专业技术人员送教下乡""观摩优秀教师示范课并评课交流""集中培训和网络研修结合""国培计划"的人数比例均大幅低于小学和初中，而小学和初中农村教师中这个比例比较相近；小学农村教师中参加过"教学研讨会"的教师比例不足40%，而初中和高中该比例均在48%左右；初中农村教师中参加过"个人在线学习培训课程"、"校本培训"的人数比例均超过一半，高于小学和高中，高中农村教师该比例最低；参加过"青蓝结对"的农村教师比例随学段上升而升高，高中农村教师中该比例比小学农村教师高12.3%（表3-95）。

在参加过上述类型培训的农村教师中，由卡方检验可知，不同学段农村教师对"专家、名师和专业技术人员送教下乡"（$\chi^2=7.489$，$p=0.024<0.05$）、"观摩优秀教师示范课并评课交流"（$\chi^2=10.690$，$p=0.005<0.01$）、"青蓝结对"（$\chi^2=10.650$，$p=0.005<0.01$）、"国培计划"（$\chi^2=11.705$，$p=0.003<0.01$）有效性的评价存在显著差异。

表 3-95　不同学段农村教师参加过的培训类型　　　（单位：%）

| 培训类型 | 高中 | 初中 | 小学 |
|---|---|---|---|
| 专家、名师和专业技术人员送教下乡 | 34.0 | 52.9 | 54.6 |
| 前往名校参观或跟岗学习、实践 | 37.8 | 36.7 | 33.5 |
| 观摩优秀教师示范课并评课交流 | 54.8 | 70.6 | 73.9 |
| 教学研讨会 | 47.7 | 48.6 | 39.1 |
| 集中培训和网络研修结合 | 51.0 | 62.5 | 61.9 |
| 个人在线学习培训课程 | 43.6 | 52.9 | 46.5 |
| 青蓝结对 | 19.5 | 11.6 | 7.2 |
| 新教师入职适应性培训 | 16.2 | 21.7 | 19.4 |
| 校本培训 | 32.4 | 50.4 | 45.6 |
| "国培计划" | 32.0 | 54.9 | 51.5 |

具体而言，对"专家、名师和专业技术人员送教下乡"这种培训类型有效性的评价随学段上升而降低，参加过这种培训的小学农村教师中认为这种培训最有效的人数比例比高中高 16.4%；对"观摩有效教师示范课并评课交流"这种培训类型有效性评价随学段上升而降低，在参加过这种培训的高中农村教师中，认为这种培训最有效的人数比例分别比初中、小学低 13.6%、15.8%；对"青蓝结对"和"国培计划"这两种培训类型有效性的评价随学段上升而升高，参加过这些培训的高中农村教师中认为其最有效的人数比例均是小学农村教师中该比例的 2 倍多，相比于初中农村教师，高中农村教师该比例也高出 20 个左右的百分点（表 3-96）。

表 3-96　不同学段农村教师对各种培训类型有效性的评价　　（单位：%）

| 培训类型 | 高中 | 初中 | 小学 |
|---|---|---|---|
| 专家、名师和专业技术人员送教下乡 | 25.3 | 38.0 | 41.7 |
| 前往名校参观或跟岗学习、实践 | 46.4 | 0.6 | 45.1 |
| 观摩优秀教师示范课并评课交流 | 53.6 | 67.2 | 69.4 |
| 教学研讨会 | 38.4 | 33.9 | 31.5 |
| 集中培训和网络研修结合 | 28.4 | 18.3 | 22.8 |
| 个人在线学习培训课程 | 24.7 | 19.6 | 19.1 |
| 青蓝结对 | 43.9 | 23.2 | 18.6 |
| 新教师入职适应性培训 | 16.7 | 15.2 | 16.8 |
| 校本培训 | 22.7 | 22.6 | 21.0 |
| "国培计划" | 36.5 | 22.7 | 18.1 |

对于农村教师接受较多的培训形式，卡方检验结果显示，不同学段的农村教师在"跟踪指导"（$\chi^2=12.451$，$p=0.002<0.01$）这种培训形式方面存在显著差异。

具体而言，高中农村教师中接受"跟踪指导"这种培训形式的农村教师比例相当于小学的 2 倍、初中的 3 倍（表 3-97）。

表 3-97  不同学段农村教师较多接受的培训形式  （单位：%）

| 培训形式 | 高中 | 初中 | 小学 |
|---|---|---|---|
| 专题讲座 | 65.1 | 73.7 | 74.6 |
| 案例分析 | 32.4 | 34.8 | 35.8 |
| 互动交流 | 40.7 | 37.0 | 38.9 |
| 任务驱动 | 16.2 | 9.7 | 10.3 |
| 问题解决 | 14.5 | 9.9 | 10.9 |
| 在岗研修 | 35.7 | 43.9 | 44.5 |
| 跟踪指导 | 6.6 | 2.1 | 3.1 |
| 训后回访 | 4.6 | 3.2 | 2.1 |
| 经验分享 | 19.9 | 18.9 | 21.9 |
| 成果生成与展示 | 15.4 | 11.6 | 12.0 |
| 单向传授知识 | 8.7 | 10.0 | 11.4 |

在接受上述这些培训形式的农村教师中，卡方检验结果显示，不同学段的农村教师对"案例分析"（$\chi^2=7.142$，$p=0.028<0.05$）、"任务驱动"（$\chi^2=8.598$，$p=0.014<0.05$）这两种培训形式的有效性评价存在显著差异。

具体而言，在参加过"案例分析"这种形式的培训的农村教师中，高中农村教师认为这种培训形式有效的人数比例不足40%，而初中和小学该比例均超过50%，其中初中最高，比高中高18.1%；在参加过"任务驱动"这种形式的培训的农村教师中，高中农村教师认为这种培训形式有效的人数比例超过30%，而小学和初中该比例则为10%~15%，初中这一比例最低，约相当于高中的三分之一（表3-98）。

表 3-98  不同学段农村教师对各种形式的培训有效性的评价  （单位：%）

| 培训形式 | 高中 | 初中 | 小学 |
|---|---|---|---|
| 专题讲座 | 34.3 | 33.2 | 31.5 |
| 案例分析 | 39.4 | 57.5 | 52.3 |
| 互动交流 | 55.6 | 54.2 | 48.5 |
| 任务驱动 | 32.4 | 11.4 | 14.7 |
| 问题解决 | 37.1 | 26.3 | 33.1 |
| 在岗研修 | 26.4 | 28.4 | 25.6 |
| 跟踪指导 | 16.7 | 15.2 | 12.9 |
| 训后回访 | 23.1 | 15.0 | 3.6 |
| 经验分享 | 52.2 | 42.6 | 53.6 |
| 成果生成与展示 | 46.7 | 37.0 | 34.1 |
| 单向传授知识 | 10.5 | 19.5 | 11.9 |

在参与培训的主要内容方面，卡方检验结果显示，不同学段农村教师在"教育科研能力"（$\chi^2=30.171$，$p<0.001$）、"教育改革与政策"（$\chi^2=22.642$，$p<0.001$）和"学生安全与发展"（$\chi^2=9.612$，$p=0.008<0.01$）方面存在显著差异。

具体来看，认为"教育科研能力"和"教育改革与政策"是其参与培训的主要内容的农村教师比例随学段上升而升高，高中农村教师相应的比例约为小学的两倍左右；初中农村教师中认为"学生安全与发展"是其参与培训的主要内容的人数比例相对较高，分别比小学和高中高出4.9%、4.0%（表3-99）。

表3-99　不同学段农村教师参与培训的主要内容　　（单位：%）

| 培训内容 | 高中 | 初中 | 小学 |
| --- | --- | --- | --- |
| 心理学、教育学知识 | 36.9 | 36.5 | 31.6 |
| 专业学科专业知识 | 58.2 | 68.6 | 67.5 |
| 教学技能 | 57.0 | 64.1 | 67.0 |
| 师德修养 | 38.9 | 42.9 | 45.1 |
| 教育管理 | 22.1 | 25.2 | 22.0 |
| 教育科研能力 | 23.4 | 18.8 | 11.4 |
| 教育改革与政策 | 25.4 | 16.1 | 13.2 |
| 现代教育技术 | 25.4 | 35.5 | 31.6 |
| 教师专业发展专题 | 18.4 | 21.8 | 17.2 |
| 学生安全与发展 | 11.1 | 15.1 | 10.2 |
| 论文或公文写作 | 5.7 | 3.8 | 2.6 |

在参加过对应培训的农村教师中，由卡方检验结果可知，不同学段的农村教师对"专业学科专业知识"（$\chi^2=13.027$，$p=0.001<0.01$）、"教育科研能力"（$\chi^2=8.331$，$p=0.016<0.05$）这两项培训内容有效性的评价存在显著差异。

具体而言，在参与培训的主要内容是"专业学科专业知识"的农村教师中，初中农村教师认为这方面的培训最有效的人数比例最高，超过一半，高中该比例最低，比初中低18.6%；在参与培训的主要内容是"教育科研能力"的农村教师中，认为这方面培训最有效的人数比例随学段上升而升高，高中农村教师该比例比小学高出近20个百分点（表3-100）。

表3-100　不同学段农村教师对参与培训的主要内容的有效性的评价　（单位：%）

| 培训内容 | 高中 | 初中 | 小学 |
| --- | --- | --- | --- |
| 心理学、教育学知识 | 28.4 | 22.3 | 22.7 |
| 专业学科专业知识 | 32.5 | 51.1 | 48.1 |
| 教学技能 | 50.9 | 51.2 | 55.0 |
| 师德修养 | 26.9 | 24.8 | 25.9 |
| 教育管理 | 21.3 | 29.9 | 23.3 |
| 教育科研能力 | 36.0 | 26.8 | 16.5 |
| 教育改革与政策 | 27.1 | 15.7 | 13.0 |
| 现代教育技术 | 43.8 | 39.1 | 38.9 |
| 教师专业发展专题 | 36.8 | 30.5 | 24.7 |
| 学生安全与发展 | 37.0 | 23.5 | 23.5 |
| 论文或公文写作 | 25.0 | 30.6 | 15.1 |

## （二）对理论知识培训的态度

### 1. 意愿

在参加高等理论学习的意愿方面，卡方检验结果显示，不同学段的农村教师之间不存在显著差异。

### 2. 内容

对于哪些理论知识对农村教师教学的指导意义和现实价值比较大这个问题，卡方检验结果显示，不同学段的农村教师在"教育研究方法"这个选项上存在显著差异（$\chi^2=11.689$，$p=0.003<0.01$）。具体表现为，认为"教育研究方法"这种理论知识对其教学的指导意义和现实价值比较大的人数比例随学段上升而升高，高中农村教师认为这一培训内容对其指导意义和现实价值比较大的比例比小学农村教师高8.7%（表3-101）。

表3-101 不同学段农村教师各种理论知识对其指导意义和现实价值的评价

（单位：%）

| 理论知识 | 高中 | 初中 | 小学 |
| --- | --- | --- | --- |
| 教育学和心理学 | 48.6 | 54.5 | 52.5 |
| 学科知识 | 50.2 | 58.0 | 57.4 |
| 课程理论 | 42.4 | 49.3 | 52.1 |
| 教学理论 | 49.0 | 53.6 | 58.0 |
| 评价理论 | 22.2 | 16.7 | 15.8 |
| 班级管理、德育和心理健康教育理论 | 30.0 | 40.4 | 39.2 |
| 教育研究方法 | 21.4 | 14.7 | 12.7 |

### 3. 目的

就通过培训中教育教学和专业理论学习达到的目的而言，卡方检验结果显示，不同学段的农村教师在"开阔了眼界"（$\chi^2=12.742$，$p=0.002<0.01$）、"更新了知识和理念"（$\chi^2=23.495$，$p<0.001$）、"没有效果"（$\chi^2=33.839$，$p<0.001$）方面存在显著差异。

具体而言，高中农村教师中认为通过培训"开阔了眼界"的人数比例最低，分别比小学和初中低10.7%、12.7%；认为通过培训"更新了知识和理念"的农村教师比例随学段升高而降低，高中农村教师该比例比小学低16.7%；高中农村教师中认为培训"没有效果"的比例大幅高于小学和初中。由此可见，高中农村教师理论培训目的的达成情况不容乐观（表3-102）。

表3-102 不同学段农村教师的培训目的达成情况 （单位：%）

| 培训目的 | 高中 | 初中 | 小学 |
| --- | --- | --- | --- |
| 开阔了眼界 | 55.4 | 68.1 | 66.1 |
| 更新了知识和理念 | 53.8 | 66.3 | 70.5 |

| 培训目的 | 高中 | 初中 | 小学 |
|---|---|---|---|
| 结识了优秀的同行 | 37.5 | 41.9 | 46.3 |
| 增强了分析教育和专业问题的能力 | 39.6 | 40.3 | 40.1 |
| 利用教育理论解决现实教育教学问题 | 34.2 | 35.5 | 36.3 |
| 没有效果 | 15.8 | 6.3 | 5.3 |

### （三）理想的培训者

在农村教师接受过哪些培训者的培训方面，由卡方检验结果可知，不同学段的农村教师在"教育行政部门人员"（$\chi^2=15.546$，$p<0.001$）、"教材编写者"（$\chi^2=19.048$，$p<0.001$）和"专业技术人员"（$\chi^2=12.727$，$p=0.002<0.01$）提供的培训方面存在显著差异。

具体而言，小学农村教师中接受过由"教育部门行政人员"提供的培训的人数比例分别比高中、初中低8.6%、7.9%；接受过由"教材编写者"提供的培训的人数比例分别比高中、初中低5.2%、6.0%；接受过由"专业技术人员"提供的培训的农村教师比例随学段上升而降低，小学农村教师中该比例比高中农村教师高12.2%（表3-103）。

表3-103　不同学段农村教师接触到的培训者　　　（单位：%）

| 培训者 | 高中 | 初中 | 小学 |
|---|---|---|---|
| 教育行政部门人员 | 40.9 | 40.2 | 32.3 |
| 教研员 | 45.1 | 41.5 | 43.3 |
| 高校专家、教授 | 43.7 | 35.6 | 37.9 |
| 一线教学名师 | 47.9 | 57.6 | 57.1 |
| 教材编写者 | 11.2 | 12.0 | 6.0 |
| 专业技术人员 | 16.3 | 22.9 | 28.5 |
| 骨干教师 | 28.8 | 36.3 | 33.3 |

在参加过由上述培训者提供的培训的农村教师中，由卡方检验结果可知，不同学段的农村教师对"一线教学名师"（$\chi^2=8.250$，$p=0.016<0.05$）对其帮助程度的评价存在显著差异。具体表现为，认为"一线教学名师"对其帮助最大的农村教师比例随学段上升而降低，小学农村教师中该比例比高中农村教师高14.2%（表3-104）。

表3-104　不同学段农村教师对培训者的评价　　　（单位：%）

| 培训者 | 高中 | 初中 | 小学 |
|---|---|---|---|
| 教育行政部门人员 | 10.3 | 7.2 | 11.6 |
| 教研员 | 19.8 | 20.0 | 19.1 |
| 高校专家、教授 | 26.6 | 24.3 | 19.4 |
| 一线教学名师 | 58.3 | 69.4 | 72.5 |
| 教材编写者 | 25.0 | 13.8 | 21.1 |
| 专业技术人员 | 31.4 | 33.8 | 31.2 |
| 骨干教师 | 31.1 | 42.3 | 42.4 |

关于在"理论学习"方面期待的培训者，由卡方检验结果可知，不同学段的农村教师对"教育行政部门人员"（$\chi^2=11.899$，$p=0.003<0.01$）的期待存在显著差异。具体表现为，高中农村教师中在"理论学习"方面期待"教育行政部门人员"对其进行培训的人数比例超过10%，而小学和初中则在5%左右（表3-105）。

表 3-105  不同学段农村教师在理论学习方面期待的培训者    （单位：%）

| 培训者 | 高中 | 初中 | 小学 |
| --- | --- | --- | --- |
| 教育行政部门人员 | 11.0 | 4.9 | 5.5 |
| 教研员 | 20.1 | 13.3 | 16.0 |
| 高校专家、教授 | 31.6 | 28.7 | 29.2 |
| 一线教学名师 | 32.5 | 40.7 | 36.5 |
| 教材编写者 | 23.4 | 18.1 | 20.0 |
| 专业技术人员 | 15.3 | 20.1 | 22.1 |
| 骨干教师 | 20.6 | 16.5 | 20.0 |

关于在"教育教学技能学习"方面期待的培训者，由卡方检验结果可知，不同学段的农村教师对"教材编写者"（$\chi^2=11.172$，$p=0.004<0.01$）的期待存在显著差异。具体而言，高中农村教师中在"教育教学技能学习"方面期待由"教材编写者"对其进行培训的人数比例接近15%，而小学和初中该比例在8%左右（表3-106）。

表 3-106  不同学段农村教师在"教育教学技能学习"方面期待的培训者 （单位：%）

| 培训者 | 高中 | 初中 | 小学 |
| --- | --- | --- | --- |
| 教育行政部门人员 | 7.6 | 3.2 | 4.3 |
| 教研员 | 11.6 | 11.4 | 11.3 |
| 高校专家、教授 | 17.2 | 16.0 | 15.7 |
| 一线教学名师 | 38.9 | 51.4 | 49.5 |
| 教材编写者 | 14.6 | 8.1 | 7.6 |
| 专业技术人员 | 19.7 | 20.7 | 23.6 |
| 骨干教师 | 24.7 | 25.3 | 29.7 |

关于在"理论学习与教育教学技能学习的融会贯通"方面，卡方检验结果显示，不同学段的农村教师对"一线教学名师"的期待存在显著差异（$\chi^2=12.315$，$p=0.002<0.01$）。具体而言，高中农村教师中在"理论学习与教育教学技能学习的融会贯通"方面期待由"一线教学名师"对其进行培训的人数比例分别比小学和初中低13.3%、10.7%（表3-107）。

表 3-107  不同学段农村教师在"理论学习与教育教学技能学习的融会贯通"方面期待的培训者

（单位：%）

| 培训者 | 高中 | 初中 | 小学 |
| --- | --- | --- | --- |
| 教育行政部门人员 | 12.5 | 6.3 | 8.1 |
| 教研员 | 25.5 | 19.9 | 18.2 |

续表

| 培训者 | 高中 | 初中 | 小学 |
|---|---|---|---|
| 高校专家、教授 | 28.7 | 24.7 | 27.0 |
| 一线教学名师 | 41.2 | 51.9 | 54.5 |
| 教材编写者 | 20.8 | 16.9 | 17.8 |
| 专业技术人员 | 18.1 | 25.7 | 26.7 |
| 骨干教师 | 33.3 | 31.6 | 34.3 |

对于未来培训者需要侧重提高的方面，由卡方检验结果可知，不同学段的农村教师在"教育教学和专业理论水平"（$\chi^2=14.505$，$p=0.001<0.01$）、"教育教学技能水平"（$\chi^2=10.876$，$p=0.004<0.01$）两个选项上存在显著差异。具体而言，接近一半的高中农村教师认为未来培训者应侧重提高"教育教学和专业理论水平"，而初中和小学农村教师中该比例在37%左右；认为未来培训者应侧重提高"教育教学技能水平"的农村教师比例随学段上升而降低，高中农村教师该比例比小学低11.2%（表3-108）。

表3-108 不同学段农村教师对未来培训者需要提高方面的看法 （单位：%）

| 需要提高方面 | 高中 | 初中 | 小学 |
|---|---|---|---|
| 教育教学和专业理论水平 | 49.6 | 36.2 | 37.8 |
| 教育教学技能水平 | 48.3 | 55.0 | 59.5 |
| 理论研究与教育教学技能结合的水平 | 45.8 | 48.7 | 50.9 |
| 对学员当地文化和现实问题的了解 | 45.4 | 46.6 | 46.7 |
| 对参训学员群体状况的了解 | 35.0 | 34.7 | 34.1 |

在关于最理想培训者应具备的特征的看法方面，卡方检验结果显示，不同学段的农村教师在三个选项上存在显著差异。具体而言，认为最理想的培训者应该"在教育理论与研究上十分专业，又了解一线教学实践"（$\chi^2=16.985$，$p<0.001$）的高中农村教师分别比小学、初中农村教师低11.7%、13.2%；认为最理想的培训者应该"能做到教学的科学性和艺术性的统一，使得培训活动具有吸引力和实效性"（$\chi^2=9.700$，$p=0.008<0.01$）的农村教师比例随学段上升而降低，高中农村教师中该比例比小学农村教师低10.2%；认为最理想的培训者应该是"全面发展型，能够给自己学科知识、教学能力、职业调试等提供全方位帮助"（$\chi^2=10.628$，$p=0.005<0.01$）的小学农村教师比例最高，分别比初中、高中高7.6%、5.8%（表3-109）。

表3-109 不同学段农村教师期望的最理想培训者 （单位：%）

| 理想培训者特征 | 高中 | 初中 | 小学 |
|---|---|---|---|
| 在教育理论与研究上十分专业，又了解一线教学实践 | 63.2 | 76.4 | 74.9 |
| 敬业负责，能与组织者与参与者进行有效沟通 | 55.0 | 56.4 | 59.0 |
| 能做到教学的科学性和艺术性的统一，使得培训活动具有吸引力和实效性 | 49.6 | 55.1 | 59.8 |
| 在培训前、中、后都能开展系统的指导和服务，而不是仅停留在培训期 | 41.3 | 46.7 | 44.7 |
| 熟知一线教育经验就好，理论水平其次 | 34.7 | 34.5 | 32.4 |
| 全面发展型，能够给自己学科知识、教学能力、职业调试等提供全方位帮助 | 41.3 | 39.5 | 47.1 |

### （四）认可的培训机构

就农村教师接触到的培训机构而言，卡方检验结果显示，不同学段的农村教师在教育局（$\chi^2=14.733$，$p=0.001<0.01$）、教师进修学校（$\chi^2=26.633$，$p<0.001$）、高等院校（$\chi^2=9.768$，$p=0.008<0.01$）、优秀中小学学校（$\chi^2=16.343$，$p<0.001$）、远程教育培训机构（$\chi^2=30.516$，$p<0.001$）和社会培训机构（$\chi^2=50.017$，$p<0.001$）提供的培训方面存在显著差异。

具体而言，参加过教育局组织的培训的初中农村教师比例接近70%，而小学和高中该比例为55%~60%；参加过由教师进修学校和远程教育培训机构组织的培训的高中农村教师比例在43%左右，而小学和初中该比例均超过60%；参加过由高等院校组织的培训的农村教师比例随学段上升而升高，高中农村教师该比例比小学高8.7%；小学农村教师中参加过由优秀中小学校组织的培训的比例超过20%，初中和高中该比例在15%左右；参加过由社会培训机构组织的培训的高中农村教师比例比小学和初中高出10多个百分点（表3-110）。

表3-110　不同学段农村教师接触到的培训机构　　　（单位：%）

| 培训机构 | 高中 | 初中 | 小学 |
| --- | --- | --- | --- |
| 教育局 | 55.2 | 68.4 | 59.6 |
| 教师进修学校 | 43.0 | 61.4 | 63.1 |
| 高等院校 | 26.5 | 20.4 | 17.8 |
| 本校 | 46.1 | 54.9 | 55.0 |
| 优秀中小学校 | 14.3 | 15.1 | 22.3 |
| 远程教育培训机构 | 42.6 | 65.1 | 60.8 |
| 社会培训机构 | 14.8 | 4.1 | 3.7 |

在参加过由相应培训机构组织的培训的农村教师中，就对农村教师帮助最大的培训机构而言，卡方检验结果显示，不同学段的农村教师在对教育局（$\chi^2=21.960$，$p<0.001$）、本校（$\chi^2=10.553$，$p=0.005<0.01$）、优秀中小学校（$\chi^2=19.450$，$p<0.001$）、远程教育培训机构（$\chi^2=16.878$，$p<0.001$）对其帮助程度的评价上存在显著差异。

具体而言，在参加过由教育局组织的培训的农村教师中，认为对其帮助最大的人数比例随学段上升而降低，高中农村教师该比例比小学农村教师低18.9%；在参加过本校组织的培训的农村教师中，初中或高中农村教师中认为对其帮助程度最大的人数比例比小学高出10多个百分点；在参加过由优秀中小学校进行的培训的农村教师中，小学农村教师中认为对其帮助最大的人数比例比初中、高中高出20多个百分点；在参加过由远程教育培训机构进行的培训的农村教师中，对这类培训机构对其帮助程度的评价随学段上升而升高，高中农村教师认为其对自己帮助最大的人数比例比小学农村教师高17.4%（表3-111）。

表 3-111　不同学段农村教师对各类培训机构对其帮助程度评价　（单位：%）

| 培训机构 | 高中 | 初中 | 小学 |
|---|---|---|---|
| 教育局 | 8.3 | 20.0 | 27.2 |
| 教师进修学校 | 26.6 | 28.6 | 32.8 |
| 高等院校 | 25.4 | 37.6 | 34.2 |
| 本校 | 41.8 | 41.1 | 30.8 |
| 优秀中小学校 | 48.4 | 50.0 | 73.9 |
| 远程教育培训机构 | 38.1 | 30.0 | 20.7 |
| 社会培训机构 | 32.3 | 19.2 | 19.4 |

在对培训机构组织和管理的满意程度方面，由卡方检验结果可知，在参加过相应机构培训的农村教师中，不同学段的农村教师对教育局（$\chi^2=8.313$，$p=0.016<0.05$）、教师进修学校（$\chi^2=8.381$，$p=0.015<0.05$）、高等院校（$\chi^2=6.919$，$p=0.031<0.05$）、本校（$\chi^2=8.031$，$p=0.018<0.05$）、远程教育培训机构（$\chi^2=8.708$，$p=0.013<0.05$）的组织与管理的满意度存在显著差异。

具体表现为，在参加过由教育局提供的培训的农村教师中，对其组织和管理最满意的农村教师比例随学段上升而降低，高中农村教师该比例比小学低 13%；在参加过由教师进修学校提供的培训的农村教师中，对其组织和管理最满意的高中农村教师比例约为小学、初中的一半；在参加过由高等院校组织的培训的农村教师中，初中农村教师对其组织和管理最满意的农村教师比例最低，小学该比例最高，比初中高出 14.5%；在参加过由本校提供的培训的农村教师中，初中农村教师对其组织和管理最满意的人数比例比小学、高中高出约 10 个百分点；在参加过由"远程教育培训机构"提供的培训的农村教师中，对其组织和管理最满意的农村教师比例随学段上升而升高，高中农村教师该比例比小学高 12.5%（表 3-112）。

表 3-112　不同学段农村教师对各类培训机构组织和管理满意度评价　（单位：%）

| 培训机构 | 高中 | 初中 | 小学 |
|---|---|---|---|
| 教育局 | 14.9 | 24.7 | 27.9 |
| 教师进修学校 | 15.1 | 28.9 | 29.5 |
| 高等院校 | 30.8 | 23.6 | 38.1 |
| 本校 | 32.6 | 42.4 | 32.4 |
| 优秀中小学校 | 38.2 | 38.8 | 43.1 |
| 远程教育培训机构 | 32.1 | 26.6 | 19.6 |
| 社会培训机构 | 24.2 | 17.5 | 14.0 |

具体到远程教育，卡方检验结果显示，不同学段的农村教师对"线上学习"（$\chi^2=28.933$，$p<0.001$）、"在岗研修"（$\chi^2=9.603$，$p=0.008<0.01$）是否是其参与远程培训的主要环节的认识上存在显著差异。从具体情况来看，参与远程培训的主要环节是"线上学习"、"在岗研修"的农村教师比例均表现为小学和初中较高，高中该比例大幅低于其他学段（表 3-113）。

表 3-113　不同学段农村教师参与远程培训的主要环节　（单位：%）

| 培训环节 | 高中 | 初中 | 小学 |
| --- | --- | --- | --- |
| 线上学习 | 60.8 | 78.5 | 75.9 |
| 线下研修 | 40.8 | 37.2 | 38.0 |
| 交流研讨 | 46.3 | 45.3 | 43.6 |
| 在岗研修 | 32.9 | 43.5 | 44.0 |
| 远程指导 | 27.9 | 33.6 | 30.8 |
| 凝练成果 | 12.1 | 6.5 | 7.1 |
| 现代技术操作 | 22.1 | 20.1 | 19.8 |

关于有效的远程培训应当包含的要素，卡方检验结果显示，不同学段的农村教师不存在显著差异。

### （五）合理的培训考核方式

就农村教师对合理培训考核方式的看法而言，卡方检验结果显示，不同学段农村教师在"平时成绩和结业成绩结合"（$\chi^2=15.614$，$p<0.001$）和"提交课程论文即可"（$\chi^2=14.820$，$p=0.001<0.01$）方面存在显著差异。具体而言，认为"平时成绩和结业成绩结合"这种考核方式合理的小学或初中农村教师比例大幅高于高中农村教师，而认为"提交课程论文即可"的小学、初中农村教师比例则大幅低于高中农村教师（表 3-114）。

表 3-114　不同学段农村教师对合理的培训考核方式的看法　（单位：%）

| 看法 | 高中 | 初中 | 小学 |
| --- | --- | --- | --- |
| 平时成绩和结业成绩结合 | 54.0 | 67.9 | 66.2 |
| 结业时进行卷面考试即可 | 31.1 | 28.3 | 24.2 |
| 通过实践性的任务考核，例如课题研究、小组展示 | 49.4 | 45.1 | 45.2 |
| 提交课程论文即可 | 24.7 | 13.9 | 16.5 |
| 学员授课展示所学 | 31.9 | 26.1 | 31.7 |

### （六）最佳的培训地点顺序

在对开展培训的地点最佳顺序的看法方面，卡方检验结果显示，不同学段的农村教师不存在显著差异。

## 第三节　十二种合作培训方式有益性的考察

### 一、农村教师的总体反馈

本书提供了十二种农村教师培训方式，让农村教师去判断每一种方式对农教师专业发展的有益程度。统计结果显示，对于所有这些农村教师培训方式，至少有73%的农村教师认为它们对农村教师专业发展是有益的。其中农村教师评价最高的是"将优秀中小学教师的课堂教学录像，供给学员作为参考和示范"，38.5%的农村教师认为这种方式非常有益于农村教师专业发展，47.8%的农村教师认为这种方式比较有益于农村教师专业发展，这两项比例合计为86.3%。其次是"培训中教育、专业理论与教学技能学习交叉进行"，认为这种培训方式有益的农村教师比例也超过80%。从得分情况来看，"城市与农村中小学指导教师共同指导农村教师培训，结合城乡文化差异"这种培训方式得分也相对较高，为79.7%。相对而言，认为"培训后的优秀中小学教师，协助高校教师提升学员教育教学水平"和"将学员个体教学实况录像，由高校教师和中小学指导教师组成指导团队，在线讨论分析存在的问题，给予具体建议"两种培训方式有益于农村教师专业发展的农村教师比例相对低一点，这两个比例分别是73.3%、74.7%，不足四分之三。在得分方面，"远程培训中，通过视频，就教育教学问题，高校教师与学员面对面交流与学习"这种培训方式也是最低的（表3-115）。

表3-115  十二项合作培训方式对农村教师专业发展有益程度的情况　　（单位：%）

| 培训方式 | 非常有益 | 比较有益 | 不太清楚 | 不太有益 | 完全无益 | "有益"合计 | 得分 |
| --- | --- | --- | --- | --- | --- | --- | --- |
| 1. 高校给予高等理论指导，同时城乡中小学校在教育教学实践上结对帮扶 | 31.1 | 48.0 | 14.3 | 5.8 | 0.9 | 79.1 | 4.03 |
| 2. 培训中教育、专业理论与教学技能学习交叉进行 | 29.1 | 51.2 | 14.7 | 4.1 | 0.8 | 80.3 | 4.04 |
| 3. 高校教师和中小学指导教师到学员所在地共同帮助提升您的教育活动 | 31.3 | 47.3 | 16.8 | 3.8 | 0.9 | 78.6 | 4.04 |
| 4. 将学员个体教学实况录像，由高校教师和中小学指导教师组成指导团队，在线讨论分析存在的问题，给予具体建议 | 26.8 | 47.9 | 18.6 | 5.0 | 1.7 | 74.7 | 3.93 |
| 5. 将优秀中小学教师的课堂教学录像，供给学员作为参考和示范 | 38.5 | 47.8 | 8.7 | 4.4 | 0.6 | 86.3 | 4.19 |
| 6. 远程培训中，通过视频，就教育教学问题，高校教师与学员面对面交流与学习 | 27.8 | 47.7 | 15.2 | 8.3 | 1.0 | 75.5 | 3.93 |
| 7. 远程培训中，通过视频，就教育教学问题，中小学指导教师与学员面对面交流与学习 | 27.0 | 48.9 | 16.2 | 6.9 | 1.0 | 75.9 | 3.94 |
| 8. 面授学习与线上学习交叉结合进行 | 26.2 | 50.9 | 15.7 | 6.2 | 0.9 | 77.1 | 3.95 |
| 9. 培训后的优秀中小学教师，协助高校教师提升学员教育教学水平 | 28.0 | 45.3 | 19.7 | 6.2 | 0.7 | 73.3 | 3.94 |
| 10. 上半场学习理论，下半场接受教育教学实践指导，理论学习和教育教学技能学习结合 | 27.7 | 50.8 | 15.0 | 5.4 | 1.0 | 78.5 | 3.99 |
| 11. 城市与农村中小学指导教师共同指导农村教师培训，结合城乡文化差异 | 36.4 | 43.3 | 15.5 | 4.1 | 0.7 | 79.7 | 4.11 |
| 12. 在公开课程资源管理平台上，依托一个专业主题，城乡学员共同交流，有利于城市教师理解农村教育，以及农村教师专业发展 | 30.5 | 48.2 | 16.2 | 3.9 | 1.3 | 78.7 | 4.03 |

综上所述，在农村教师看来，"将优秀中小学教师的课堂教学录像由高校教师和中小学指导教师组成指导团队，在线讨论分析存在的问题，给予具体建议""培训中教育、专业理论与教学技能学习交叉进行""城市与农村中小学指导教师共同指导农村教师培训，结合城乡文化差异"这三种教师培训方式对农村教师专业发展最有益，而"培训后的优秀中小学教师，协助高校教师提升学员教育教学水平"、"将学员个体教学实况录像，由高校教师和中小学指导教师组成指导团队，在线讨论分析存在的问题，给予具体建议"和"远程培训中，通过视频，就教育教学问题，高校教师与学员面对面交流与学习"这三种教师培训方式对农村教师专业发展的有益程度相对低一点。

本书把十二种未来有益于农村教师专业发展的合作培训方式归类，划分为"高校与中小学合作培训"、"高校理论与中小学实践交织学习"、"远程合作培训"和"城乡合作培训"四个维度，对其赋分（1~5分），各维度得分如表3-116所示。

表3-116　不同类别合作培训方式有益性的得分情况

| 培训方式 | 样本量 | 最小值 | 最大值 | 平均值 | 标准差 |
| --- | --- | --- | --- | --- | --- |
| 高校与中小学合作培训（包含第一、第三、第九项） | 1988 | 1.00 | 5.00 | 3.98 | 0.66 |
| 高校理论与中小学实践交织学习（包含第二、第十项） | 1982 | 1.00 | 5.00 | 4.01 | 0.71 |
| 远程合作培训（包含第四至第八项） | 1982 | 1.00 | 5.00 | 4.02 | 0.72 |
| 城乡合作培训（包含第十一、第十二项） | 1977 | 1.00 | 5.00 | 4.07 | 0.77 |

## 二、不同教龄农村教师的感知

### （一）各项合作培训方式的分析

第一，教龄8年及以下农村教师对"高校给予高等理论指导，同时城乡中小学校在教育教学实践上结对帮扶"（简称高校指导与城乡中小学校结对帮扶）的评价更高（表3-117）。

表3-117　各教龄农村教师对"高校指导与城乡中小学校结对帮扶"有益性评价

（单位：%）

| 教龄 | 非常有益 | 比较有益 | 不太清楚 | 不太有益 | 完全无益 | 有益合计 | 无益合计 |
| --- | --- | --- | --- | --- | --- | --- | --- |
| 0~3年 | 37.8 | 47.8 | 11.7 | 2.4 | 0.3 | 85.6 | 2.7 |
| 4~8年 | 31.9 | 52.9 | 11.2 | 3.7 | 0.3 | 84.7 | 4.1 |
| 9~15年 | 32.7 | 44.2 | 16.3 | 5.6 | 1.2 | 76.9 | 6.8 |
| 16~25年 | 29.8 | 48.1 | 13.9 | 7.0 | 1.2 | 77.8 | 8.2 |
| 26年及上 | 26.9 | 48.1 | 16.6 | 7.5 | 0.9 | 75.0 | 8.4 |

由卡方检验结果可知，不同教龄的农村教师对"高校给予高等理论指导，同时城乡中小学校在教育教学实践上结对帮扶"这种培训方式有益性的评价存在显著差异（$\chi^2$=30.173，$p<0.001$）。具体表现为，教龄为 0~3 年的农村教师中认为这种培训方式"非常有益"的人数比例高于其他教龄段，教龄在 16 年及以上的农村教师中认为这种培训方式"非常有益"的人数比例均低于 30%；如果将有益或无益的评价等级分别合并计算可以发现，教龄为 0~3 年和 4~8 年的农村教师中认为这种培训方式有益的人数比例均高于其他教龄段，认为这种培训无益的农村教师比例随教龄段上升而升高。

第二，教龄 8 年及以下农村教师对"高校教师和中小学指导教师到学员所在地共同帮助提升您的教育活动"（高校和中小学教师实地共同指导）有益性的评价更高（表 3-118）。

表 3-118　各教龄农村教师对"高校和中小学教师实地共同指导"有益性评价

（单位：%）

| 教龄 | 非常有益 | 比较有益 | 不太清楚 | 不太有益 | 完全无益 | 有益合计 | 无益合计 |
| --- | --- | --- | --- | --- | --- | --- | --- |
| 0~3 年 | 38.4 | 45.7 | 12.1 | 2.1 | 1.7 | 84.1 | 3.8 |
| 4~8 年 | 38.0 | 50.0 | 10.3 | 1.0 | 0.7 | 88.0 | 1.7 |
| 9~15 年 | 31.3 | 46.2 | 18.1 | 3.2 | 1.2 | 77.5 | 4.4 |
| 16~25 年 | 28.6 | 48.5 | 17.3 | 4.9 | 0.6 | 77.2 | 5.5 |
| 26 年及以上 | 25.9 | 46.3 | 21.9 | 5.5 | 0.5 | 72.2 | 5.9 |

由卡方检验结果可知，不同教龄的农村教师对"高校教师和中小学指导教师到学员所在地共同帮助提升您的教育活动"这种培训方式有益性的评价存在显著差异（$\chi^2$=51.233，$p<0.001$）。具体表现为，教龄为 0~3 年和 4~8 年的农村教师中认为这种培训方式"非常有益"的人数比例均在 38%左右，高于其他教龄段；若将有益或无益的评价等级分别合并计算比例，则可知教龄为 0~3 年和 4~8 年的农村教师中认为这种培训方式有益的人数比例均超过 80%，高于其他教龄段，教龄为 16~25 年和 26 年及以上的农村教师中认为这种培训方式无益的人数比例超过 5%，高于其他教龄段。

第三，教龄超过 9 年的农村教师对"将学员个体教学实况录像，由高校教师和中小学指导教师组成指导团队，在线讨论分析存在的问题，给予具体建议"（录制学员教学，教师团队在线指导）有益性的评价较低（表 3-119）。

表 3-119　各教龄农村教师对"录制学员教学，教师团队在线指导"有益性评价

（单位：%）

| 教龄 | 非常有益 | 比较有益 | 不太清楚 | 不太有益 | 完全无益 | 有益合计 | 无益合计 |
| --- | --- | --- | --- | --- | --- | --- | --- |
| 0~3 年 | 35.1 | 40.7 | 19.3 | 3.5 | 1.4 | 75.8 | 4.9 |
| 4~8 年 | 30.0 | 49.1 | 16.0 | 4.4 | 0.3 | 79.2 | 4.8 |

续表

| 教龄 | 非常有益 | 比较有益 | 不太清楚 | 不太有益 | 完全无益 | 有益合计 | 无益合计 |
|---|---|---|---|---|---|---|---|
| 9~15 年 | 26.2 | 45.2 | 21.4 | 4.8 | 2.4 | 71.4 | 7.3 |
| 16~25 年 | 24.3 | 52.0 | 16.3 | 4.8 | 2.6 | 76.3 | 7.4 |
| 26 年及以上 | 22.6 | 48.3 | 21.5 | 6.4 | 1.2 | 71.0 | 7.5 |

由卡方检验结果可知，不同教龄的农村教师在对"将学员个体教学实况录像，由高校教师和中小学指导教师组成指导团队"这种培训方式有益性的评价上存在显著差异（$\chi^2=35.151$，$p=0.001<0.01$）。具体表现为，在各教龄段中认为这种培训方式"非常有益"的人数比例随教龄段的上升而降低；若将有益或无益的评价等级分别合并计算比例，可以发现各教龄段认为这种培训方式有益的人数比例均为70%~80%，其中教龄为4~8年的农村教师中认为这种培训方式有益的人数比例最高，教龄为9~15年和26年及以上的农村教师中认为该培训方式有益的人数比例最低，教龄超过9年的各教龄段中认为这种培训方式无益的人数比例高于其他教龄段。

第四，教龄超过16年的农村教师对"面授学习与线上学习交叉结合进行"的有益性评价相对较低（表3-120）。

表3-120　各教龄农村教师对"面授学习与线上学习交叉"有益性评价

（单位：%）

| 教龄 | 非常有益 | 比较有益 | 不太清楚 | 不太有益 | 完全无益 | 有益合计 | 无益合计 |
|---|---|---|---|---|---|---|---|
| 0~3 年 | 33.2 | 46.9 | 15.5 | 2.9 | 1.4 | 80.1 | 4.3 |
| 4~8 年 | 32.1 | 44.3 | 18.8 | 4.5 | 0.3 | 76.3 | 4.9 |
| 9~15 年 | 24.7 | 54.5 | 15.2 | 4.3 | 1.3 | 79.2 | 5.6 |
| 16~25 年 | 23.7 | 53.3 | 14.6 | 7.3 | 1.0 | 77.1 | 8.3 |
| 26 年及上 | 21.9 | 53.7 | 15.7 | 8.5 | 0.3 | 75.6 | 8.7 |

由卡方检验结果可知，不同教龄的农村教师对"面授学习与线上学习交叉结合进行"这种培训方式有益性的评价存在显著差异（$\chi^2=37.536$，$p=0.001<0.01$）。具体表现为，各教龄段中认为这种培训方式"非常有益"的人数比例随教龄段上升而降低，其中教龄不超过8年的农村教师中有超过30%的人认为该方式"非常有益"。在将有益或无益的评价等级分别合并计算比例后，教龄为0~3年和9~15年的农村教师中认为这种培训方式有益的人数比例最高，在80%左右；教龄超过16年的农村教师中认为这种培训方式无益的人数比例超过8%，高于其他教龄段。

第五，教龄8年及以下农村教师对"培训后的优秀中小学教师，协助高校教师提升学员教育教学水平"（训后优秀农村教师协助高校教师指导）有益性的评价更高（表3-121）。

表 3-121　各教龄农村教师对"训后优秀农村教师协助高校教师指导"有益性评价

(单位：%)

| 教龄 | 非常有益 | 比较有益 | 不太清楚 | 不太有益 | 完全无益 | 有益合计 | 无益合计 |
| --- | --- | --- | --- | --- | --- | --- | --- |
| 0～3 年 | 38.7 | 40.4 | 16.0 | 4.3 | 0.7 | 79.1 | 5.0 |
| 4～8 年 | 30.8 | 46.4 | 17.3 | 5.4 | 0.0 | 77.3 | 5.4 |
| 9～15 年 | 27.5 | 44.7 | 20.9 | 6.6 | 0.4 | 72.1 | 7.0 |
| 16～25 年 | 24.7 | 45.9 | 22.0 | 6.6 | 0.9 | 70.6 | 7.5 |
| 26 年及以上 | 24.1 | 47.3 | 20.0 | 7.4 | 1.2 | 71.4 | 8.6 |

由卡方检验结果可知，不同教龄段的农村教师对"培训后的优秀中小学教师，协助高校教师提升学员教育教学水平"这种培训方式有益性的评价存在显著差异（$\chi^2=31.032, p<0.001$）。在各教龄段的农村教师中，认为这种培训方式"非常有益"的人数比例随教龄段上升而降低，其中教龄为 0～3 年的农村教师中认为这种培训方式有益的人数比例高达 38.7%；在将有益和无益的评价等级分别合并计算比例后，可以发现认为这种培训方式有益的农村教师比例随教龄段上升呈降低趋势，认为无益的农村教师比例随教龄段上升而升高，其中教龄超过 9 年的农村教师中认为该培训方式无益的人数比例超过 7%。

第六，教龄越短的农村教师对"城市与农村中小学指导教师共同指导农村教师培训，结合城乡文化差异，有利于农村教师专业发展"（城市与农村指导教师共同指导）有益性的评价相对越高（表 3-122）。

表 3-122　各教龄农村教师对"城市与农村指导教师共同指导"有益性评价

(单位：%)

| 教龄 | 非常有益 | 比较有益 | 不太清楚 | 不太有益 | 完全无益 | 有益合计 | 无益合计 |
| --- | --- | --- | --- | --- | --- | --- | --- |
| 0～3 年 | 47.6 | 35.7 | 13.3 | 2.1 | 1.4 | 83.2 | 3.5 |
| 4～8 年 | 40.2 | 43.9 | 12.5 | 3.4 | 0.0 | 84.1 | 3.4 |
| 9～15 年 | 32.9 | 47.4 | 15.7 | 3.6 | 0.4 | 80.3 | 4.0 |
| 16～25 年 | 34.6 | 43.5 | 17.3 | 3.8 | 0.9 | 78.0 | 4.7 |
| 26 年及以上 | 31.2 | 45.9 | 16.3 | 6.3 | 0.2 | 77.2 | 6.5 |

由卡方检验结果可知，不同教龄段的农村教师对"城市与农村中小学指导教师共同指导农村教师培训，结合城乡文化差异，有利于农村教师专业发展"这种培训方式有益性的评价存在显著差异（$\chi^2=40.571, p<0.001$）。教龄为 0～3 年的农村教师中认为这种培训方式"非常有益"的人数比例高达 47.6%，教龄为 4～8 年的农村教师中该比例也超过 40%；在将有益或无益的评价等级分别合并计算比例后，教龄为 0～3 年和 4～8 年的农村教师中认为这种培训方式有益的人数比例依然最高，而教龄在 26 年及以上的农村教师中认为该方式无益的人数比例超过 6%。

第七，新教师对"在公开课程资源管理平台上，依托一个专业主题，城乡学员共同交流"（平台上城乡学员共同交流）有益性的评价最高（表 3-123）。

表 3-123　各教龄农村教师对"平台上城乡学员共同交流"有益性评价　（单位：%）

| 教龄 | 非常有益 | 比较有益 | 不太清楚 | 不太有益 | 完全无益 | 有益合计 | 无益合计 |
|---|---|---|---|---|---|---|---|
| 0~3 年 | 42.2 | 40.1 | 14.6 | 2.4 | 0.7 | 82.2 | 3.1 |
| 4~8 年 | 32.3 | 47.5 | 15.5 | 3.7 | 1.0 | 79.8 | 4.7 |
| 9~15 年 | 30.4 | 48.8 | 15.2 | 3.6 | 2.0 | 79.2 | 5.6 |
| 16~25 年 | 28.2 | 48.4 | 16.9 | 5.1 | 1.4 | 76.6 | 6.5 |
| 26 年及以上 | 26.3 | 53.3 | 16.9 | 3.1 | 0.5 | 79.6 | 3.5 |

由卡方检验结果可知，不同教龄段的农村教师在对"在公开课程资源管理平台上，依托一个专业主题，城乡学员共同交流"这种培训方式有益性的评价上存在显著差异（$\chi^2$=33.140，$p$=0.001<0.01）。具体来看，教龄为 0~3 年的农村教师中认为这种培训方式"非常有益"的人数比例超过五分之二，远高于其他教龄段；在将有益或无益的评价等级分别合并计算比例后，教龄为 0~3 年的农村教师中认为这种培训方式有益的人数比例最高（超过五分之四），而认为该方式无益的比例则最低。

## （二）分类合作培训方式的分析

以教龄为自变量，对这几类变量进行独立样本 $t$ 检验，结果显示，不同教龄的农村教师对高校与中小学合作培训（$f$（4，1994）=10.096，$p$<0.001）和城乡合作培训（$f$（4，1933）=5.068，$p$<0.001）这两类培训对农村教师专业发展的有益性的看法存在显著差异（图 3-37）。事后多重比较（LSD）结果显示，教龄为 0~3 年的农村教师与教龄在 9 年及以上的农村教师、教龄为 4~8 年的农村教师与教龄

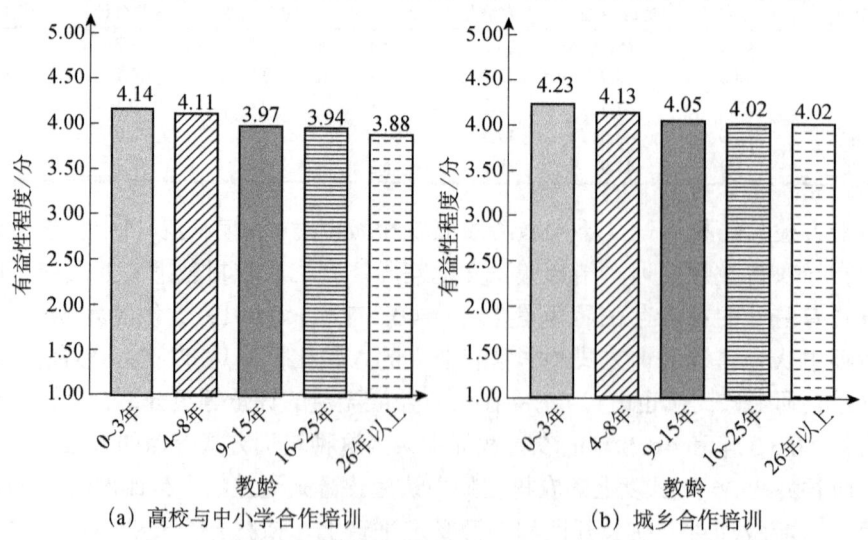

(a) 高校与中小学合作培训　　　(b) 城乡合作培训

图 3-37　各教龄段农村教师对各类合作培训方式的有益性评价

在16年及以上的农村教师在对高校与中小学合作培训对农村教师专业发展有益程度的评价存在显著差异（$p<0.01$）。教龄为0～3年的农村教师与教龄在9年及以上的农村教师对城乡合作培训对农村教师专业发展有益程度的评价存在显著差异（$p<0.01$）。

具体来看，在对高校与中小学合作培训对农村教师专业发展有益性的评价上，随教龄上升得分呈现下降趋势，教龄为0～8年的农村教师平均得分超过4.1分，其余教龄段均在4分以下；在对城乡合作培训对农村教师专业发展有益性的评价上，随教龄上升得分呈现下降趋势，其中教龄为0～3年的农村教师分别比其余教龄段高0.1分、0.18分、0.21分和0.21分。

### 三、不同学历农村教师的感知

卡方检验结果显示，不同学历的农村教师在对各项培训方式有益性的评价上均不存在显著差异。在对不同类别的农村教师培训方式对农村教师专业发展的有益程度的评价方面，由单因素方差分析（ANOVA）结果可知，不同学历的农村教师对"城乡合作培训"有益性的评价存在显著差异（$f(3, 1954)=6.809$，$p<0.001$）。事后多重检验结果表明，最高学历为高中或中专与大专的农村教师（$p=0.001<0.01$）、最高学历为高中或中专与研究生及以上的农村教师（$p=0.001<0.01$）、最高学历为大专与本科的农村教师（$p=0.003<0.01$）对"城乡合作培训"对农村教师专业发展的有益性的看法的差异达到了显著性水平。具体来看，最高学历为高中或中专的农村教师对这种培训方式的评价最高，为4.33分；其次是学历为本科的农村教师，为4.10分；而学历为大专、研究生及以上的农村教师对这种培训方式的有益性评价都低于4分（图3-38）。

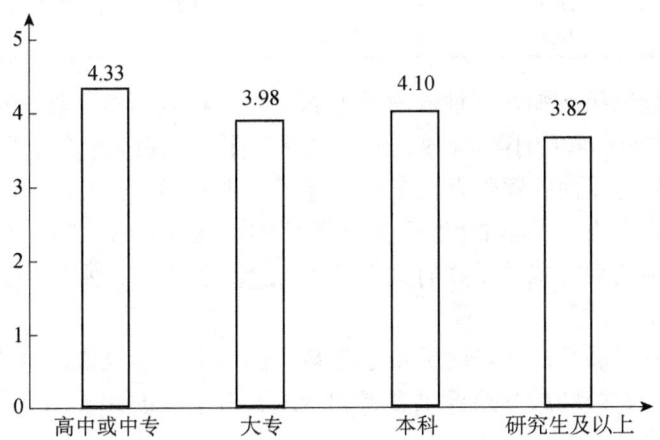

图3-38 各学历农村教师对"城乡合作培训"的有益性评价

## 四、不同性别农村教师的感知

### (一)各项合作培训方式的分析

(1)女性农村教师对"高校教师和中小学指导教师到学员所在地共同帮助提升您的教育活动"(高校和中小学教师实地共同指导)有益性的评价高于男性农村教师(表3-124)。

表3-124 不同性别农村教师对"高校和中小学教师实地共同指导"有益性评价 (单位:%)

| 性别 | 非常有益 | 比较有益 | 不太清楚 | 不太有益 | 完全无益 | 有益合计 | 无益合计 |
|---|---|---|---|---|---|---|---|
| 男 | 29.1 | 46.0 | 18.9 | 5.0 | 1.0 | 75.1 | 6.0 |
| 女 | 32.9 | 48.1 | 15.2 | 2.9 | 0.8 | 81.0 | 3.7 |

由卡方检验结果可知,男性农村教师和女性农村教师对"高校教师和中小学指导教师到学员所在地共同帮助提升您的教育活动"这种教师培训方式有益性的评价存在显著差异($\chi^2=11.732$,$p=0.002<0.01$)。具体表现为女性农村教师中认为这种培训方式有益的人数比例比男性农村教师高出近6个百分点,而认为这种培训方式无益的人数比例则比男性农村教师低2.3个百分点。

(2)女性农村教师对"将学员个体教学实况录像,由高校教师和中小学指导教师组成指导团队,在线讨论分析存在的问题,给予具体建议"(录制学员教学,教师团队在线指导)有益性的评价显著高于男性农村教师(表3-125)。

表3-125 不同性别农村教师对"录制学员教学,教师团队在线指导"有益性评价 (单位:%)

| 性别 | 非常有益 | 比较有益 | 不太清楚 | 不太有益 | 完全无益 | 有益合计 | 无益合计 |
|---|---|---|---|---|---|---|---|
| 男 | 21.7 | 50.0 | 20.3 | 5.9 | 2.0 | 71.7 | 8.0 |
| 女 | 30.3 | 46.4 | 17.4 | 4.4 | 1.6 | 76.6 | 6.0 |

由卡方检验结果可知,男性农村教师和女性农村教师对"将学员个体教学实况录像,由高校教师和中小学指导教师组成指导团队,在线讨论分析存在的问题,给予具体建议"有益性的评价存在显著差异($\chi^2=19.078$,$p<0.001$)。女性农村教师中认为这种培训方式"非常有益"的人数比例比男性农村教师高8.6%,男性农村教师认为这种培训方式"不太有益"和"完全无益"的人数比例比女性农村教师分别高1.9%。

(3)女性农村教师对"将优秀中小学教师的课堂教学录像,供给学员作为参考和示范"(优秀教师教学录像供参考和示范)有益性的评价高于男性农村教师(表3-126)。

表 3-126　不同性别农村教师对"优秀教师教学录像供参考和示范"
有益性评价　　　　　　　　　　　（单位：%）

| 性别 | 非常有益 | 比较有益 | 不太清楚 | 不太有益 | 完全无益 | 有益合计 | 无益合计 |
|---|---|---|---|---|---|---|---|
| 男 | 30.8 | 52.0 | 10.5 | 5.5 | 1.1 | 82.9 | 6.6 |
| 女 | 43.8 | 44.9 | 7.5 | 3.6 | 0.3 | 88.6 | 3.9 |

由卡方检验结果可知，男性农村教师和女性农村教师对"将优秀中小学教师的课堂教学录像，供给学员作为参考和示范"有益性的评价存在显著差异（$\chi^2=39.841$，$p<0.001$）。女性农村教师中认为这种培训方式"非常有益"的人数比例比男性农村教师高 13.0%，在其余评价等级上的人数比例则低于男性农村教师。

（4）女性农村教师对"培训后的优秀中小学教师，协助高校教师提升学员教育教学水平"（训后优秀农村教师协助高校教师指导）有益性的评价显著高于男性农村教师（表 3-127）。

表 3-127　不同性别农村教师对"训后优秀农村教师协助高校教师指导"
有益性评价　　　　　　　　　　　（单位：%）

| 性别 | 非常有益 | 比较有益 | 不太清楚 | 不太有益 | 完全无益 | 有益合计 | 无益合计 |
|---|---|---|---|---|---|---|---|
| 男 | 23.8 | 46.0 | 22.1 | 6.9 | 1.3 | 69.8 | 8.1 |
| 女 | 30.9 | 44.9 | 18.1 | 5.7 | 0.3 | 75.9 | 6.0 |

由卡方检验结果可知，男性农村教师和女性农村教师对"培训后的优秀中小学教师，协助高校教师提升学员教育教学水平"这种培训方式有益性的评价存在显著差异（$\chi^2=19.020$，$p<0.001$）。女性农村教师中认为这种培训方式"非常有益"的人数比例比男性农村教师高 7.1%，在其余评价等级上的人数比例略低于男性农村教师。

## （二）分类合作培训方式的分析

以性别为自变量，对这几个变量进行独立样本 $t$ 检验，结果显示，男性农村教师和女性农村教师对"高校与中小学合作培训"（$t=-4.257$, df=1983, $p<0.001$）和"远程合作培训"（$t=-3.833$, df=1977, $p<0.001$）这两类培训方式对农村教师专业发展的有益性的评价存在显著差异。男性农村教师在这两方面的平均得分均比女性农村教师低 0.13 分（表 3-128）。

表 3-128　不同性别农村教师对各类培训方式有益性的评价　（单位：分）

| 培训方式 | 男 | | 女 | |
|---|---|---|---|---|
| | 平均值 | 标准差 | 平均值 | 标准差 |
| 高校与中小学合作培训 | 3.91 | 0.67 | 4.04 | 0.64 |
| 高校理论与中小学实践交织学习 | 3.98 | 0.72 | 4.03 | 0.71 |
| 远程合作培训 | 3.94 | 0.73 | 4.07 | 0.71 |
| 城乡合作培训 | 4.02 | 0.76 | 4.10 | 0.77 |

## 五、不同学段农村教师的感知

第一,高中农村教师对"将优秀中小学教师的课堂教学录像,供给学员作为参考和示范"(优秀教师教学录像供参考和示范)有益性的评价最低(表3-129)。

表3-129　各学段农村教师对"优秀教师教学录像供参考和示范"有益性评价　　　　　　　　　　　　　　　　　　　　　（单位：%）

| 学段 | 非常有益 | 比较有益 | 不太清楚 | 不太有益 | 完全无益 | 有益合计 | 无益合计 |
|---|---|---|---|---|---|---|---|
| 高中 | 28.7 | 44.8 | 14.3 | 10.4 | 1.7 | 73.5 | 12.2 |
| 初中 | 35.9 | 50.6 | 8.1 | 4.8 | 0.6 | 86.5 | 5.3 |
| 小学 | 42.6 | 46.3 | 8.0 | 2.7 | 0.4 | 88.9 | 3.1 |

由卡方检验结果可知,不同学段的农村教师对"将优秀中小学教师的课堂教学录像,供给学员作为参考和示范"有益性的评价存在显著差异($\chi^2$=53.476,$p<0.001$)。各个学段中认为这种培训方式"非常有益"的农村教师比例随学段上升而下降,认为"完全无益"的农村教师比例则随学段上升而上升。在将有益、无益的评价等级分别合并计算后,结果显示小学和初中认为该培训方式有益的农村教师比例超过85%,而高中该比例只有73.5%,但是认为这种培训方式无益的高中农村教师比例却高达12.2%。

第二,高中农村教师对"培训后的优秀中小学教师,协助高校教师提升学员教育教学水平"(训后优秀农村教师协助高校教师指导)有益性的评价最低(表3-130)。

表3-130　各学段农村教师对"训后优秀农村教师协助高校教师指导"有益性评价　　　　　　　　　　　　　　　　　　　　　（单位：%）

| 学段 | 非常有益 | 比较有益 | 不太清楚 | 不太有益 | 完全无益 | 有益合计 | 无益合计 |
|---|---|---|---|---|---|---|---|
| 高中 | 22.2 | 42.6 | 22.6 | 12.2 | 0.4 | 64.8 | 12.6 |
| 初中 | 27.9 | 44.5 | 19.1 | 7.5 | 1.0 | 72.4 | 8.5 |
| 小学 | 28.9 | 46.9 | 19.7 | 3.9 | 0.6 | 75.9 | 4.5 |

由卡方检验结果可知,不同学段的农村教师对"培训后的优秀中小学教师,协助高校教师提升学员教育教学水平"有益性的评价存在显著差异($\chi^2$=29.905,$p<0.001$)。高中农村教师认为这种培训方式"非常有益"的人数比例比初中和小学低五六个百分点;在将有益、无益的评价等级分别合并计算后,统计结果显示高中农村教师认为这种培训方式有益的人数比例分别比小学、初中低11.1%、7.6%,认为这种培训方式无益的高中农村教师比例分别比小学、初中高8.1%、4.1%。

第三,高中农村教师对"城市与农村中小学指导教师共同指导农村教师培训,结合城乡文化差异,有利于农村教师专业发展"(城市与农村指导教师共同指导)有益性的评价最低(表3-131)。

表 3-131　各学段农村教师对"城市与农村指导教师共同指导"
有益性评价　　　　　　　　　　　（单位：%）

| 学段 | 非常有益 | 比较有益 | 不太清楚 | 不太有益 | 完全无益 | 有益合计 | 无益合计 |
|---|---|---|---|---|---|---|---|
| 高中 | 28.2 | 39.7 | 22.6 | 8.1 | 1.3 | 67.9 | 9.4 |
| 初中 | 36.5 | 46.0 | 14.3 | 2.6 | 0.6 | 82.5 | 3.2 |
| 小学 | 38.5 | 41.8 | 15.2 | 4.0 | 0.6 | 80.2 | 4.6 |

由卡方检验结果可知，不同学段的农村教师对"城市与农村中小学指导教师共同指导农村教师培训，结合城乡文化差异，有利于农村教师专业发展"有益性的评价存在显著差异（$\chi^2=30.803$，$p=0.001<0.01$）。高中农村教师认为这种培训方式"非常有益"的人数比例分别比小学、初中低 10.3%、8.3%。在将有益、无益的评价等级分别合并计算比例后，高中农村教师认为该方式有益的人数比例分别比小学、初中低 12.3%、14.6%，而认为这种方式无益的人数比例则分别比小学、初中高 4.8%、6.2%。此外，卡方检验结果显示，不同学段农村教师对分类培训方式有益性的评价不存在显著差异。

# 第四节　结　论

## 一、工学矛盾成为培训障碍

总的来说，调查表明 69.4%的农村教师愿意参加培训，但是这些农村教师平均每年参与培训的次数不足 2 次，平均 1.85 次，也有相当一部分农村教师从来没有参加过培训，有少数农村教师每年培训次数达 20 多次。农村教师最大的压力来自学生的学业状况和管理，尤其是"提高学生成绩或升学率"方面。绝大多数农村教师参加培训是为了提升自身的专业水平，也有 42.2%的农村教师参加培训是为了完成上级或学校的任务，21.1%的农村教师参加培训是为了评职称、晋职。只有极少数农村教师参加培训是为了调入更好的学校（5.4%）。"培训的机会少""与工作冲突"是参加培训最大的障碍，其次是"培训的形式、内容不理想，难以参与更多优质培训"，仅有 22.2%的农村教师视"经费负担重"为参加培训的障碍。

### 1. 不同教龄农村教师的差异

0～3 年教龄的新入职农村教师在个人专业发展问题上往往面临较大的压力，这部分农村教师在教育教学技能和经验上存在较多的欠缺；教龄较长的农村教师面临的压力主要来自外部的考核，除此之外还有理念的陈旧和对教育设备的应用，他们需更新知识和技能。农村教师在入职后的前 8 年时间里较为不稳定，希望调入更好的学校，因而关注学习和进修，并且前 3 年对处理好各种人际关系压力较大；8 年后相对比较稳定，注重学校的考核、评比、职称、晋升。前 3 年面临教学难题大幅多于其他教龄段，集中在"学科知识不扎实"、"缺乏教学技能"、"对学生的理解和指导欠佳，难以激发学生的兴趣"和"缺少反思和总结"这四个方面。"教育设备不足或自己用不好""理念陈旧"主要是教龄为 26 年及以上的农村教师遇到的难题，其次也是教龄为 16～25 年的农村教师的主要难题。

不同教龄段的农村教师在参加培训的意愿上随教龄增长而呈下降趋势。8 年教龄以下有 75% 以上的农村教师愿意参加培训，其中"非常愿意"占 50% 以上。除了"提高教育教学能力、更好地教书育人"的共同动机外，新入职农村教师参与培训的意愿更加强烈，偏重内部动机，8 年及以下农村教师参与培训更倾向于"开阔眼界、更新知识和理念"和"调入更好的学校"的个人专业发展，培训机会少是他们参与培训的主要障碍。而教龄较长的农村教师参与培训的意愿下降，动机更偏重于外部，9 年及以上农村教师参与培训更倾向于"完成上级或学校的任务""利于评职称、晋职"的外部考核。这部分农村教师对培训形式、内容和质量的评价相对较低，同时来自家庭的障碍相对较多。然而，从培训次数上来看，不同教龄的农村教师相差不大，或许新入职农村教师的培训需求更为多样化，从而使其更倾向于认为自己"培训机会少"。参与培训的意愿、动机与各教龄段农村教师面临的压力有关。

### 2. 不同学历农村教师的差异

学历越高越关注外部考核、晋升，在学科知识的把握和对学生的理解与指导上困难更大，低学历农村教师在教育理念更新及设备使用上困难较大。相对而言，高学历的农村教师（主要集中在研究生及以上学历上，其次是本科学历）面临的"学校考核、评比"、"评职称、晋升"和"进入更好的学校任教"等外在压力相对较大，在学科知识的把握及对学生的理解与指导上遇到的困难较多，这与高学历农村教师多以中青年为主有关；而低学历的农村教师在与教育理念及教育设备相关的问题上遇到的困难相对较多。本科学历农村教师最愿意参与培训，其次是大专学历，比例分别为 72.2%、64.7%；高中或中专学历愿意参与培训的农村教师低于 60%，研究生及以上学历只有 50% 以上。本科、大专学历农村教师参加培训的动机在"提高教育教学能力、更好地教书育人"，以及"开阔眼界、更新知识和理念"上表现更明显，人数比例超过 70%；本科、高中或中专学历农村教师在"加强与同行、名师的交流切磋等"动机上高于大专、研究生及以上学历的农村教师，人数比例在 50% 左右。本科、大专学历农村教师认为"培训的机会少"

是培训障碍的人数比例较高；研究生及以上、本科学历农村教师认为"形式、内容不理想，难以参与更多优质培训"是培训障碍的人数比例较高，同时研究生及以上学历农村教师认为"学校领导不重视和不鼓励"是培训障碍的人数比例大幅高于其他学历农村教师。

### 3. 不同性别农村教师的差异

男性农村教师更在乎培训的外部影响，因而外部动机和压力大。相较之下，女性农村教师则缺乏学习的积极性，而重视内部的专业成长，学习压力大。"提高学生成绩或升学率""管理学生"是男女农村教师面临的最大压力，二者之间没有显著差异，但男性农村教师在"评职称、晋升"，"处理各种人际关系"等方面的压力大一些，女性农村教师在"自己学习和进修"等方面压力大一些。男性农村教师在教学上遇到的主要难题是相对缺乏积极性和热情，理念陈旧，女性则是专业发展内部的困难，如缺乏教学技能、反思总结。男性、女性农村教师每年参与培训的频次都是一样的，但男性参与培训的积极性没有女性高。女性农村教师认为培训机会少的比例更高。男性农村教师参与培训是为了"完成上级或学校任务"，"利于评职称、晋职"等。男性农村教师参与培训的积极性没有女性农村教师高，主要是外部压力导致的。女性参与培训是为了内部专业成长，如"提高教育教学能力、更好地教书育人"、"加强与同行、名师的交流切磋等"和"开阔眼界、更新知识和理念"。男性农村教师和女性农村教师在各种参与培训的障碍方面的差异均没有达到显著性水平。

### 4. 不同学段农村教师的差异

初中农村教师在"管理学生""评职称、晋升"上压力最大，其次是高中农村教师。小学农村教师在"自己学习和进修"上压力大于初中、高中农村教师。小学农村教师在教学中面临的最大难题是"缺乏教学创造性或艺术""缺乏教学技能"；高中农村教师也认为"缺乏教学创造性或艺术"是教学难题，但在"缺乏教学技能"上问题最小；初中农村教师则主要认为"培训机会少"，想提高业务。

高中农村教师参加培训的意愿略高于其他学段农村教师，但很不愿意参加培训的高中农村教师比例也高于其他学段农村教师。将"提高教育教学能力、更好地教书育人"及"开阔眼界、更新知识和理念"作为参与培训动机的农村教师比例，均随学段上升而下降，小学农村教师人数比例最高，高中该比例最低；在"完成上级或学校的任务"动机上，初中农村教师人数比例高于小学、高中农村教师；在"利于评职称、晋职"动机上，高中农村教师人数比例高于小学、初中农村教师。小学农村教师参加培训的最大障碍是"与工作冲突"；高中、初中农村教师最大障碍是培训的"形式、内容不理想，难以参与更多优质培训"；高中农村教师在"学校领导不重视和不鼓励"的阻碍上高于初中和小学农村教师。

## 二、培训成效整体偏低

从培训内容与农村教师需求的契合程度、培训者对学员群体的了解、培训的实际效用等方面综合考察培训效果。关于理论知识与教育教学技能、培训内容与实际教育教学的结合程度，仅47.4%的农村教师认为其培训内容是"理论知识与教育教学技能相结合"的，20%的农村教师认为其所参与的培训内容侧重"理论学习"，接近33.3%的农村教师认为其参与的培训课程内容侧重"教育教学技能"；与此同时，仅有30.9%的农村教师认为教育教学技能学习"全部能"或"大部分能"在教育过程中加以应用，28.4%的农村教师认为培训内容"全部结合"或"大部分结合"了农村教育实际，39.6%的农村教师认为参与培训的内容"非常符合"或"比较符合"教育教学的实际需要，仅有15.8%的农村教师"完全不赞同"或"不太赞同"培训内容更适应城市优秀学校，自己在本校运用起来有些困难、见效慢。在培训者对学员群体的了解方面，只有30.0%的农村教师认为培训者对学员群体的（农村）教育环境"非常了解"或"比较了解"，28.4%的农村教师认为培训者对学员群体的（农村）整体教育教学现状"非常了解"或"比较了解"。在培训的实际效用方面，39.0%的农村教师认为培训对自己的教学技能"提升很大"或"提升较大"。可见农村教师对培训效果的评价并不高。

### 1. 不同教龄农村教师的差异

在理论知识与教育教学技能结合状态上，培训课程内容原设计是理论学习与教育教学技能结合（特别在入职3年阶段的培训课程），然而培训者把教育理论知识与教育教学技能结合得不好，尤其在4~8年的教龄阶段，实际上是关于教育教学技能的理论传授较多。关于将培训内容与自己教学实际结合的主要阻碍因素，大多数农村教师认为，"工作时间紧、任务重"是主要的因素，尤其是9年及以上教龄的农村教师更是如此认为；"对理论研究把握不够，难以针对性运用""缺乏教学实践指导活动""与优秀教师等交流机会少"等阻碍因素在8年及以下教龄农村教师群体的比例高于其他教龄段农村教师。另外，16~25年教龄农村教师在"缺乏专家指导"一项上人数比例高于其他教龄段农村教师。

### 2. 不同学历农村教师的差异

学历层次越高的农村教师越认为培训理论与教学技能、实践的结合状态不佳。研究生及以上学历农村教师认为培训课程内容各自侧重"理论学习""教育教学技能"的人数比例远高于其他学历农村教师，因而在"理论学习与教育教学技能的结合"上远低于其他学历农村教师；本科学历农村教师认为课程侧重"教育教学技能"的人数比例远低于其他学历农村教师。关于培训内容与实际教学有效结合的阻碍因素，认为"与优秀教师等交流机会少"的农村教师比例随学历的提升而上升；高中或中专的农村教师群体中认为"缺乏教学实践指导活动"的农村教师比例远低于其他农村教师。

### 3. 不同性别农村教师的差异

女性农村教师认为培训者注重提升学员"教育理论知识与教育教学技能结合"能力的人数比例比男性农村教师高7.4%。男性农村教师和女性农村教师对接受培训的有效性综合评价不存在显著差异。在关于阻碍自己将培训内容与教学实际有效结合的因素，男性农村教师在需求他人指导与交流，如"与优秀教师等交流机会少""缺乏专家指导""缺乏教学实践指导活动"等问题上比女性农村教师程度低。

### 4. 不同学段农村教师的差异

高中、初中农村教师参与的培训课程偏重理论学习比小学农村教师程度高，小学农村教师认为课程的理论学习与实践结合的比例高于其他学段农村教师。高中农村教师认为培训者侧重教育和专业理论知识；初中农村教师认为培训者侧重教育与专业理论知识，较少关注教育教学技能；小学农村教师认为培训者侧重教学技能，以及侧重教育、专业理论知识与教育教学技能结合的人数比例高于初中、高中农村教师。各学段农村教师对培训效果评价没有明显差异，即普遍认为不高。就阻碍农村教师将培训内容与教学实际有效结合起来的因素，初中、小学农村教师认为"工作时间紧、任务重"是主要的。

## 三、示范、交流及过程考核是有效培训的核心

农村教师参加最多的培训类型是"观摩优秀教师示范课并评课交流"，接近70%；其次是"集中培训和网络研修结合"，所占比例为60.2%；参加"专家、名师和专业技术人员送教下乡"、"国培计划"和"个人在线学习培训课程"的农村教师比例为48.1%~50.7%，然而农村教师参加"新教师入职适应性培训"的非常少，不足20%。其中农村教师认为最有效的培训类型是"观摩优秀教师示范课并评课交流"（67.0%）；接近50%的农村教师认为"前往名校参观或跟岗学习实践"有效，而对"国培计划"评价较低。72.4%的农村教师参加的是"专题讲座"这种形式的培训；其次参加较多的是"在岗研修""互动交流"和"案例分析"这三种形式的培训。约一半农村教师认为"案例分析""互动交流""经验分享"是参与的最有效的培训，其中"案例分析"的人数比例最高，为52.9%。总之，农村教师注重示范与交流，重视理论与实践结合的培训类型和形式。另外，远程培训效果不佳（下章的访谈进一步得到了证实），74.2%的农村教师参加的是

线上学习，缺乏指导和交流，对培训内容不满意。农村教师对远程培训最期待的是"优秀课例视频"，其次是"面授和线上学习结合"，再次是"学员的微课展示和交流"，认为这些培训课程和方式对他们能力提升有效。

至于培训结束后如何考核，64.6%的农村教师认为"平时成绩和结业成绩结合"这种考核方式比较合理，也有45.1%的农村教师认为"通过实践性任务考核"也很合理。

### 1. 不同教龄农村教师的差异

26年及以上教龄的农村教师对"个人在线学习培训课程""校本培训""集中培训和网络研修结合"和"国培计划"等培训类型评价更高；其次是0~3年教龄的新入职农村教师。0~3年新入职农村教师参加"在岗研修"培训形式最少，8年及以下教龄农村教师参加"单向传授知识"培训形式的人数比例高于其他教龄段。各教龄段农村教师比较而言，0~3年教龄的新入职农村教师对"任务驱动"培训形式的评价较高；4~8年教龄的农村教师对"训后回访"培训形式的评价较高，高出其他教龄段农村教师20多个百分点；9~15年教龄的农村教师对"经验分享"评价较高（67.4%），比26年及以上教龄农村教师高出33.3%；26年及以上教龄农村教师对"专题讲座"培训形式的评价远高于4~8年教龄农村教师，而对"成果生成与展示"培训形式评价较低，低于其他教龄农村教师20多个百分点；另外，教龄为4~8年、16~25年和26年及以上的农村教师参与"在岗研修"的远程培训环节的人数比例高于教龄为0~3年、9~15年的农村教师。总体而言，教龄越低对动态的培训方式评价越高。

各教龄农村教师对培训结束后通过实践性任务来考核的合理性的评价人数比例存在显著差异。随着教龄加长，农村教师对"通过实践性任务考核，例如课题研究、小组展示"的合理性评价降低，8年以下教龄农村教师在该比例中约占55.7%，9~25年教龄农村教师约占42.6%，26年教龄农村教师仅为37.9%。

### 2. 不同学历农村教师的差异

研究生及以上学历农村教师对教育研讨学习倾向性高一些，处在教学技能学习阶段居多，大专、本科学历农村教师大多处在专业能力提升阶段，高中或中专学历农村教师一般教龄较长，年龄较大，处在理念和技能更新阶段，因而他们对有效的培训类型、形式、内容的选择有所不同，然皆偏向有利于实践性知识发展的培训。

高中或中专学历农村教师对"集中培训和网络研修结合""个人在线学习培训课程"等培训类型有效性的评价高于其他学历农村教师；本科学历农村教师对"前往名校参观或跟岗学习、实践"的有效性评价远高于其他学历农村教师，最高与最低学历，即研究生及以上学历与高中或中专学历的农村教师在该比例最低；研究生及以上学历农村教师对"青蓝结对"培训的有效性评价非常高，其比例高达 75.0%，分别高出本科、大专学历农村教师 47.3%、59.8%，高中或中专学历农村教师评价为 0。大专、本科学历农村教师参加"专题讲座"培训形式的比例高于其他学历农村教师 20 个左右的百分点；高中或中专学历参加了"成果生成与展示""单向传授知识"培训形式的人数比例非常低，分别为 0% 和 1.6%，其他学历农村教师该比例在 10% 左右。研究生及以上学历农村教师对"案例分析"培训形式的有效性评价很低，人数比例不足 10%，而其他学历农村教师该比例均超过 50%。

教师的学历越高，其参与"线上学习""交流研讨"的过程培训环节越多，大专以上学历农村教师参加"线上学习"的人数比例超过 70%，高中或中专学历农村教师的人数比例比其他学历低 15~20 个百分点；本科以上学历农村教师参加"交流研讨"的人数比例在 50% 左右。本科、高中或中专农村教师认为有效的远程培训应该包括"学员的微课展示和交流"的人数比例为 50% 左右，高出大专、研究生及以上学历农村教师约 10 个百分点。另外，研究生及以上学历农村教师认为"通过实践性任务考核，例如，课题研究、小组展示"合理的人数比例最高。

### 3. 不同性别农村教师的差异

关于有效的培训类型、形式和内容，女性农村教师更倾向于模仿学习和交流的培训类型、形式和内容，男性农村教师则倾向于促进思考形成独立风格的培训类型、形式和内容。男女农村教师都对"观摩优秀教师示范课并评课交流"这类培训的有效性评价较高，但男性农村教师该比例比女性农村教师低 12.1 个百分点；以及男性农村教师对"经验分享"培训形式的有效性评价的人数比例比女性农村教师低 11.7 个百分点，而男性农村教师对"教学研讨会""集中培训和网络研修结合"或"国培计划"等培训有效性的评价较高，人数比例比女性农村教师分别高 7.0 个百分点、8.5 个百分点和 7.8 个百分点；男性农村教师对"专题讲座"这种培训形式有效性的评价也较高，人数比例比女性农村教师高 9.7 个百分点；关于有效的远程培训要素，男女性农村教师认为"优秀课例视频"最为有效，但男性农村教师对此有效性评价比女性农村教师低 10.5 个百分点。

### 4. 不同学段农村教师的差异

小学、初中农村教师参加"观摩优秀教师示范课并评课交流""集中培训和网络研修结合""国培计划""专家、名师和专业技术人员送教下乡""校本培训"等培训类型的人数比例大幅高于高中农村教师；高中农村教师参加"青蓝结对"培训类型的人数比例不到 20%，但大幅高于小学、初中农村教师，而且高中农村教师参加"教学研讨会"培训类型的人数比例也高于小学农村教师。另外，各学段农村教师参加"线上学习"的远程培训环节比较多，其中初中、小学农村教师参加"线上学习"的人数比例大幅高于高中农村教师；小学、初中农村教师参加"在岗研修"远程培训环节的人数比例也大幅高于高中农村教师。

各学段农村教师对"观摩优秀教师示范课并评课交流"的培训类型评价最高，其中小学、初中农村教师对参加较多的"观摩优秀教师示范课并评课交流""专家、名师和专业技术人员送教下乡"培训类型的效果评价要高于高中农村教师，即农村教师对这两项的评价随学段上升而降低；而高中教师对"国培计划""青蓝结对"培训类型的有效性评价高于小学、初中农村教师，即其评价随学段上升而递增。初中、小学农村教师对"案例分析"培训形式的评价较高，其人数比例高于高中农村教师；高中农村教师对"任务驱动"培训形式的评价为32.4%，其人数比例远高于小学、初中农村教师。

各学段农村教师倾向于"平时成绩与结业成绩结合"的考核方式，但是小学、初中农村教师该比例大幅高于高中农村教师，而认为"提交课程论文即可"的小学、初中农村教师比例则大幅低于高中农村教师。

### 四、偏重提高科目教学知识

农村教师参加培训的内容最多的是"专业学科专业知识"和"教学技能"，所占比例均在65%左右；农村教师评价较高的培训内容依次是"教学技能"、"专业学科专业知识"和"现代教育技术"。在培训内容有效性的评价方面，农村教师整体偏向于能提高各科目教学效果的实用性内容。

农村教师在注重教学实践的同时也比较愿意参加高等理论学习。近一半以上的农村教师认为"学科知识""教学理论""教育学和心理学""课程理论"是最重要的四项理论知识，对其教学的指导意义和现实价值比较大。超过65%的农村教师认为通过这样的培训更新了知识与理念、开阔了眼界，但在增强了分析教育和专业问题的能力、利用教育理论解决现实教育教学问题上仅占 39.8%和35.5%。这应该与培训者很少同时注意提升学员的教育与专业理论知识、教育教学技能有关。农村教师认为培训者要么注重教育与专业理论知识，要么注重教育教学技能。可见，农村教师参加理论学习有利于更新知识和理念、开阔眼界，但在利用教育理论分析解决教育教学问题上比较欠缺。

#### 1. 不同教龄段农村教师的差异

16年及以上教龄的农村教师参加培训内容为"教育改革与政策""现代教育

技术"的人数比例高于其他教龄段农村教师，而0~3年教龄农村教师参加培训内容为"教育改革与政策"的人数比例最低，仅8.8%；9~15年教龄农村教师参加培训内容为"教育科研能力"的居多；26年及以上教龄农村教师参加培训内容为"教育管理""教师专业发展专题"的最少。0~3年新入职农村教师在"师德修养"培训内容的效果评价上大幅高于其他教龄段，26年及以上教龄农村教师对此项内容的评价略有回升；4~8年教龄农村教师在"教育科研能力"培训内容的效果评价上远高于其他教龄农村教师，而0~3年教龄农村教师在此项上的评价最低。

农村教师随教龄增长参加高等理论学习的意愿呈现下降趋势，从80.0%下降到52.2%，26年及以上教龄农村教师不愿意参加的人数比例达22.9%。关于理论知识的指导意义和现实价值的评价，对"班级管理、德育和心理健康教育理论"评价差异比较大，8年及以下教龄农村教师认为其具有指导意义和价值的人数比例为49%左右，而26年及以上教龄农村教师的评价递减至28.3%；另外，16年及以上教龄农村教师对"评价理论"的意义和价值评价低于其他教龄农村教师；8年及以下教龄农村教师对"教育研究方法"的意义和价值评价高于其他教龄农村教师。理论学习的目的除了更新知识和理念、开阔眼界，新入职农村教师更愿意借机结识优秀的同行，人数比例为57.6%。

## 2. 不同学历农村教师的差异

高中或中专学历的农村教师参加培训内容为"教育科研能力""教师专业发展专题""论文或公文写作"的人数比例均低于其他学历农村教师，除了本科学历农村教师参加培训内容为"教师专业发展专题"的人数比例和研究生及以上学历农村教师相当，研究生及以上学历农村教师在这些培训内容上参与的人数比例均最高。在对这些培训内容有效性的评价方面，由卡方检验结果可知，不同学历的农村教师对各项内容的评价均不存在显著差异。

高中或中专学历农村教师更愿意参加理论知识培训，人数比例为71.6%；大专学历农村教师意愿较低，人数比例为56.3%；研究生及以上学历农村教师有些分化，虽然愿意参加理论知识培训的比例为60.5%，但几乎不愿意的比例为10.5%。本科学历农村教师认为"班级管理、德育和心理健康教育"理论知识的指导意义和现实价值比较大的人数比例最高，而高中或中专学历的农村教师中该比例最低；研究生及以上学历农村教师认为"教育研究方法"的指导意义和现实价值比较大的人数比例最高，而高中或中专学历的农村教师中该比例只有2.9%。本科学历农村教师更加认为理论知识的学习达到了结识优秀同行的目的，而研究生及以上学历农村教师认为理论知识学习"没有效果"的人数比例达到21.6%，但其余学历农村教师该比例均为个位数,高中或中专学历农村教师只有2.9%。

### 3. 不同性别农村教师的差异

关于培训内容,男性农村教师参加培训内容为"教学技能"的人数比例比女性农村教师低6.9个百分点;男性农村教师认为"教育管理"培训内容有效的人数比例高于女性农村教师。女性农村教师相较男性农村教师更愿意参加高等理论学习,认为"学科知识"和"教学理论"对自己指导意义和现实价值比较大。通过教育教学理论培训学习,女性农村教师认为达到了"结识优秀的同行"及"利用教育理论解决现实教育教学问题"目的的人数比例高于男性农村教师。

### 4. 不同学段农村教师的差异

农村教师参加培训内容为"教育科研能力""教育改革与政策"的人数比例随学段上升而上升,高中农村教师人数比例是小学农村教师的两倍左右;初中农村教师参加培训内容为"学生安全与发展"的人数比例高于高中、小学农村教师。小学、初中农村教师对"专业学科专业知识"培训内容的评价高于高中农村教师,而高中农村教师对"教育科研能力"培训内容的评价高于小学、初中农村教师。不同学段农村教师对是否愿意参加高等理论学习没有显著差异。高中农村教师对"教育研究方法"理论知识的指导意义和现实价值的评价高于小学、初中农村教师。小学、初中农村教师学习理论知识的目的是"开阔眼界",其人数比例分别比高中农村教师高出10.7%、12.7%。高中农村教师认为理论知识培训"没有效果"的比例为15.8%,大幅高于小学和初中农村教师。

## 五、融合理论与实践知识是培训者应有的素养

由"一线教学名师"开展的培训在农村教师们看来效果最好,在参加过此类培训的农村教师中,将近70%的农村教师认为"一线教学名师"对其帮助大,40%的农村教师认为"骨干教师"对其帮助大,以及20%的农村教师认为"高校专家或教授"对其帮助大。对于不同类型的学习,农村教师对培训者的期待有所不同。对于"理论学习",农村教师更期待培训者是"高校专家或教授""一线教学名师";对于"教育教学技能学习",农村教师更期待培训者是"一线教学名师"和"骨干教师";对于能把"理论学习和教育教学技能学习结合"起来让自己融会贯通,农村教师更期待培训者是"一线教学名师"和"骨干教师",我们由此看到了"一线教学名师"集理论与实践于一身的影响。

关于培训者自身的素质,56.6%的农村教师认为未来培训者应该侧重提高"教

育教学技能水平"，将近一半农村教师认为未来培训者需要侧重提高"理论研究与教育教学技能结合的水平"。46.3%的农村教师认为未来的培训者应该侧重提高"对学员当地文化和现实问题的了解"。关于最理想的培训者特征，73.7%的农村教师认为应该"在教育理论与研究上十分专业，又了解一线教学实践"；一半以上的农村教师认为应该"敬业负责，能与组织者与参与者进行有效沟通"或"能做到教学的科学性和艺术性的统一，使得培训活动具有吸引力和实效性"。现有的培训者需要提高教育教学能力，而偏重理论的培训者真正对理论融会贯通的水平不够，结合实际的研究不够深入，所以"一线教学名师"比较受欢迎，农村教师同时期待大学教师教育者可作为深入研究的理论指导者。

### 1. 不同教龄农村教师的差异

各教龄段农村教师对"一线教学名师"的培训效果评价最高，其次是"骨干教师"，其中16~25年教龄农村教师对"一线教学名师"评价最高（人数比例为76.0%），比26年及以上教龄农村教师的评价高出15个百分点，但对"骨干教师"评价远低于其他教龄段农村教师，低出其他教龄农村教师约20个百分点。总体比较而言，15年及以下教龄农村教师对"骨干教师""高校专家、教授""教研员""教材编写者"培训者的期待程度高于16年及以上教龄农村教师，希望提供教育教学理论与实践结合的全方位服务。

农村教师对教学技能培训者的期待，15年及以下教龄农村教师对"一线教学名师"最为期待，可能与他们参与"一线教学名师"培训机会略少有一定关系；8年以下教龄农村教师（约34%）对"骨干教师"作为教学技能培训者最为期待，其人数比例相较其他教龄段高约10%以上。农村教师对"高校专家、教授"作为理论培训者的期待，随教龄增加而递减，如0~3年教龄农村教师的人数比例比26年及以上教龄农村教师高15.7个百分点；对"骨干教师"作为理论培训者的期待，0~3年、9~15年教龄农村教师高于其他教龄农村教师。关于理论学习与教育教学技能学习融会贯通的培训者期待，8年及以下教龄农村教师在"骨干教师""教研员"的期待上高于其他教龄农村教师，其中对"骨干教师"的期待，随教龄加长而递减；0~3年新入职农村教师在"教材编写者"期待上远高于26年及以上教龄农村教师。50%左右25年及以下教龄农村教师认为未来培训者应侧重提高"对学员当地文化和现实问题的了解"，26年及以上教龄农村教师持赞成态度的人数比例大幅低于其他教龄农村教师。8年及以下教龄农村教师更希望理想的培训者是"敬业负责，能与组织者与参与者进行有效沟通""培训前、中、后都能开展系统的指导和服务，而不是仅停留在培训期""全面发展型，能够给自己学科知识、教学能力、职业调试等提供全方位帮助"，从教8年后这一需求减少。

## 2. 不同学历农村教师的差异

本科学历农村教师中接受过"骨干教师"培训的人数比例高于其他学历，高中或中专学历农村教师中该比例最低，低于本科的一半；对于"教研员""高校专家教授"提供的培训，大专、本科学历农村教师参与的人数比例高于高中或中专学历农村教师，其中参与"高校专家、教授"提供的培训人数比例是高中或中专学历农村教师人数比例的 2 倍左右；而高中或中专学历农村教师参加"教育行政部门人员"提供的培训的人数比例高于其他学历农村教师。

在对理论学习培训者的期待上，本科及以上学历农村教师对"一线教学名师"期待的人数比例较高，超过 40%；高中或中专学历农村教师中该比例较低，不足 20%；但在对"专业技术人员"作为理论培训者的期待上，高中或中专学历农村教师是研究生及以上学历农村教师的 3 倍。在对教学技能学习培训者的期待上，对"教研员""教材编写者"的期待存在显著差异，高中或中专学历农村教师对"教研员"期待的人数比例为 26.8%，是其他学历农村教师的 2~4 倍；本科或研究生及以上学历农村教师对"教材编写者"的期待约为 10%，超过其他学历农村教师人数比例 2 倍多。本科学历农村教师认为培训者需要侧重提高"对学员当地文化和现实问题、对参训学员群体状况的了解"的人数比例最高，比高中或中专学历农村教师人数比例高出约一半。

关于理想培训者的特征，高中或中专农村教师认为"在培训前、中、后都能开展系统指导和服务，而不是仅停留在培训期"是理想特征的人数比例大幅低于其他学历农村教师；不同学历农村教师认为"全面发展型，能够给自己学科知识、教学能力、职业调试等提供全方位帮助"是理想特征的人数比例随学历提升而上升，研究生及以上学历农村教师中该比例比高中或中专学历农村教师高出 20 多个百分点。

## 3. 不同性别农村教师的差异

男性农村教师更注重教育管理，女性农村教师更关注专业成长，致使男女农村教师存在差异。接受过"教育行政部门人员"的培训的男性农村教师比例比女性农村教师高 6.7 个百分点，而接受过"骨干教师"培训的男性农村教师比例比女性农村教师低 8.5 个百分点。男性农村教师认为由"一线教学名师"进行的培训对自己帮助最大的人数比例比女性农村教师低 6.7 个百分点。

对于理论学习的培训者的期待，期待"一线教学名师"和"骨干教师"的男性农村教师比例分别比女性农村教师低 7.4%、5.3%。而对教育教学技能学习的培训者的期待，男性农村教师中期待"骨干教师"对其进行培训的比例比女性农村教师低 6.6%；在促使理论学习和教育教学技能学习融会贯通方面，男性农村教师对"一线教学名师""骨干教师"两类培训者期待的人数比例分别比女性农村教师低 6.7 个百分点和 13.2 个百分点。关于未来培训者素质,男性农村教师认为应侧重提高培训者"对学员当地文化和现实问题的了解""理论研究与教育教学技能结合的水平"的人数比例明显低于女性农村教师。理想培训者应该具备的四项特征,即"全面发展型,能够给自己学科知识、教学能力、职业调试等提供全方位帮助""在培训前、中、后都能开展系统的指导和服务,而不是仅停留在培训期""敬业负责、能与组织者和参与者进行有效沟通""能做到教学的科学性和艺术性的统一,使得培训活动具有吸引力和实效性",男性农村教师所选的人数比例均低于女性农村教师。

### 4. 不同学段农村教师的差异

各学段农村教师对"一线教学名师"评价很高,其中小学农村教师评价最高,高中农村教师相较最低。随着学段的上升,接受过由"教育行政部门人员""教材编写者"培训的农村教师比例上升,但接受过由"专业技术人员"提供培训的农村教师比例下降。在理论学习与教育教学技能学习的融会贯通方面,学段越低,对"一线教学名师"期待越高,小学农村教师人数比例比高中农村教师高 13.3 个百分点。对未来培训者需要侧重提高的方面,高中农村教师认为应侧重提高"教育教学和专业理论水平"的人数比例高,小学农村教师认为应侧重提高"教育教学技能水平"的人数比例高。对最理想培训者应具备的特征,小学和初中农村教师更加认为理想培训者应"在教育理论研究上十分专业,又了解一线教学实践","能做到教学的科学性和艺术性的统一,使得培训活动具有吸引力和实效性"。另外,相较于高中和初中农村教师,小学农村教师还认为理想的培训者应是"全面发展型,能够给自己学科知识、教学能力、职业调试等提供全方位帮助"。

## 六、基于有效实践的合作培训广受欢迎

超过 60%的农村教师参加过由教育局提供的培训,58%左右的农村教师参加过由教师进修学校或远程教育培训机构提供的培训,51.7%的农村教师参加过校本培训,只有 19.3%和 17.8%的农村教师参加过高等院校和优秀中小学校提供的培训。

在这些培训机构中,优秀中小学校提供的培训最受农村教师认可。对于本校、教师进修学校和高等院校而言,均有超过 30%的农村教师认为这类机构对自己的帮助最大;教育局、社会培训机构和远程教育培训机构被农村教师认可的程度相对较低。农村教师对各类提供农村教师培训的机构的满意程度从高到低依次为优

秀中小学校、本校、高等院校、教师进修学校、教育局、远程教育培训机构、社会培训机构。超过 40%的农村教师对优秀中小学校的组织和管理最满意，36.0%的农村教师对本校的组织和管理最满意。针对开展培训地点的最佳顺序，农村教师认为基于中小学校的培训，其他单位如高校等的合作支持最佳，一方面是因为农村教师时间紧、工作任务重；另一方面是因为需要理论研究和教学实际的结合指导。

### 1. 不同教龄农村教师的差异

教龄为 4～8 年的农村教师参加优秀中小学校提供的培训的人数比例高于其他教龄段农村教师，16 年以上教龄农村教师参加比例最低，为 14%左右；教龄为 4～8 年、16～25 年的农村教师参加远程教育培训机构、高等院校提供的培训人数比例较高；16～25 年教龄农村教师参加教师进修学校提供的培训人数比例较高，而 0～3 年教龄农村教师中该比例及参加远程教育培训机构提供的培训人数比例最低；26 年及以上教龄农村教师中参加过由教育局提供的培训的人数比例低于其他教龄段。

由上述机构提供的培训中，随着教龄加长，农村教师对教育局培训的效果评价递减；26 年及以上教龄农村教师对远程教育培训机构培训的评价高于其他教龄段农村教师，4～15 年教龄农村教师对此评价最低。4～8 年教龄农村教师对优秀中小学的组织和管理满意度最高，而 26 年及以上教龄农村教师满意度最低；26 年及以上教龄农村教师对远程教育培训机构的组织和管理满意度高于其他教龄段农村教师，而 4～15 年教龄农村教师满意度最低；0～3 年教龄农村教师对教师进修学校的组织和管理满意度较高。

### 2. 不同学历农村教师的差异

农村教师学历越高接触教育局提供的培训越多；本科、大专学历农村教师中参加远程教育培训机构培训的人数比例高于高中或中专、研究生及以上学历的农村教师。通过卡方检验，不同学历的农村教师在对各培训机构对其帮助程度的评价方面均不存在显著差异，不同学历的农村教师在对这些机构的组织和管理的满意程度上也均不存在显著差异。

关于培训地点的最佳顺序，各学历农村教师偏好"根据培训的需要，各单位合作开展培训"的人数比例相对较高，但随学历提升而下降，研究生及以上学历农村教师中该比例比高中或中专的农村教师低 20 多个百分点，结合"所在单位、高校、教师教育机构"偏好的人数比例来看，学历越高越偏向于本单位的合作培训。

### 3. 不同性别农村教师的差异

男性农村教师参加本校、远程教育培训机构、优秀中小学校培训的人数比例明显低于女性农村教师,分别低了 11.6 个百分点、7.8 个百分点和 7.8 个百分点。就这些培训机构对农村教师自身帮助最大的评价而言,男性农村教师对教育局组织的培训评价低于女性农村教师,但对远程教育培训机构组织的培训评价明显高于女性农村教师。在开展培训地点的最佳顺序方面,男性农村教师和女性农村教师的偏好不存在显著差异。

### 4. 不同学段农村教师的差异

各学段农村教师参加教育局、教师进修学校、远程教育培训机构组织的培训较多,其中参加教育局组织的培训最多的是初中农村教师,小学、初中农村教师参加教师进修学校、远程教育培训机构组织的培训人数比例约高出高中农村教师 20%。而高中农村教师参加高等院校、社会培训机构组织的培训人数比例高于小学和初中农村教师。

各学段农村教师对优秀中小学的培训效果评价最高,其中小学农村教师对优秀中小学的培训效果评价比初中或高中农村教师高出 20 多个百分点;其次是对本校的培训效果评价较高,并随着农村教师学段上升而上升,高中或初中农村教师对其认可的人数比例比小学高出 10 多个百分点。农村教师对教育局的培训效果评价总体不太高,随着学段上升而降低,高中农村教师的评价非常低,人数比例仅为个位数,比小学农村教师评价低 18.9%。各学段农村教师对远程教育培训机构的效果评价,随着学段上升递增,高中农村教师人数比例比小学农村教师高 17.4%。

相对而言,除了优秀中小学校,小学农村教师对高等院校培训的组织和管理比较满意;初中农村教师对本校培训的组织和管理比较满意;高中农村教师对远程教育培训机构的组织和管理比较满意,人数比例比小学农村教师高 12.5 个百分点。各学段农村教师对教育局、教师进修学校培训的组织和管理满意度最高不超过 30%,且随着学段上升满意度下降,高中农村教师人数比例仅约 15%。

## 七、十二种农村教师合作培训方式有益性认同

优秀教学示范、理论与实践交织学习、注意文化差异的合作培训方式,非常有益于农村教师培训。对具体十二种农村教师合作培训方式的建议,农村教师认为非常有益和比较有益的人数比例为 73.3%~86.3%,也就是说至少有 73% 的农村教师认为它们对农村教师专业发展是有益的,其中"将优秀中小学教师的课堂教

学录像，供给学员作为参考和示范""培训中教育、专业理论与教学技能学习交叉进行"两项超过 80%，"城市与农村中小学指导教师共同指导农村教师培训，结合城乡文化差异，有利于农村教师专业发展"接近 80%。将具体十二种合作培训方式划分为"高校与中小学合作培训"、"高校理论与中小学实践交织学习"、"远程合作培训"和"城乡合作培训"四个维度，对其进行 1~5 分赋分，"城乡合作培训"方式得分最高，为 4.07 分。

  在上述总体情况下，不同群体的感知有些差异。8 年以下教龄农村教师对"高校与中小学合作培训""城乡合作培训"方式的整体评价更高；9 年及以上教龄农村教师对"远程合作培训"中的"录制自己课堂教学实况让高校和中小学教师指导团队共同在线指导""面授和线上交叉学习"培训方式评价相对低一点。高中或中专学历的农村教师对"城乡合作培训"方式的整体评价最高，为 4.33 分；其次是学历为本科的农村教师，为 4.10 分，而大专、研究生及以上学历的农村教师对"城乡合作培训"方式的整体评价都低于 4 分。女性农村教师对"高校与中小学合作培训"中的"高校教师和中小学指导教师到学员所在地共同指导""培训后的优秀中小学教师协助高校教师指导农村教师"培训方式，以及"远程合作培训"中的"录制农村教师课堂教学实况让高校和中小学教师指导团队共同在线指导""录制优秀中小学教师课堂教学供农村教师参考和示范"培训方式的有益性评价高于男性农村教师。高中农村教师对"城乡合作培训"中的"录制优秀中小学教师课堂教学供农村教师参考和示范"、"高校与中小学合作培训"中的"培训后的优秀农村教师协助高校教师指导农村教师"，以及"远程合作培训"中的"结合城乡文化差异，城市与农村中小学指导教师共同指导农村教师培训"等方式的有益性评价低于小学、初中农村教师。

  总的来说，农村教师注重培训的实用性，希望培训能提高个人专业能力，促进他们提高农村学生学业成绩和对农村学生的管理，进一步得以专业发展和晋升。培训需要注意理论与实践内容交叉学习，重视城乡文化差异，妥用信息技术。这对培训者素养、培训机构的合作组织、培训形式和内容等提出了更高的要求。目前，创建合作培训的方式非常有益于农村教师的发展，呈现跨界合作的第三空间理念。

# 第四章

# 农村教师培训的个案分析

本章将以赣州某地区为例,深入剖析农村教师培训的状况,以及农村教师对十二种农村教师合作培训方式的反馈。

## 第一节 农村教师培训中失语境况

### 一、农村教师的独特性

(一)孤立的农村教师

在农村教育境脉中,农村教师面临诸多挑战,显得孤独无助,主要有两方面的原因。

**1. 农村教师缺乏专业发展支持环境**

(1)在课务重压下,农村教师希望得到专业发展但心有余而力不足。由于农村学校师资严重不足,教师不得不兼任数门科目。受访教师表示,与城市教师相比,他们每周平均课时更多,而且大多都需要跨学科、跨年级进行教学。乡镇县教师兼任一门主科与多门副科的情况很普遍,村小教师则需要兼任多门科目,这就要求他们"什么都要会"。

(2)农村教师流动性大,教师队伍内部不断更迭,实地访谈中发现大部分农村学校都是以新手教师居多。新手教师的工作胜任与专业发展必然需要骨干教师、资深教师的支持与协助,然而"断层"的教师队伍结构下"青蓝结对"难以开展,课务重压下新手教师也难以通过学徒观察、沟通交流等方式实现身份的转变与实践技能的提高。

(3)由于农村学校设备落后或缺失,即使在信息化时代,农村教师也难以通过信息化途径提高教学效率和质量,比如学校很少为农村教师配备办公电脑,难以在集体环境中开展互动学习,网络资源搜索与专业提升更多依靠个人动机与态度。

### 2. 农村教师缺乏家长支持的情感环境

农村教师无法与家长协同教育,有时还要处理一些家庭教育对学生产生的负面影响。在农村,有些家长迫于经济压力外出打工,导致不少村小、乡镇县学校儿童成为"留守"大军中的一员。这些学生受到环境的限制难以接触农村社会之外的世界,其本身的知识结构与偏好都与农村本土文化密切相关,在达到国家标准课程要求上处于劣势,再加之缺乏家庭协同教育,农村教师必须在课堂内外给予学生更多的关注。针对农村家庭教育缺失的现状,乡镇县学校开始设立家校联系平台、微信群等信息交流渠道,希望能引起家长对学生教育的重视(村小尚未有类似的举措)。然而,教师表示,无论是主动联系家长还是被动等待,更多农村家长的态度是"重利轻教",又或者因为缺乏相应的教育水平"教不了"。一些农村教师无奈地表示,他们的付出也许远不足以弥补家庭教育缺失或家庭负面影响带来的消极后果,仅希望通过学习学生心理健康方面的知识,尽量地减少家庭教育缺失或不当给学生带来的消极影响。实际上农村教师这方面的学习也难以得到满足。

此外,挑战也体现在农村课堂的教学之中,在帮助农村学生达到国家所规定的"课程标准"方面,农村教师步履维艰。在农村学生实际情况与国家标准之间,农村教师必须扮演调适者的角色。一方面,他们需要通过教学促进农村学生达到国家所规定的"课程标准";另一方面,他们需要结合农村当地的实际、优势、资源对农村学生进行教学,在达到课程标准的情况下促进其全面发展。以上种种现象都意味着农村教师有自己独特的问题与挑战,相较于城市教师,体现出异质性特点。显然,农村教师培训中,农村教师的独特性应该作为重要因素纳入其设计范围。

## (二)村小与乡镇县教师专业发展的差异

### 1. 村小学校:校本教研和培训机会更加缺乏

对于现实的农村教师群体而言,专业发展机会难以保障。村小、乡镇县教师都遭遇了农村教育境脉的教育实践挑战,但是其所在的环境差异,又导致各自处境有所不同。尤其是村小学校更为困难,一方面尚没有正式的校本教研制度,另一方面缺乏参与培训机会、名额紧张。

村小教师表示目前在村小尚未有正式的校本教研制度。村小校长 J 与校长 X1 表示没有正式的教研制度,只有"青蓝结对"活动。不过因为规模限制,村小教师人数不足十人,"青蓝结对"受到教师队伍的年龄结构影响。L1 老师所在的村小,教师队伍年龄结构失衡的情况比较严重,大部分教师都较为年轻,缺少"师傅"的指导和引领，只能向早来一年的教师们学习。"那些同事有的是比我先一年来这里，就是他们教我的。因为我们学校大部分也是新老师，就是互相去听课。"相比 L1 老师因为环境限制难以展开"学徒"学习，村小校长 J 所在的村小，所幸还有工作 5 年以上的教师可以胜任帮带新手教师，并且因为新老教师年龄相距不大，并不存在沟通方面的障碍，"像我们学校的话，基本上就是年纪大的可能就一个老师，今年退休了……其他的老师都是相差不大，1980 年的，80 年代初的，还有 1989 年的，基本上都是 1988~1995 年的吧，他们年龄差不多，不会相差很多"。由此可以发现，村小教师的年龄结构在一定程度上也影响学校的"青蓝结对"。

就培训机会而言，村小教师普遍缺乏培训机会，与村小管理岗教师、乡镇县新手教师相比，村小新手教师更是处于培训机会的边缘。入职满一年的村小普通教师 L1 在访谈中谈到，仅接受过入职培训及远程培训，过去一年都没有前往中心小学参与送教下乡或观摩课的机会，这与村小人手紧缺有关，"上次听课我也没去，因为环境比较差嘛，也不敢所有老师都走，所以我还没有去听过"。这也与村小拿到的培训名额很少有关，村小校长 J 证实村小外出培训难以覆盖所有教师，"第一，因为次数少，第二就是接受培训的人员太少，仅仅是局限于一小部分人"。与之对比，管理岗教师则谈到了多种不同培训经历，这一方面与他们的教龄有直接关系，另一方面也是因为他们课务相对少一些，调课参加培训较为灵活。横向对比村小新手教师与乡镇县年轻教师的培训经历，入职第五年的乡镇县教师 G 提到，一方面校本培训为新手教师提供教学帮扶机会，另一方面他自身在入职后的头几年也参与过一些培训。"我上班第一年、第二年的时候参加过赣州市的心理健康辅导员的培训。"在入职初期作为新手教师，教师 G 显然得到了更多的培训支持，而这些环境与机会却正是村小新任教师难以获得的。在培训机会已然紧缺的村小，新手教师的培训机会更难以保障。

### 2. 乡镇县学校：有相对正式培训制度与支持氛围

相比村小教师培训机会少，尤其是新手教师培训依靠管理层分配机会，乡镇县学校则为这些教师提供了支持性的培训氛围。一方面，乡镇县教师在整体层面上获得的培训机会更多。从表 4-1 中可以看到，乡镇县教师经历了多种多样的培训类型，包括国家、省市、区县等各种层级。比如入职 5 年的教师 G 提及了自己最近参与的高校本位的"国培计划"。另一方面，几乎所有的乡镇县教师都提到了校本培训。校本教研一般在教研组长的主持下，按照学科分类进行。另外，针对当下教师队伍更迭迅速，农村教师队伍以新手教师为主的情况，乡镇县学校也相应地安排了"青蓝结对"，以及一些针对新手教师的规范性学习。更为重要的是，这些校本培训已经作为正式培训纳入了乡镇县学校制度。因此，乡镇县教师

表 4-1 村小教师和乡镇县教师参与培训情况

| 教师 | 培训类型 | 具体培训 | 频率等情况 |
| --- | --- | --- | --- |
| 村小教师 | 校本培训 | 新教师入职培训 | 新教师，入职，2~3 天 |
| | | "青蓝结对" | 个别学校 |
| | | （非正式）学校研讨 | 个别学校 |
| | 合作培训 | 片区教研 | 每学期几次，全员 |
| | | 中心校听课（送教下乡） | 每学期 1~2 次<br>每次 1~2 名额 |
| | | 城区学校观摩（中心校组织） | 每学期 1~2 次半天或一天。<br>每次 1~2 名额 |
| | 高等院校本位培训 | "国培计划"其他项目（如骨干、脱岗等） | 每学期一次。名额极少（一般为管理者参与） |
| | 教育行政部门培训 | 教研室等行政部门 | 每次 1~2 名额 |
| | 网络培训 | 远程培训 | 工作期间，全员 |
| 乡镇县教师 | 校本培训 | 新教师入职培训 | 新师，入职，2~3 天 |
| | | 校本教研（包括"青蓝结对"） | 每周一次，分学科开展 |
| | | （非正式交流） | 都有提及 |
| | 合作培训 | 片区教研 | 每学期几次，全员 |
| | | 中心校教研 | 每学期 1~2 次，全员 |
| | | "国培计划"（送教下乡） | 每学期 1~2 次<br>根据课务安排教师（3~5 名） |
| | | 民间机构培训 | 视经费而定，一般为领导<br>时间较长 |
| | 教育行政部门培训 | 地方教育机构培训（外地学习、跟岗） | 名额不定 |
| | | 省教育厅组织培训（班主任培训等） | 3~5 名，时常不定 |
| | 高等院校本位培训 | "国培计划"其他项目 | 每学期 1 次，1~2 名额 |
| | 网络培训 | "国培计划"（远程培训） | 工作期间，全员 |

对比村小教师获得了更多的学校培训支持与制度保障。鉴于村小教师、乡镇县教师在培训机会与培训支持氛围等方面存在差异，在进行培训现象具体分析时，会将村小教师、乡镇县教师分开阐述，然后综合总结。

## 二、农村教师培训中的失语困境

本书基于农村教师访谈，分析了各类农村教师培训的内容、组织与效果等，从中揭示出各类培训中的话语权问题。培训中的农村教师话语权是一种程序性权利，具体体现在：培训前表达培训需求、参与培训设计的权利，培训中参与交流、表达自身观点的权利，培训后评价培训、提出疑问并得到反馈的权利。通过分析访谈资料发现，目前农村教师的培训中高等院校本位培训中存在理论话语主导，教育行政部门培训中存在科层制主导，以及蕴含其中的城市话语主导。现实的农村教师培训受到理论话语主导、科层制主导及城市话语主导等"独白"培训观影响,农村教师失去了话语权。在独白培训观下,农村教师受到制度话语、城市话语影响,附庸制度权威、城市培训者权威,呈现出精神上的"失语"现象。即使当农村教师获得一定话语权,被赋予了一定主体地位时,一些农村教师依然依循"被培训"的习惯,不愿意主动学、主动思考,放弃话语权与学习机会。由于乡镇县教师有可以话语表达的校本教研,所以相较村小教师,他们显然表现出更清晰的主体意识与批判态度。

## (一)理论话语下的高等院校本位培训

高等院校本位培训"一般采取农村教师到高等师范院校和县级教师培训机构进修的形式实施培训","高等院校本位培训的培训者多为高校教师和少数中小学骨干教师,培训内容注重课程的理论性和知识的系统性"。访谈分析发现,高等院校本位培训强调理论话语权,忽视农村教师的实践需求与先前知识经验基础,单向集体式的授课方式压抑农村教师的话语表达需求与能力。村小教师对此的典型反馈是"理论一大套",暗示其并不认可理论知识的价值;而乡镇县教师的典型反馈是"理论很好,怎么操作",即虽然认可理论知识价值却呼吁促进理论实践化。

### 1. 村小教师:"理论一大套"

村小5位教师中,4位有经验教师提及了高等院校本位培训,X2校长与J村小校长给予了详细评价,其中包括在高等院校进行的"国培计划",以及由教师进修学校组织的在高等院校中进行的农村教师培训。X2校长提及了由教师进修学校或教育学院开展的脱岗培训。尽管"国培计划"在改革后培训方式从单一的大学教师讲授改为高校与一线教师共同讲授,但是从反馈来看,尚没有村小教师表示认可培训中理论本身的价值,他们希望培训可以提供与村小实际情境契合的主题和内容。

高等院校本位培训中,X2校长表示培训内容以理论为主,基于"理论高于实践并指导实践"的观点,培训以大学培训者为中心。主要培训形式是一对多的单向传授,培训前少有对农村教师需求的考察,培训者不清楚农村教师的具体知识水平与先前经验,培训中注重培训者的"教"。大部分教师反映在培训结束前未留学员与培训者交流互动时间。

因此,对于培训的效果,X2校长间接表达了对培训内容的质疑。"应该说从实际出发还是比较少,理论是一大套。"培训的理论知识与教学实践、农村文化情境分离,该现象与高等院校本位的培训者有关,高等院校中无论是专家还是管理人员都较少有深入农村学校实践的经验。"应该说我参加过比较多的培训,培训大部分都是县城的,或者是大城市里面的这个专家进行的,比如,像我到南康、井冈山很多地方也培训过。大部分都是那个大专院校,有的是院长有的是副院长,都没有从事过小学教育或初中教育、农村教育的。他仅仅是在这里蹲点，应该说对农村教育这个长期过程认识不够，还是根基薄。"X2 校长反复强调的"过程""根基"是针对当下一些高校专家为做课题才到农村，仅仅短暂接触拿到理想数据便离开的现象。他认为仅靠短时间的接触，培训者不能充分了解农村学校的异质性，因为真正的农村学校问题并不是简单的数据便可以说明的，这需要扎根于农村，需要扎根于教学现场。"对于农村教学的特点，还是要在乡下待过且待过时间长的人才能够摸索出来。得真正实践，否则真正的实际问题还是比较难以解决。"从 X2 校长的表达不难看出他对高等院校本位背后理论高于实践的不满，认为由于高等院校培训者与一线学校隔离，高等院校培训者难以指导农村教育。

村小校长 J 对一次混合式的高等院校本位的培训持有比较积极的看法。他描述了自己在教师进修学校安排下赴上海某培训中心参与培训的经历：时间约为一周，其中 3~4 天接受大学教授讲座和优秀教师讲课观摩，其余时间则前往中小学校参观。J 对这次培训评价道："出去外面学习的话，肯定是学习人家好的东西。很多教授，包括我自己以前也出去，这次是到上海那边培训嘛。他们给我们参观的其他学校的各方面的话，那肯定是很优秀的。"J 校长的好评是因为这种混合式的培训方式打破了"理论高于实践"的偏见，将理论学习、实践观摩及学校参观相融合，实现了理论知识、实践知识与环境体验三者的交融。该培训中，实践知识与理论知识的重要性得到并置。

经由这次培训契机，J 校长意识并亲身体验到了上海一些中小学校的教学理念与学习氛围，并进一步将意识提升为认识与行动。J 校长对这次培训更多的感悟在于德、美、体等"副科"也急需加强。"关于学生这块就一点，不能仅仅关注学生的语文、数学成绩，也就是说学校教导处这一块，应该把学生的德智体美全方面提高，把所有的课上起来。在这边的话，因为师资力量不足，很多基本上除了语文课就是数学课，所以在那边回来之后就是要求这些老师，不但要上，而且还要上好。"J 校长作为校长采取行动，要求学校开始重视"德智体美"的教学质量。他描述学校副科方面的变化，首先在体育课上，过去体育课就是"默认"的自由活动课，然而现在体育课更加正式，"现在上体育课这一块是，观念上改变了。不允许学生说一上体育课去外面，甚至队都不站，站好队你们自己解散自己去玩，所以要求在这一块，必须由老师带着学生做一些，比如说简单的动作也好，游戏也好，什么都好，这一块要稍微更严格一点了。"另外，在德育方面，他也提及了学生的一些细微变化。过去不重视德育，学生在文明礼貌方面意识比较薄弱，现在学生能够主动和老师打招呼。"除了品德课，就是文明、礼貌这一块。回来之后抓了一下学生，就像我们在课间或者早上来了之后，放学学生回去的时候，或者在路上遇到这些学生，相对来说，比以前对老师礼貌了，跟老师问好，比以前好很多了。"对于这次培训对他自己的影响，J校长说："觉得效果是不错的。对于我们一些乡下学校，学习得来的东西，我们不能说全部照搬，但很多东西值得我们去学习。"虽然仅从"体育课要活动""见了老师打招呼"等表现去判断学校的文化氛围与学生进步尚且草率，但是从认知与行动改变的角度来看，这次混合型培训对校长J是有效的。其有效的因素主要来源于J校长本身在培训前已有的问题意识，以及融合理论、实践知识与参观体验的培训方式。

回顾村小教师眼中的高等院校本位培训，理论知识作为主要培训内容，是针对毕业离开院校已久的农村教师的理论知识的一次洗礼。但是大多数村小教师对理论培训本身的取向并不认同，更多的是希望理论培训本身可以解决一些实际教学问题。可以看出，更多的村小教师进入培训时已经有了自身对培训的需求与期待，而这些都是基于他们身处的村小课堂存在的问题，以及在教育农村学生过程中产生的困惑，比如X2校长提到的高校本位培训"根基薄弱"，便是呼吁高等院校本位培训关照村小教师实际问题。

### 2. 乡镇县教师："理论很好，怎么操作？"

11位乡镇县教师中有7位提及了高等院校本位培训，其中6位对其进行了详细描述。相比村小教师质疑理论内容本身，更多的乡镇县教师表现出对理论知识价值的认可，但希望培训可以将理论与实践联系起来，解决理论与实践桥接问题。

D、H1与H3教师表达了对高等院校本位的理论培训的批判。H1老师认同"理论指导实践"的命题，也就是认可理论知识的价值。对理论培训的批判主要有两个方面：一方面她指责培训过分强调理论本位，培训者没有具体阐释理论如何联系、指导实践，比如理论如何与课堂联系，在备课中如何运用等。"像我们的话就是，如果有的理论能联系实际，比如说你看那个老师，你讲那个理论，你看那个老师来上课，比如说你这个理论到底怎么结合实践，让我们老师上课处理这个教材或者处理其他事件，这方面是我们需要的。"另外一方面，她"自责"农村教师自己没有将理论与自身的实践融合并内化，使得培训效果不尽如人意。"困难的话就是，首先就是我们有时间要消化，但可能没有那么多时间消化。就是他们培训的话也就那么3~5天，然后还是晚上培训，真正有几个人会坐在那个电脑面前去学习。就是说我个人的话，如果说要培养一个老师的话，比如说理论学习还是要那种跟班。比如说晚上学习理论，那明天早上就去上课，利用昨天学的理论，这样的话去解决可能会更好。"这也是传统高等院校本位培训普遍存在的问题：对实践知识重视不够，过分强调理论知识的权威；忽视农村教师的需求，农村教师对理论理解偏差及理论较少与实际运用联系。H3老师也持有类似观点，他认同理论知识的指导作用，但困惑于理论的具体操作。"就是我觉得这个理论很好，但是我不知道怎么操作。有些愿景，叫我们去朝这个方向努力，我们不知道怎么努力。""一般的就是讲我们现在的课堂要怎么样，我们的教育教学要怎么样，然后外国的教育怎么样，然后他就不说我们现在的农村的或者说这个城市的教育要具体的怎么做。"高等院校本位的理论知识培训对实践本身关照较少，在理论与实践融合的具体做法上留下空白；另外，培训中，无论是在认知方面，还是在实践方面，农村教师都必须独自应对，即便是遇到困难与疑问也很难有后续的培训支持，在理论培训中农村教师是被"孤立"的受训者。

此外，有 3 位乡镇县教师对曾参加过的高等院校本位培训评价较高。这三位农村教师提到培训中包括案例分析、培训者教学经验及受训者需求调查。F1 老师谈及了一次在北京师范大学经历的心理学培训。"这个讲理论，他就分析了很多案例，我们觉得这个讲座很精彩，主要的精彩之处就是案例很多，通过这个实践来讲。你光讲理论，就听着没劲了。"在这个培训中，F1 老师感到精彩之处是理论与案例分析的结合，由此可见培训中理论与实践的糅合对提高培训的有效性是非常重要的。关于培训对农村教师产生的实际效果，F1 老师说道："你每次外出培训听到的讲座或者你学到了这个教学模式，你回来以后都是可以去慢慢消化的。学科方面还是有效的。"这同样反映出在理论知识本位的培训中，"实践"其实是要求教师独自理解并加以运用的。

H3 老师谈及一次对其影响显著的理论培训——本地某师范学院教授的讲座。培训中教授采用了直观案例与抽象理论结合的方式，并且这位教授的案例是他曾经作为中学教师的直接经历。"可能是这个老师比较关注的是理论加实践，我们大学这些研究机构的教授，他的理论要能够举出一些跟我们的中小学相关的例子。比如赣南书院的文豪（音）教授，他这个讲座就很形象生动。因为他来自于基层，在龙安师范干过，在高中教过龙安一中。他将理论和实践的东西陈述下来，我们听了三四个小时，都很感兴趣。例子很生动很具体，然后很接地气。""接地气"是 H3 老师对这位培训教师的赞扬，显然这位教授已经超越传统高校教师仅仅讲授"理论"的角色，至少过去的中小学教师身份让他重视实践知识，并且关注在理论中运用"案例"，使其成为一种理论与实践衔接的手段。但是案例的效果似乎仅在于理解理论，H3 老师与 F1 老师一样并没有描述培训后他们教学行为的变化。

G 老师描述了最近一次"国培计划"经历。在"国培计划"改革的背景下，这次培训改变了理论本位的指导逻辑，一方面理论知识与实践知识处于平等地位；另一方面，强调围绕农村教师需求进行知识培训。培训主题围绕着"农村寄宿生"展开。根据 G 老师的描述，该培训持续了一周时间，期间由两类教师主持培训，一类为高校教育学院教师，另一类为市中小学一线优秀教师。该培训的一个特点是混合型的培训教师队伍，另一个特点是在培训前针对教师需求开展调查，之后确定了针对"农村寄宿生"的主题。G老师表示该主题符合农村学校的现实情况："因为我们学校就是那种最典型的农村寄宿制学校。现在还更好一点，现在还有接近一半多的学生是在学校里面住的。"对于这次培训的效果，G老师评价道："他真正知道我们需要什么样的培训，然后再安排我们去。并不是说反正他就指定一个培训，他就叫你去，然后你到了那儿才知道，都不知道来这里学什么东西的，这个我觉得效果更好一点。"在此次培训中，大学教师讲授理论、一线教师展示实际课堂教学，培训中充分考察农村教师实际需求，这种培训方式不仅得到了G老师观念上的认同，并且G老师表示要将培训所学运用到自己班级上："就是怎么来活跃班级的气氛，增强班级的凝聚力。就是一些小的活动，我就把他的活动用起来，在我班上试了一下还是有效果的。"通过以上案例分析发现，满足农村教师需求、理论与实践结合的培训更容易引起农村教师的认知变化，进而引起行为变化。

通过村小教师与乡镇县教师对高等院校本位培训的反馈，我们需要仔细厘清培训的目的。目前，高等院校本位培训基于"补缺"逻辑，即通过理论知识培训补充丰富农村教师的知识结构，开阔农村教师视野，以达到专业发展的目的，其中"实践"并非是培训关照的重点。然而"理论取向"培训类型有效的前提是，农村教师意识到理论的重要性并承认自身的理论不足。在访谈中，尽管有一些乡镇县教师意识到理论价值，但无法独自完成理论与实践的双向互动。

通过对培训中有效因素的分析发现，融合理论与实践知识，关注农村教师的需求表达对培训效果有积极影响。①农村教师与师范生不同，他们带着实践问题进入培训之中，希望培训内容能够提高他们的课堂教学水平，这意味着过去"理论话语"主宰的高等院校本位培训需要重新思考培训的目的。"实践案例"在农村教师培训中得到好评，好的培训者需要具有"混合知识"，比如H3老师提及的具有一线教学经验的高校教授，以及G老师经历的大学教师与一线教师共同组成培训团队，都是试图将理论与实践结合，是对高等院校本位培训传统范式的改革，这也正是近两年"国培计划"正在试图发生的转变。②满足农村教师需求的培训才能引发共鸣，进而改变农村教师行为。G老师的案例可以证明有效的高等院校培训需要考虑农村教师的需求与经验。他提及的两个有效的高等院校培训恰恰是针对农村学生"留守"及"寄宿"问题。因此能不能"满足农村教师的需求"是对以培训者为中心的培训的挑战。总体来说，从"国培计划"改革看来，传统的高等院校本位培训正在试图通过引入一线教师，改变过去重理论、轻实践的范式，不过一统化的集中培训难以满足农村教师个性化需求，目前培训设计较少考虑农村教师的表达，这意味着培训中需要赋予农村教师主体更多的话语权。

## （二）科层制话语下的教育行政部门培训

各层级教育行政部门，如省市级教育厅、区县教育局，及其下属的教研室、教师进修学校、电教室等单位，定期在省市、区县范围内组织开展不同主题的培训工作。教育行政部门培训的培训者主要是单位任职教研员、专任培训者等。培训多是以专题讲座形式开展的理论培训，采用的是自上而下任务传达式的培训模式。培训模式体现出鲜明的科层制特点。所谓科层制特点，"科层组织中每一级职位赋予其承担者对下属进行合法控制的权力，整个组织系统以'服从命令、遵守纪律'为最高控制原则，强化规章制度管理是科层的重要特点，即将组织内的职责范围、工作程序、行为标准以规章的形式确定"。培训中通过特定权力的施行和控制关系，强调培训的最大"效率"与上级对培训的控制。对此，村小教师抱有矛盾的心态，较为温和地质疑培训的有效性。但是，乡镇县教师清楚地表达出对科层制组织培训设计与效果的疑问。

### 1. 村小教师："应该有一点作用"

村小 3 位教师提及教育行政部门培训，包含由区县教育局及地方教师进修学校、电教室等主持的培训，如 L1 老师提及的教育局主持的新教师入职培训，Q 老师提及的电教室主持的技术培训及 X2 校长提及的教师进修学校主持的理论培训。行政部门培训的时间视具体情况而定，比如村小教师反映新教师入职培训有 2~3 天，技术培训只有半天。在这些农村教师眼中，教育行政部门培训以理论知识为主要内容，培训主题、知识范围由培训者选择并由培训机构决定，农村教师的选择权与话语权湮没在科层制的培训组织中。

两位村小教师似乎口头认可这种培训类型的有效性，但是其言语背后隐含犹豫与"温和"质疑。新手教师 L1 略带疑惑地回答"应该有一点作用"。一方面，出于对培训制度权威的服从，在他心目中培训当然是有裨益的；另一方面，实际上培训对教学效果的提升并不明显，L1 老师口中的"应该"表达出对培训内容的疑惑。而 Q 老师表示曾经参与了一次电教室主持的多媒体技术培训。不过由于村小缺乏多媒体设备，所学技能在学校并没有条件使用，"接受这个培训，但没有这些现代化的教学仪器、教学设备。你要想做课件，可你做不到，即使做了也没有用，因为没有这方面的教学设备"。村小学校并未普及多媒体设备，那么这些老师参与培训的意义何在呢？F1 老师自己的理解是：也许是为日后多媒体设备普及之时的教学做好准备。不过村小何时普及多媒体设备还无定期。其所接受电教室培训背后是去农村教师情境，将城市教师与农村教师视为无区别群体，强调整齐划一、上传下达的科层制组织管理所谓形式。教育行政部门培训并非是针对农村教师本身的教学、发展需求设计，追求高"效率"的集体培训方式并不能将不同情境的受训群体加以区别，培训具有鲜明的科层制色彩。

### 2. 乡镇县教师："我们培训就是流于形式"

6位乡镇县教师提及了教育行政部门培训，其培训内容、组织形式等与村小教师所描述的相互印证。对比村小教师的"温和"质疑，乡镇县教师普遍且清楚地表达出对强调"效率"与"控制"科层制管理的质疑与不满，尤其是在教学方式、组织培训形式方面。

一方面，农村教师认为集体讲授的培训方式过分注重整齐划一，在短时间内传授大量的事实信息，而忽视了培训中的个性与质量。高质量的培训必然需要农村教师的全身心参与，然而在集体讲授中农村教师本身难以表达，难以满足有工作经验的农村教师的能动学习。H1老师说"他那个讲授方式，就是面对面地用嘴巴讲给我们听"。培训后，需要针对农村教师个性化问题进行答疑解惑，然而教育行政部门组织的培训讲座却没有提供与农村教师沟通的环节。H1老师说："都是直接结束。但有的时候感觉，有的老师给我们培训就是流于形式。"这种培训方式突出培训者的中心地位、追求规模，却将农村教师群体视为无差别、无个性、无声的整体。

另一方面，按部门分层级培训管理的方式，培训呈现"控制"取向，仅关注自上而下的单向权力传达，难以对农村教师所欲、所需、所求做出回应，农村教师多是"被培训"。Z4老师表示："第一个是根据上面的要求先报名，然后选课题，选培训项目。上面下来什么任务基本上就培训什么，比如教育局下达文件组织哪方面的培训，我们就根据文件派出相关的老师。"九年一贯制农村学校教师L3也表示机构培训中，地方学校无法与其沟通，只能被安排培训，"举个简单的例子来说，哪怕是他干了事情我们都没有办法沟通，因为他这个培训我们就是派老师去培训，至于培训方怎么来组织，培训的内容是什么，考勤怎么样，教师的管理，派什么学校是一概管不了，也无权去干涉人家的培训过程"。科层制管理中，L3老师表示无法通过组织层级去表达农村教师的想法，培训很少关注农村教师的培训需求，而要求下级对上级的应答，因此内容偏离一线教学实际，效果不佳。这在一定程度上是对培训机构人力、物力与农村教师本身精力的浪费，"上面也不会这样去听我们的，不会去听。现在上面很多培训与基层、一线的需求是脱节的，培训很多方面是不切实际的，有的就是一种浪费"。很多农村教师关注实践知识，渴望培训给予应用方面更多关注。但由于一些行政部门在制订培训计划、组织培训活动时缺乏这些农村教师的声音，依循过去培训者中心、集体培训、理论"灌输"的老一套，导致了如H1老师所说的流于形式，"就是我觉得培训内容有的是流于形式的，就是很多大道理我们都懂，但是都不会实践，然后他又重新再讲一遍，是这样子"。

总之，从村小教师与乡镇县教师的反映来看，教育行政部门组织的培训教学中遵循班级化、一对多授课的培训模式，虽然可以高速推进、规模培训，但过分强调培训的速度与规模是以牺牲培训的质量为代价的，农村教师评价其"流于形式"。教育行政部门培训管理中遵循"上传下达"、层级分工的组织管理方式，尽管有助于一统化管理，但是却以牺牲受训者的个性、差异性为代价，农村教师评价其为"一种浪费"。这些与发挥农村教师主体性的做法相悖，没有关注农村教师的现实需求，不重视农村教师的现实体验，不允许农村教师话语表达。

## 第二节 农村教师培训的问题分析

农村教师培训中由于理论话语、科层制话语及蕴含的城市话语的主导，存在农村教师失语现象，这与培训前准备不足，培训中缺乏融通、流于形式，培训后难以运用与持续发展，培训之外的社会环境影响等问题不无关系。下文将深入分析这四个方面的问题。

### 一、培训前准备不足

#### （一）参训的资金、时间、渠道和机会缺乏

**1. 培训资金不足**

近年来，国家逐渐在农村教师培训上投入资金补充，但补充的范围和程度仍然有限。Z4校长谈到："农村学校的老师培训，主要取决于我们学校的重视程度，像现在思想上我们领导层很重视，但是真正划拨一定的经费送我们老师出去培训还是有较大的困难，经费这块儿比较紧张。每年虽然有一部分经费划拨送老师去培训，但是感觉还是量比较小，还达不到这个层级。"这是当地乡初中的一位副校长，他表明本校的领导对培训还是很重视，但是经费是个难题。

一是，派教师去外地参加更高规格和水平的培训的资金相对紧张，需要教师支付一定的报名费、差旅费和住宿费，尤其是前往外地名校参观、学习及参与一些优质的社会性教师培训活动。例如，H2老师指出前往外省名校学习的机会少、经费高："类似于厦门的相约名师培训活动，我觉得有一个缺陷，因为毕竟这样的活动是少数人参加。而且它的费用比较高，差不多报名费一个人就要800多元。"二是，校内培训用以改进学习和培训实践条件的资金较为缺乏。农村教师全员需要参加远程培训，但是没有专门、充足的电脑和畅通的网

络，需要轮流在校开展或在家学习。相比而言，城市学校学生数量多，接受的年度整体划拨经费多，且基础设施更完善，有更多剩余的资金帮助本校教师参与多样的培训。但农村学校受制于资金，处于"心有余而力不足"的状态，基本上是接受上级安排，没有很多其他自主组织和争取参与的机会，参与学习的人数较少、期限较短。

### 2. 工学矛盾十分突出，缺乏反思

在讨论农村教师参与培训的困难时，很多教师反映培训与自己教学工作、照顾家庭的时间冲突。本校进行的送教下乡、教研活动和远程培训等主要是需要教师利用课余时间完成，外出的学习活动则主要是利用周末和寒暑假进行，有时也会占用工作时间，需要协调课务。W2 老师："培训困难，最重要的就是时间问题。工学之间的矛盾吧，比较突出。寒暑假期间，很多老师是想休息，这个时候的培训效果会稍微差一点，或者天气也比较热。如果在平时的话，这个师资又不是很充足，如果你要搞培训的话，又与教学相冲突。"这主要与农村教师工作性质与培训开展的问题有关。农村学校的教师队伍较为匮乏、力量薄弱，且许多优秀、有经验的教师流失严重。能留下来的教师需要跨年级和学科任教，课务负担重，同时也有部分教师综合素质不高，难以完全胜任多学科教学，如音体美素养不够、缺乏全科教学能力。Z4 老师："现在医学院不是要培养全科医生，我觉得义务教育也需要培养全科教师，培养模式像以前的师范生一样。义务教师都可以的。我是师范生，一样教过语文、数学、物理、音乐、体育和美术，但现在本科生出来教不了美术、音乐。现在太专了，学校学科调配不好办，再加上现在文体类教师少。文体类教师又教不了文化课。"同时，当地农村学校新教师的比重增大且非本专业或非师范专业的毕业生有所融入，这些教师教学的适应和后续提升有较大的压力，需要积累时间。再则，部分农村学校为寄宿制，这增加了农村教师的管理时间，尤其是班主任，需要承担更多责任。另外，许多农村家长对孩子课后辅导的意识和能力较弱，在农村小班教学下，更能够实现教师针对性的帮扶和指导，因此课后给基础较差的学生进行辅导教育的重任会转移一部分到农村教师中。

与此同时，各项教育教学考核也会给教师诸多压力。F1 老师："现在这个考评机制每年是必须要参加小考的，就是教学质量这一块是压力很大的，主要是教学压力，就是以学生的成绩来定这个教学质量的。所以这个评价方式呢，以前是比较单一，而且任务比较重。"他们有时会面临许多来自政府等权威部门安排的非教学任务和活动，这就对教师静心教学形成干扰，占用许多时间。G 老师："工作任务太重了，工作压力太大了。我在这里待了五年，有几次，就是我们学校里面有那个培

训,有那个很好的培训。当时要么学校不让我去,要么就是我自己放弃不愿意去。前两年我当了毕业班的班主任,工作任务很重。如果我走掉了,那这个班怎么办?就是没有人来接手嘛。然后这个成绩上压力还是比较大的,如果我走了这个班的成绩下来了那怎么办?因为这个培训可能不是一天两天,可能是半个月或者一个月。我一走的话,所以事实上真正最需要得到培训的又是那些高年级的老师。真正的工作压力最大的就是这些老师,偏偏这些老师更不能走。"教师作为一个社会人,也会有自己的家庭和个人休息时间,尤其是女性教师,需要照看孩子,如在二胎政策开放的背景下,很多教师请产假,这也会影响教师教学和培训工作的开展。

农村教师面临来自校内外的多重任务和要求,工学矛盾十分严重,可用于参与培训的时间少,自身的精力也有限。若培训与课务没有协调好,会影响正常教学及学生的成绩。培训容易占用许多个人时间,而教师精力有限,便容易形成冲突。无论是理论还是实践,农村教师都没有足够时间去仔细研究和反思。这更依赖于教师自主提升的努力和外部机会的给予。

### 3. 培训的自主渠道和平台封闭

农村教师处于相对闭塞的信息环境,沟通渠道不畅,与外部培训机构之间的联系主要依托于教师进修学校和教育局等中介桥梁。他们不知道何时、以怎样的方式与自己期待、适合的培训者取得及时、稳定和持续的联系。H3 老师是当地镇中心校的副校长,他表达了自己相关的困惑,指出本校教师难以与理想的高校教师取得长期、稳定的联系:"关于乡镇中小学和大学合作的困难,比较难以联系这个合适的大专院校,它没有这个对口的挂在网上的或者挂在教育局的,可以供我们选择的这个。比如说我想到江西师大请一位教授,请哪个系的教授?请哪位教授?我怎么请?怎么跟他联系?这方面是一个困难,需要建立这个合适的联系机构,否则我们是没有办法联系的。没有这样的一个平台。比如说,网上你有这样的平台供我选择,那我就跟他联系啊,我不知道怎么联系,我联系谁?怎么联系?联系不上。我即使找到了地方,打电话联系,人家会不会搭理,这就是个很大的问题。"

与高校合作的渠道上,比如远程培训,交流的线下平台面临距离较远、师资缺乏的困境,而在线互动平台尚未得到系统的建设,实施后,与高校及城市中小学教师沟通的具体方式和机制仍需要形成一个完善的方案。这些不足极大地阻碍了农村学校及其教师自主争取合适的培训机会,也难以跨越时空的距离接受在线互动式的培训。教师进修学校、教研室等培训组织机构在沟通联系上也没有稳定持续的制度,以及相应的资源、资金保障。根据教师进修学校的 W2 校长反映:"我们一般到大学里面去请的话,都是针对专题,针对需求去寻找专门的人员,并没有跟哪所高校签订合作协议,给他提供这些服务,都是我们个人的关系或者……"他们与高校的联系也多是依靠个人关系和人脉资源。

农村学校接受培训处于相对被动的地位,只是接受教育行政部门的培训文件及其培训任务要求,但是对培训内容、方式没有自主权、创新权,其需要、建议和智慧没有得到充分重视和应有的采纳。

**4. 优质多样的培训机会惠及面小**

整体而言,全体农村教师参与培训的机会有限,能够全员参与的基本是远程培训。近年来,校本教研也在农村学校逐渐得到重视和推广,这两种是全员或大部分农村教师有机会参与的培训。其他培训为选派式,他们较少有机会参与,这类培训主要有类似于"国培计划"等级别、层次较高的培训,可以前往大城市接触名校、名师的外出式参观学习,与城市学校进行一对一帮扶的跟岗学习,在大学进行长期进修或与其大学生进行轮岗置换的培训,社会机构组织的一些优质培训活动(往往需要自己支付培训费用,所需成本较高)等。

优质培训机会有地区、学校差异,城区学校和乡镇中心校教师接触相对较多,部分村小或教学点,因为教师本身数量较少、资金有限等问题,参与相对较少,或者部分通过乡中心校来间接实现,如送教下乡。同时,培训按照一定的类别自上而下安排,具体到教师个体,会考虑其情况(如数量、职位、教龄、学科、教学业绩、参与培训的态度)。根据访谈,笔者了解到青壮年教师、学校领导、教学成绩优秀的农村老师、主科老师参与培训的机会较多(几类老师部分有交叉),一般其他教师机会相对较少。L2老师:"像我们呢,40多岁了机会更少,学校会派一些更年轻的。"很多教师都表达了让更多的教师有更多机会参与培训的愿望,正如Q老师指出的:"关于农村学校参与培训希望得到的帮助,就是要让培训的老师要全面一点,人数、次数多一点,就是要做到普及性。"学校领导本身对培训的认知和责任心等对选派人员产生影响,有的学校会让部分教师重复参与培训,使其成为"培训专业户",导致其他老师常常没有培训机会。正如W2老师指出的:"个别学校会存在各期培训班可能会派雷同的老师来参加培训。可能有一些存在培训专业户,有一些老师可能多年都没有培训的这种机会。"

**(二)培训需求调研和支持不充分**

培训内容缺乏针对性、脱离当下农村教师教育教学实践是影响培训效果的重要问题,培训前相关部门应进行相应的调查研究,以了解农村学校、教师和学生的需求。受访农村教师表示对培训需求的调研,自己接触得较少。例如,F2老师谈到:"具体的,我们对这个老师他们的一些培训内容,他们这个专家老师或者一线老师他们讲的这些东西有没有到乡下去调研,也不一定,也不知道。现在的很多的调研，还没有完全深入到农村去。"关于这些调研的科学性、规范性和专业性难以保障。又如 X2 老师指出的："我觉得虽然有些专家、教授会下去调研，但是这个调研应该说算皮毛。他仅仅是在这里蹲点或者在什么地方，应该说对农村教育这个长期过程，还是缺乏这个了解，应该说根基薄。"相关专家对农村教师问题的调查研究需要更加系统、深入、广泛、扎实。

培训对农村教师的教学现状、农村学生情况和农村学校发展条件等变化没有及时跟进。相关培训部门、培训者不了解农村教师在日常教学和管理等方面面临哪些问题和困难，难以针对性地为其分忧解难。培训的提供者和服务对象在交流、协商上有所不足。培训机构和培训者对于农村教师需要、期待、喜好，及其选择原因，以及认为有效的培训内容、培训形式和培训者等尚未被充分重视并搜集反馈意见。农村教师培训的设计者和实施者在思考教师专业发展的应然逻辑上的需要时，也应该结合实然状况，呈现符合农村教师的现实需要和学习能力的培训，考虑好培训内容的数量和难易度等，使其对农村教师有意义和价值，而不是一味地盲目推送最新教研成果和国际教育教学理论等。

### （三）职前教育理论与实践割裂影响职后培训

农村教师职前教育的质量和入职考核的科学性、严格性影响着入职后教师的素质，以及教师参与培训的基础、培训的难度和培训相应的指导内容的选择。X2 老师谈到："我觉得这个社会还是要像德国教育或日本教育学习。中国的教育模式、教育体制的问题还是比较大的。在德国或日本，上岗培训、大学的培养，资格审查严格得多，比我们的应该说好多了。你看大部分学生现在上课就是手机电脑，真正愿意沉下心来学习的还是比较少。"一些新教师在职前培养阶段积累的学习习惯、方法和专业素养等会延续在教育教学工作中。

受访农村老师反映大学所学理论在中小学无用武之地，一些在职的农村教师职前教育中自身理论学习不扎实、效果欠佳等问题，与其理论学习与实践训练分离或缺乏专业的师范教育有关。因此，他们入职后有时难以真正理解和把握理论，当面临实际情景时缺乏对相关教育学和心理学知识的感知和灵活的应用，容易仅仅凭着感觉、常规或经验办事。农村教师职前培养的质量需要加强，不能过度依赖职后的进修。正如访谈所得，职后教师培训面临诸多困难，应针对问题进行针对性的培训学习。因此，需要提高教师职前学习与职后提升的有效对接。

据受访的 G 老师指出："我们学校很多老师都是改科教的。第一个原因可能是老师不太够用，第二个原因就是他们招考的时候，根据上报的计划，像我们数学，有三个是教那个计算机的老师，他可能上面招的时候就会招一些计算机老师。但是事实上呢，我们这个乡下学校，又开不起计算机课。所以我们数学老师不够的情况下可能就会让他们过来。目前农村中小学教师有部分来自非师范或本学科的教师，缺乏全科教师，音体美等学科的教师尤其缺乏，但是培训的机会有限，这造成了很大的学习压力，如果不能得到及时和充分提升，容易影响教学效果，也加大了培训的难度。"G老师进一步指出："非师范类考那个教师资格证的还比较多。他们本身不是师范类的，没有接触过那个学校里面的实习，在这方面可能会更欠缺一点，所以等于他们一出来对这个东西就几乎没有什么了解。我个人觉得在近两年可能会有20%~30%，这两年是越来越多了。因为可能就业压力也比较大，大家都希望找一个比较安定一点的工作。"其实，农村中小学也需要严格教师准入和定期考核制度，吸纳更多优质师资，不能为了应对数量不足的困境而放松要求。整体而言，教师在职前教育中学习的努力和成效会影响其后参与培训的学习态度和方法，也对培训设计和调整提出了相应的要求。部分培训没有很好地将教师先前学习经验、教学实际需要等要素串联起来。

## 二、培训中缺乏融通，流于形式

### （一）培训合作少，资源难以整合

不同类型培训机构、培训人员间的专长不同，且有价值、观念等方面的文化冲突，影响理论和实践、城与乡的有效对话。在培训机构层面上，各机构合作较少，资源难以整合。需要注意的是，县市地区的师范院校有限，农村学校与大学合作更少，教育专家结合农村教育教学实际、当地文化直接对农村教师进行理论指导的机会有限，多为间接依托教师进修学校等进行统一授课。P老师："我感觉好像和大学没有什么合作，就是通过教育系统、教育局来搞一些培训吧，好像跟没什么联系一样。"Z4老师："高等院校直接参与学校培训，这个个人感觉还是比较少。一般都是通过教师进修学校，聘请高等院校的教师，集中上课这样子。"两位教师均反映与高校教师合作较少。

当前农村教师培训的师资多是一线优秀教师（如从各区选拔的教学骨干）和本省的师范院校教师。前者拥有良好的教学表现，能够提供实践经验指导，但在教育研究和理论积累上相对不足；后者对教育教学或学科知识等有理论研究，但大多缺乏基础教育工作经验，对农村教育教学实际的了解不充分。农村教师欢迎教育理论和经验皆为丰富的培训者。近年来，我国也涌现了一批诸如李镇西、窦桂梅和李吉林等既懂理论又懂实践的教学名师，他们本身也是很好的榜样，起着示范和带动作用。W2老师："如果是一些高校老师过来的话，能结合一线教学情况的还是很少，理论性强一些。如果我们请的是一线的名师，不管是省里的也好，市里的也好，或者是我们本县的也好，那么他结合自己的教学实际，有一定的理论也有一定的这个实践的基础。所以更受欢迎。"这样的教师非常有限，要加强合作，取长补短，组成在实践知识和技能知识上优势互补的专业化指导团队。在当前农村教师培训开展中，专家、一线优秀教师和教研员等培训者多分隔在不同的培训领域中，在培训课程的设计和实施过程中缺乏融通。

### （二）培训方式方法不当，教、学和演练难以整合

#### 1. 培训方式不恰当，缺乏与实践经验联系

很多受访教师表示期望培训能够符合实际，与自身实践经验、教育教学情景相连接。然而，农村教师培训中的理论传达存在不当，在培训的具体方式、方法上的转换不够到位，使得教师难以理解，不知如何与自身的实践经验联系起来，具体包括三个方面的问题。①理论学习和实践演练脱节。H3老师："参加培训的时候有。比如说教师说，参加培训的时候就是说心里激动，回来的路上呢还有一种冲动，我要把这个东西搞好。然后回家以后呢一看这样的状态，没有行动了，基本上，大部分属于这种情景。"H1老师："就我个人，如果说要培养一个老师的话，比如说理论学习还是要那种跟班。比如说晚上学习理论，那第二天早上就去上课，利用所学到的理论，这样的话可能会更好。"②培训者与农村教师课堂上缺乏互动和交流。比如较少与农村教师讨论学习体验、相关的实践经验及对未来实践的设想（落实可能的行动方案及可能遇到的问题）。L2老师："'国培计划'好多是这样。就是这个老师制作一些PPT啊，基本上上课就是念PPT，没什么新鲜的，本身这个内容还干巴巴的。培训就是传授，向我们传授知识的这个方式非常生硬、单一。而且这个互动不是很好。像我们上课基本上就要怎么样，给学生提问啊，学生回答。他基本上就像在大学里上课一样，基本上这样讲，互动很少。"③培训缺乏案例讲解、示范演示。理论培训、技能培训有一定的时空间隔，交叉、整合起来培训的相关尝试和有效经验是不够的。比如农村教师在将所学理论转化为实践技能上总是有问题的时候，专家可以结合自己的研究基础和与一线教师交流的经验，在系统讲完理论之后，呈现实用性强、较为具体的策略总结。现实中这方面的理论实用技巧、策略培训不足。

#### 2. 一些培训在实施中流于形式

农村教师培训基本可以分为在本校开展的培训和外出培训。此处选取受访教师提及较多的，在本校开展的远程培训和校本教研活动，外出参加的与大学的轮岗置换进行分析。

关于远程培训，受访的很多农村教师反映在现实层面上远程培训存在流于形

式的问题，对自身来说是一种较大的负担，很多农村教师只是被动地、按部就班地完成任务，正如以下四位教师的表述。

H2 老师："我们都是挂机的，找一个软件然后挂机，绝大多数老师没看过那些东西。这都成为一种负担。"

Q 老师："远程培训是通过登录这个教育资源网，打开培训课程以后就是好像每过十分钟还是二十分钟就要去那里点一下。但是我们农村，不可能保质保量地学满那个学时，那就只有造假了。你不造假你不行，比如说你点开以后，就让没有课的老师，到了十分钟帮你点一下，到了二十分钟帮你点一下，是这样子。"

从农村老师的话语可知，远程培训存在：一些农村教师参与远程培训时挂机、不看视频；部分老教师会请年轻的教师帮自己完成；部分网络作业直接在网上复制、下载，自身没有深入思考等问题。结合大多数农村教师关于远程培训的现状反馈，可以从主观和客观因素分析当地远程培训流于形式、缺乏实效的原因。在主观因素方面：心态较为浮躁，教师没有耐心参与；教学任务重，没有充足时间，难以认真、静心地用心学习；个人进行远程学习的方法选择和使用不当。因而教师不愿意、抵触参加远程培训。在客观因素方面：远程培训本身内容多，农村教师需要学习的任务较多；操作起来不够便利，缺乏一定的物质支持（如办公室空间有限、电脑数量不足和网速较慢）；与农村教师需求的匹配程度不够；受同事学习状态的影响，容易产生倦怠。

关于校本教研，校本教研活动包括听评课、主题研讨和观影等活动。这一形式在部分农村学校已经成为常规性的运作（一般是按周）。部分教师认可这一形式，但提出它在实际开展中也面临流于形式的问题，对本校教师的提升作用不明显、不充分。正如以下两位教师指出的。

H3 老师："我觉得这个学校内部的培训，对这个教学的提高是最大的。但是现在很多都是流于形式。教研活动，现在我们就是轮流听课嘛，就是听一个老师的课，然后大家来评课。这个课现在不行了，因为要么就是年纪很大的老师，说句实在话他们这个教学观念也比较老旧了；要么就是一些年轻老师，教学经验很不足，所以没有办法给他们提出一些必要的指导。包括这个班主任培训也是这样子的，这个班主任当得比较好一点的，要么就去走行政路线，就是被提拔了嘛，比如当学校里面的管理层，要么就走了，要么就进城了。留下来的班主任呢，没有一个人去带动他们，教他们怎么做。"

H2 老师："我觉得大多数小学存在一个普遍问题，像我们每周都有专门的教研活动评论的时候，我觉得这样的话，对于一些新老师来说，这是一个很好的培训。他们可以在课上，可以知道一些常规、常用的应用。但是对于一些一线老师来说，有一些相当于走过场。评论的时候，没有什么客观的评价，可能就觉得这样的方式没什么很大的意思。因为现在我们老师很少，还是上那个常态课你知道吗？常态课，就是在教室里上，我们拿一本书给学生上课，通过我们的这些教研活动，一定要做得很快，就是用那个多媒体。很多老师评价没有很大的实用性，就是一个花架子一样。"

部分校本教研活动存在流于形式的问题：①部分老教师认为这一方式对农村教师的提升作用不明显，偏向于按部就班地参与，有一种倦怠倾向，并认为自己主要指导新教师的课堂教学，传授经验，对自己帮助不大；同时部分老教师学习和改进的意识不足，也存在知识老化、观念陈旧、创造力不足、对教研活动的重视不足等问题。②部分教师在教研活动中给出的反馈不一定是客观的，可能顾及同事关系，或者本身没有仔细观察和深入思考，只是形式化地完成任务、走完过程。③部分教研活动中的公开课、示范课没有实用性和操作性，显得华而不实，没有很好地结合学校的实际情况，如学校的多媒体设备情况和学生的学习基础。此外，部分教研活动形式单一、缺乏趣味性。教师有来自教学和家庭的压力，用于参加校内教研活动等培训的时间有限，不是把心思都用在教育上。这些培训内容和形式的优化，以及其成效十分重要。

因此，教研活动需要营造开放、包容与和谐的研讨氛围，也需要考虑其严谨性和规范性，要有认真执行的程序和要求，有相应的监督和激励措施，尽量提高农村教师参与的积极性和质量，注重实效和质量。

关于与大学的轮岗置换，一般是指大学生替代在职教师岗位进行教育实习（顶岗实习），被替换的教师前往大学学习（类似于脱岗进修）。研究发现，部分教师认为需要到专门的机构进行脱岗学习，以保障充足的学习时间，但是这一方式在现实操作中面临困难，大学生的态度和素质会对其在农村任教的质量产生一定影响，需要予以重视。例如，D老师指出了面临的现实问题、障碍："这样其实没什么效果。换岗我觉得这种做法非常失败，根本没有什么用。然后可能对这种师院的学生来说会有点效果。但是对于在职在编的这些老师，真的就没用。就是浪费时间，我们也不好管理那些学生。这个素质比较差的人来了，我们学校好苦，把我们一个比较好的老师换走了，换一个比较淘气的学生来。换岗就是你刚才说的那个大中专的那种学生，换走了我们一个老师到这个师院去学习，但其实，我觉得是弊大于利，这个弊端还非常大。比如说安排一个学生过来，一换就是一个学期。大家对这个学生不是很了解，或者说他根本没有一线教学的这种经验，他教不了，汉语拼音教不了，教出来效果很差，家长意见非常大，最后就投诉到我们学校来，说这个老师怎么样怎么样，我们也很无奈。他一下子又成长不到这么快，又没有这么有经验。"

## （三）培训忽视农村教师主体性、缺乏沟通

农村教师参与培训的态度和方法影响其实际学习的效果，部分农村教师不愿意、不积极、不认真参与培训。培训对农村教师个体在意识和能力等方面的关注欠缺，这些因素也影响培训成效。

农村教师认为上级较少组织专业人员深入一线进行大规模的调查，对于农村教师关于培训内容和形式等的需求和建议了解不足，缺乏后续反馈的渠道、平台或组织，教师缺乏自主权。农村教师对培训的整体方案有较少的发言权，其建议尚未得到充分重视和采纳。其实，当他们的心声得到重视、需要得到满足时，他们参与的积极性和热情会更高，也会更加投入，自身更好地从中受益。虽然上级部门也会针对培训设计一些方案和政策，有些符合科学的要求，但是部分是停留在计划和承诺的层面。培训机构和主管部门应充分沟通，不断完善培训，而不是仅仅按部就班地进行。Z4老师："觉得取决于我们的老师对这个培训的认识，他自己感觉这个培训是不是符合他自己的需求，如果不符合他自己的需求，他肯定这方面重视程度不够，不够的话对于学习热情肯定是提供不上。"

本书在开放性大题中，了解农村教师在理论学习和经验学习上面临的困难或阻碍的反馈，将农村教师个体存在的困难归纳如下。

（1）农村教师缺乏学习的热情和积极性，认真学习和深入探究的意识和动力不足。对于理论学习没有足够的耐心，较难保持专注，容易走神。

（2）自身的知识储备和理论素养积累有限，对于理论和经验学习应持有的观念和方法掌握不足。在培训和运用时难以准确理解和掌握理论，内化不足导致使用上面临重重困难，出现培训时听不懂、培训后不知道怎么用等问题。部分农村教师不知道如何选择合适的理论阅读、学习材料。

（3）难以进行及时的反思和总结。较多农村教师指出自身培训学习结束之后就投入了繁杂的工作中，没有怎么去总结和分析培训所学，因而，也不太会去应对自身不足和思考如何运用等问题。

（4）部分农村教师的学习和实践较为封闭孤立，在遇到难题时，较少和同事进行交流、合作。

以上四点是根据教师的原话总结，表明了农村教师在学习理论和经验的态度、方法和能力等方面存在一定的问题，培训对教师个体学习过程中的情感态度、学习和运用的方法、自身的困惑等个体因素关注较少，也没有充分了解受训者学习和运用理论、经验的一些客观条件限制。许多培训形式中培训者与学员之间，以及学员之间接触的时间有限，难以开展较为具体、长期的交流。因此，整体上，培训对教师个体学习的态度、方法、能力和结果等方面缺乏重视、考察和帮助。

## (四)培训多为任务和要求,对实效关注不够

农村教师参与培训通常是一种硬性要求和常态性的规定。一般由专门的机构,教师进修学校组织,教育部或地方教育局制定相应的文件,将其下达给各个农村学校,以强有力的命令贯彻执行。不同的规格、类型和层级的培训给予不同学校、教师一定的机会和资金等支持。同时,也有部分农村学校按照一定的政策精神,自主结合实际,在本校开展一些教研活动或者与同级兄弟学校搭建联系,开展相互间的交流活动。虽然培训工作能够有条不紊地持续展开,但在意义和价值层面上,相关部门、人员真正去思考对如何开展培训能更加有效这一问题的探索和努力不充分,多是依靠经验,机械式地开展工作,有些甚至存在被迫、应付式的倾向。L2 老师:"培训的机构会实行点名,然后反馈到学校进行考评。还不就是应付式的,有的内容有兴趣就听,讲得不好没兴趣了不听?就像我们在学校里教学生上课一样,教的有兴趣学生就听听;没兴趣的话,还不是坐在那里发呆。"G 老师:"上面不是很重视,就是学校也不会想我们的老师出去参加培训然后提高自己,能够对我们这个教育教学有帮助。更多的是一种无奈之举。他们更关注的可能就是我怎么维持这样一个现状。"

当给予培训者和培训机构一定自主权的同时,相关部门需要对其进行培训、指导,对其有更加明确、系统的要求,实施有力的监督,并对教师培训后的实践效果、对培训提供方的工作给予评价、提出建议等,因而应建立起对培训者和培训机构的质量考核机制。而目前对于培训提供方的质量监测力度不够,如虽意识到培训者的专业素养和责任感很重要,但其落实缺乏保障。他们也没有真正从应然和实然两个层面去了解在教育教学理论和实践发展趋势下,农村教师应该达成什么样的专业发展、实际上需要如何通过培训提升、在参与培训上面临哪些问题和困难可以给予解决等。这导致在培训方式、内容选择上存在不合适、效果不大等问题。W2 老师:"我觉得这种东西缺乏一个过程的监督,很多老师迫于这种压力,被迫地完成这种任务,所以应该从调动这些老师的积极性上面来考虑。"

提高参与者对培训的重视程度、积极性也是一个重要问题,应努力使他们积极投入,珍惜和利用好培训机会,更好地实现专业发展,而不是被动地完成任务。F1 老师:"上级有培训,然后像我们学校有这个措施。新教师除了参加下面的培训,我们还制订了一个新教师过关考核方案,一年过关。就是对教师的这个基本功,还有备课、上课、批改作业等一系列的常规性考核,通过这个一年过关来促进他的多元化成长。效果肯定比较好了,如果没有这个机制,没有这个方案,那么很多时候可能你就没有压力、没有动力嘛。"这些问题容易使培训工作停留在表面,虽然有一定的机会参与培训,但是开展的实效不能保证,有些流于形式。

因此，依然存在许多无效培训，占用和浪费教师时间。

### 三、培训后难以运用与持续发展

#### （一）教师运用培训所学受制于实践条件和支持环境

研究者对农村教师将培训所学运用到实际的效果和困难进行了相应的了解，教师反映所学的部分内容能够在现实中用得上、用得好，但是也有很多内容难以运用且面临很多现实层面的条件限制和困难。正如 Z1 老师所言："应用起来是很困难。但是可能学到一些方法或者模式之类，对自己有一种启发。"整体而言，他们反映的多为外部障碍因素。

**1. 农村学校少有运用的实践基础和条件**

当进一步询问教师在运用培训所学的困难时，部分教师指出农村学校存在许多客观条件限制，正如下面两位老师所指出的。F1 老师："农村学校这个教研教学氛围及接触的学生家长素质可能不一样。就是总的来讲还是有区别的。"L3 老师："第一是用不着，第二是根本实现不了。因为校长不能够单独去考虑你学校里的某一个学科，他要综合考虑。再加上现在的学生这个家庭教育非常缺乏，这又是一个方面，这会影响他的整体学习。这跟学校的学生特点也有关系，比如说，有的学校生源本身素质比较高，操作起来可能就会更有效果。但是有一些生源参差不齐的，效果就不怎么好。教学要达到很好的效果，需要教师和学生共同努力。"由此可知，教师的素质与学生的学习基础和配合程度两方面都很重要。同时，家长知识水平难以跟上、部分农村学校教研氛围不足等也构成阻碍。

城乡差异增大给农村教师培训的适应性和改造力度带来了一定的挑战。客观上而言，由于城乡二元结构，城乡经济和教育水平等方面的差异逐渐增大，农村教师培训应对这些差异的调整难度有所增大，农村教师运用培训所学有阻碍。具体表现如下。①农村学校和班级规模都在减少，同时农村教师整体素质偏低、流失严重，经验不足的新教师比重增加，而培训的机会和质量与城市学校相差依旧很大。以教师流失为例，中青年优秀教师流失严重，留下教师也难以得到比较全面、丰富和多样的指导，而且会在竞争中加剧其心理压力，降低教学积极性，产生自我认同感下降等一系列不利的影响。②现代社会环境下，当地许多农村学生都愿意进城学习，农村很难满足与学生发展相关的教育、医疗和其他文化基础设施需要，农村学生的知识基础难以适应快速发展的现代化社会要求，正如 D 老师指出的："乡下的孩子知识没这么丰富，然后视野没这么开阔，他们见识到的东西会更狭窄一些。"③农村家校合作困难，城乡家长对孩子辅导和支持的能力差距增大,留守儿童缺乏良好的家庭教育等问题日趋严重。当问到城乡教育的冲突时,F2 老师说道:"这个是与很多方面相关联的。城市里面,家庭教育相对来说更正式,所以老师的教学,学生更容易接受。根本不需要花那么多时间去要求学生。但是在农村,很多时候要去想办法调动学生学习的那种积极性。"这些问题对农村教师培训的内容和形式等的调整,以及运用目前培训所学产生了一定的阻碍。

**2. 体制化的环境形成限制,运用面临风险**

陈向明(2003a)指出,随着时间的流逝,在制度限制下运作的社会机构会变得越来越自闭,越来越强地对新的观念采取抵制态度。社会等级分明,教师与校长、研究人员与技术工人、从事自然科学与从事社会科学的人相互之间壁垒森严,很难分享彼此的观点,新观念很难普及。农村教师在接受培训后也面临着相关的体制化环境限制。

(1)教师、校长面对考评机制注重学生成绩,对学生的综合能力重视不足

L3 老师:"学校现在比较重视教改方面,并不是很主动配合,因为现在有两大压力:安全压力和质量压力。学校的校长是不敢随意,也不会去随意,如果完成不了质量的话,考不好的话,升学率不行的话,你这个教改做得再好,在考评单上校长同样是不称职的,两年不称职那就要免职的。"

X2 老师:"现在重视成绩是因为教师的绩效工资拿出来的不多,所以还需要培养能够真正深入学生并提高学生能力的老师。真正的要把这个方案,把这个理论复制到实践当中去,还是有很多的问题。绩效考核肯定要看学生学的效果。不能光是考试这个方面的。还要看学生学下来的为人处世如何等方面。"

在现有的教育体制下,在应试教育背景下,很多农村学校的校长和教师认为将一些新理念、新方法运用到教学实际中会对学生的成绩提升和全面发展有影响,然而,万一学生的成绩和学校升学率下降则会给农村学校带来很大的压力。正如两位老师所言,校长和教师的考评机制里,学生的成绩是主要部分,与其绩效密切相连,保障学校的安全和质量也是基本要求所在。虽然他们知道对学生的考察也应该注意其他方面的能力、素养,但是许多农村教师迫于现实压力和要求,无法兼顾。

(2)农村学校工作压力、教师编制等问题限制教师进一步学习、研究和运用

X2 老师:"这个还不够,我觉得最起码各个能力的老师、各个方面专长的老师都要有。那么只有这个老师的课业负担减轻了,才有精力去思考这个改革,刚才我说的编制问题,小学老师他有更多精力去搞研究,这个实践的经验跟理论结合起来才有用。"X1 老师反馈:"由于种种原因,学习的理论无法运用到教学中,

如教学任务繁重，家务事多，无法好好备课，也无法用满分热情去教学，加上现在问题学生较多，几乎课间都在处理学生的问题。另外，除了教学工作，还要应付教育局的各种检查，倍感心累。"

类似于教师可用于参与培训的时间不足问题，部分教师反映培训结束后同样没有足够时间进行相应的反思和研究，许多教师会容易依赖或沿用自己以往的经验。农村学校教师不足（尤其是综合能力强的教师少）、教学工作本身有其安排（部分教师反映教学进程紧张）、加之学生问题和评比要求等，教师不仅没有精力学习，也没有心思和状态去研究如何运用。

**3. 缺乏实践指导和后续学习支持**

在上述条件的限制下，很多教师运用、尝试进行改变的意愿和行动不足。管理心理学认为，每个人都有自己的"舒适地带"，即在自己熟悉的活动范围和经验中，会觉得安全、舒适和稳妥，一旦逾越，则可能遇上困难、麻烦、危险和挑战。农村教师也倾向于处于这一"舒适地带"，在运用所学时总是小心翼翼，怕对学生产生不利影响，难以对家长交代，需要承担时间成本和变革风险。正如这两位教师所言，L5老师："是理想你也不能把它付诸实践。打个比方，你有什么比较好的想法，你会怕，你会怕失败。怕学生被你耽误。然后家长会怎么看你？这个问题很严重。"Z3老师："有些人就会偏离重点，然后不知道该怎么办，到底是不是该这样发展下去？对学生有什么好处？"

在这一情况下，部分学校会进行鼓励并提供后续强化学习的支持，有一较为成功的案例。Z3老师指出："学校鼓励他们大胆尝试，然后再给他们一些学习的时间和更多学习的机会，派他们到广州那边学习，等他们回来的时候，很多老师感觉可以继续深入地去钻研。"但研究发现，更多农村教师自己放弃继续尝试，或者学校不鼓励、不支持，能够提供的后续学习的机会和平台也较少。正如以下两位老师所言，Z4老师："原来也想在学校里面推广或拿出一个年级来搞试点，搞小组学习，去提高课堂效率，建设高效课堂。当时存在的一个问题是什么：我们这方面的理论比较缺乏，所以不敢搞大面积的试点，最后觉得由我自己的班来搞试点，然后不能在年级中推行，因为怕影响教学成绩，整个学校就更不敢了。最主要的原因还是管理层的思想没变，这所学校本来一直教学质量都比较好，所以大家怕承担这种风险，后来就没有大胆地去进行改革。"Z4老师参照青岛二十八中的同帮互助的高效课堂的学习，在本班进行试点，发现课堂效果不错、学生反馈较好，但是缺乏学校的支持，也没有及时、后续的理论指导，所以较难推广。又如D老师阐明："不太有那种后续的指导和交流、渠道。虽然有的时候能问到电话号码，但是打电话人家不一定接，甚至有的名师可能还有秘书，你还不一定能跟本人说上话呢。"农村教师培训后返回本校运用所学时,缺乏和指导者的后续交流,并且联系起来比较困难。这也是农村教师将培训所学顺利、长期或较大范围地运用所面临的障碍之一。

（二）二次培训中参训者难以转达学习成果

对于农村教师而言,外出培训往往是少部分教师能参与,且参与的教师返回后需要开展二次培训,依托校本教研平台以讲座、研讨和上汇报课等形式开展。二次培训的对象往往是本校教师或本校的同学科教师,有些乡、镇中心校的教师会将培训成果辐射到村小教师代表。H3 老师:"培训完了,比如说参加培训的老师回来要上汇报课,汇报自己的学习成果,然后老师要分享出去这些成果。"部分领导要求外出培训的教师必须认真开展二次培训,否则不报销差旅费。这起到监督作用,他们希望教师能够珍惜并用心学习,所以达成效果才提供机会和经费支撑。L3 老师:"那就是先派老师,安排好课务,还要交代备课组,如果这个老师培训了,回来一定要在学校进行二次培训。就是他培训了不只是他个人学到了,我们希望他在外面,能够把外面学到的、他个人感悟到的,回学校之后,考验备课组,更多地进行二次培训,让大家学到他在外面学到的东西,是这样。如果没有在学校进行二次培训,我们这个差旅费就不报销。如果你是去外面玩呢？就怕借培训的理由去外面旅游。"

根据受访农村教师反馈,二次培训在实施层面上面临较多问题,尤其是在学习成果的转达上存在局限,效果不明显,这与参训者的学习态度、掌握水平、责任感、反思能力和分享意识等密切相关。部分老师以偏概全、简单地三言两语带过培训所学,使得交流的深度受限。一些外出培训参与者缺乏及时记录或深入理解,因而在转达时难以进行深入具体的阐释,与培训者讲述的方式差异大、难以形成类似的吸引力和感染力;或者自己深入的思考和体悟有限,在分享时没有结合本校实际进行转化分析进而机械搬用。正如以下两位教师所言,P 老师:"感觉二次培训的效果不怎么样,去外面培训的那个同事,回来之后就聊两句,基本上就结束了。"G 老师:"二次培训不是特别理想,可能我自己这个水平很有限,不可能像那里的老师一样讲得那么具体、那么全面。然后我主要是把他们的那些课件全部拷回来了,我就简单地介绍了一下这次培训讲了一些什么东西,就是一些我个人觉得比较好的,然后我把那些课件都发给同事,当时我就发现。他们好像没有什么兴趣一样。"同时,部分本校农村教师更倾向于与培训者进行面对面的交流,能够直接观摩课堂等,有直观真实的体验。对于他们来说,二次培训不够理想,二次培训难以使本校农村教师对所学产生兴趣、乐意接受。

## 四、培训之外的社会环境影响

培训成效受教师价值观的影响,教师价值观受社会环境的影响。培训设计再好,还需要外部社会环境的支持。

### (一)受到社会功利化和浮躁化等取向的不利影响

社会功利化、浮躁化和现实化的取向不可避免地影响到教师群体,带来竞争性的压抑氛围,教师在自己的学习中也会受到一定的影响。在碎片化的信息时代,花很多时间静心去钻研一件事情,似乎比以前更难。L5老师:"现在的老师,不只是老师,人都有一种通病——浮躁。他们特别渴望一种成功、一种成就。所以我们也不能怪他。真正讲起来,老师要确确实实沉浸在这个教育当中,要去学点东西,在网络上学这些东西,还是能学到很多东西的,关键是他们不会去学。他们觉得这个东西来得太慢了,他就是渴望这种以金钱衡量的成功。所以导致他们的心情很浮躁,不愿意静下心来去学习。而且其实到外地的直接面对面的交流,他们也没有这个心思,发现不了什么问题。很多新老师他们根本就不知道,发现不了问题,没办法。就是他们看的都是表面。"

### (二)从教缺乏体面感和幸福感,在专业成长上动力不足

当我们给农村教师提诸多要求时,也需要满足他们基本的物质和精神需求,让他们有稳定足够的工资,得到精神上的关怀(尤其是在农村地区),让他们感受到教师职业是值得尊敬,受到尊重的。X2老师:"提高工资待遇啊,最起码。还有老师这个社会地位啊要提高。当然这个主要还是观念要转变。现在很多家长对于子女读书这件事,觉得读书读得好不好没关系,将来挣钱就可以了。有很多家长特别不好沟通。学生自己也不愿意与家长沟通,我觉得家长这方面的教育有待于进一步提高。农村教育你想要稳住,首先教师的社会地位要提高,再加上国家和社会对教育的重视,关注度要提高,要重视起来。家长、社会、学校相结合,才能够教育好我们的未来。"

农村教师工作本身较为繁重,再加上经济和心理的不稳定因素,形成更大的压力。农村教师整体上工资待遇较低,给其物质生活造成一定的负担,尤其在二胎政策开放下,男教师负担更重。部分教师不会选择教师岗位,也有部分教师选择考进城或转行。H3老师:"一个老师最基本的工作幸福感都没有,那何谈提高?他就没有想去提高。最起码能过得比较幸福了,我才想我能不能在自己这个专业能力上面可能再去提高一点。"D老师:"首先就是待遇问题,其次就是对老师的

这种尊重。这两方面做到的话，其他的自然而然都会迎刃而解。有这种幸福感、有这种尊重，我就认真教书嘛。你看像那个年代，就是我们的父辈那个年代，老师工资可能相对其他的行业更高一些，也更尊重老师一些，那个时候教师高高在上啊。很多老师能说能写，吹拉弹唱也更厉害。因为他们好像都是专注在做教育这个事情，也没有说政府或者其他机构，把有些无关的事情弄到学校来做，很单纯。其实那个时候老师更像个老师，现在的老师不一定像老师，你看不出来。"老师们认为整个社会尊师重教的氛围不够，随着地区经济的发展，尤其某地区一些暴发户的兴起，也会对社会氛围造成一定冲击。L4老师："整个社会的尊师重教的氛围不够。特别是像这里搞拆迁的很多人富起来了，搞家具的很多人富起来了，尊师重教的氛围不强。这样的。"

因此，农村教师生存与发展的支撑很重要，需要更加完善的条件，让他们能够全身心地投入到教师职业中，真正地关注自身专业发展和学生成长，让他们觉得当教师是体面和幸福的。

## 第三节 十二种农村教师合作培训方式的认可与实施

通过深入访谈，本书呈现了教师和教师管理者对十二种合作培训方式在有益程度、现实操作可行性和实施建议等方面的具体反馈，不仅丰富了量化研究结论，而且将十二种农村教师合作培训方式的设计与教师和教师管理者的实际有机融合，得以进一步完善，供培训设计者、实施者和参与者参阅。

### 一、高校与中小学合作培训

不同于以往高校和中小学对农村学校分开进行指导，本书倡导两者在机构和人员等层面上合作，组成指导团队在线或实地对农村教师进行理论和经验指导，相关方式有以下三项：①高校给予高等理论指导，同时城乡中小学校在教育教学实践上结对帮扶；②高校教师和中小学指导教师到学员所在地共同帮助改善其教育活动；③培训后的优秀中小学教师，协助高校教师提升学员教育教学水平。

#### （一）认可度

高校与中小学教师开展的合作培训，满足农村教师对高校理论指导的现实需要，符合教师的期待。正如Z4老师指出的："如果高校的老师、教授能够给予更多的理论指导，这个肯定是非常好的。其实现在各个学校最缺乏的也就是这个，没有理论指导，都是凭经验，大家都是在凭经验搞教育、搞教学。"现实中，农村教师多依托经验应对日常教学工作，缺乏在理论上的深化认识和有效运用，也缺乏相应的交流和指导。契合的理论对其教学的科学性、灵活性和实效性等方面具有重要的促进作用，如高校理论对提高课堂效率的价值。

农村教师认可这一指导团队的综合优势价值。高校教师在教育和专业理论知识上有其优势，一线教师拥有丰富的教学实践经验。两者优势互补，进而整合优质资源、相辅相成，共同为农村教师提供更丰富和专业的指导。正如以下三位教师所言，F2 老师："高校老师有专业知识，一线老师有丰富的经验，两者可以结合起来。高校老师也可以通过听一线老师的讲解丰富自己的专业理论，有事例有案例再进行更好的培训。"D 老师："这种方式的话我们能学到一些人家比较有特色或者比较长处的东西吧。不是单一的是单向，比较单向。"P 老师："我觉得应该要高校教师跟一线教师相结合吧，高校教师讲理论，一线优秀教师讲实践，这样结合一下可能效果更好。我们就吸取他最擅长的、最优秀的那个部分吧。"问卷中也有教师建议："希望这种专门的培训机构是一支由专家和一线教师组成的队伍，由专家教师团'因材施教'，进行有针对性的指导。"指导团队内部也可获益，如在合作中促进高校专家吸纳更多的教育教学实践案例，提高理论的丰富性和实践性，在培训中也可以引用这些鲜活的案例帮助教师理解。整体而言，如若优势整合下的团队指导模式有效实施，有助于增强理论和实践的对话，利于农村教师教学实践和自身成长的完善，增加一线教师的合作与交流，同时可以提高培训质量和更好地开展基础教育研究。因此，高校与中小学的合作培训对农村教师和指导团队专家都有裨益。

## （二）实施中需注意的问题

### 1. 高校理论指导的实用性

就高校理论指导对农村教育教学实际的适用和实用程度问题，部分教师产生一定的担忧。F1 老师阐明："我认为这个除非是调研，他们高校教师，我认为他们对我们这个情况或指导性可能还是不强。就是说这个高校到小学来，这个服务对象不一样，要求的面不一样。"他认为高校的教学环境和服务对象与农村中小学不同，难以提供针对性的指导。

在应试教育背景下，学生成绩和升学率的提高成为农村中小学教师和管理者的共同目标和着力点。Z4 老师的陈述反映了农村中小学的常态化情况，如 Z4 老师提到："我觉得现在特别是在义务教育这块儿，上面给予我们学校、老师的任务太重，学生负担也重，大家都在忙于提高成绩。真正对整个教育的思考比较少，我们的学生成长过程当中需要什么,以及对于他以后人生的影响,现在我们该做些什么东西?现在都是以提高成绩、提高升学率为指挥棒。"学校和教师忙于提高成绩,没有足够的时间和精力去思考学生的发展需求,对学生分数之外的身心素质成长等方面的关注和研究不够。他进一步指出:"真正花在教研活动的时间还有集体备课的时间还是比较少的。他们都在应付大量的试卷、大量的作业,怎么让学生能够完成,所以他们在精讲精练,在提高效率这块儿上花的时间还是不够。"部分老师对此有一定忧虑,认为应试要求、需要与高校理论指导中的一些新观念、新方法有一定的脱节,而且教师疲于应对考试,没有足够的意识和精力去学习理论,且有部分教师没有认识到其学习的重要性。因此,一方面高校在提供理论指导时,如何灵活转化以适用农村教育教学实际以更好发挥实际指导效果值得反思;另一方面需要激发农村教师学习的自觉性和努力。

### 2. 团队教学指导的持续性

受访教师指出,高校专家和一线优秀教师若形成团队进行指导是有益的,但担心其提供实地指导的机会、时间和次数有限,以及对农村学校的各个方面了解不够深入。Z4 老师指出:"组成一个团队去指导课堂教学,对老师整个学期、整个学年的教学情况是了解不够深的,因为你纯粹只是一堂课的话,就只是了解他这堂课的话,教学质量没有,学生的反馈情况没有,对于整个教学过程除了有课内还有课外,还有平时的家校或者课,了解不够深。于他整个的教学指导可能没有什么大的具体意义。"因此,培训实施时应注意这一问题,在培训前后与其保持长期、稳定和持续性的联系,对农村学校、教师和学生,以及农村社会环境等有足够的了解,对其发展有及时和持续的跟进指导,让这一团队指导切实发挥更加长远的效果。此外,类似于新课程标准,具体实施时会有一定的自由度,指导团队具体如何运作有其自由发挥的空间。为了进一步保证持续、有效的实际效果,需要制定相应的质量标准,在团队组建、人员协调和实施指导等方面需要有一定的监督和考核,促进团队指导工作有序、有效开展。

### 3. 指导师资和合作费用的充足性

就培训现实的一些条件性障碍而言,对学校改革与建设、教师专业发展、课程与教学等有一定研究的教育专家及学科专家多集中在城市,面对县、乡级大量的中小学尤其是偏远的农村学校进行大范围指导是有限的。目前当地大学和中小学的合作多依托课题,侧重于在临近的城区学校开展或者在教师进修学校等地对一线教师进行集中培训。正如 Z4 老师阐明:"这一块儿农村学校参与的比较少,我们高校的老师这个时间精力不够,然后他也不可能到每一所学校去。基本上我所了解的现在大专院校的老师基本上到城里面的学校,到农村学校的首先他得有这方面的课题，我觉得也比较少。像赣州这块儿我觉得有些学校可以参与到这个。像上次给我们培训的一个赣南师院的一个教授，现在正在参与文清路实验小学的一个课题。这种方式是比较好的。"另外，D老师也提出了相应的担忧："请个名师来或者说高校的这些团队来，肯定需要经费。那这个经费谁出？而且不一定能够请到。"在实地指导上，这一经费可能涉及指导经费和地方学校接待经费，如果需要农村学校承载，则可能超出支付能力，难以让更多学校、教师参与。这需要组织者在人员协调和经费保障上有更充足和稳定的投入。

#### 4. 制度设置的灵活性

目前当地的培训主要是通过行政力量自上而下逐级推行，这些合作培训方式得以推广，需要将任务要求制度化并促使教师参与完成。当高校与中小学教师进行团队指导变成制度化的设计，形成新的培训任务和要求时，需要结合农村教师的需求，有一定的灵活度，并保证参与的机会公平，以免引起参训者的抵制态度，只是应付式地完成。L5老师进一步指出："他要把它变成自己的需要，怎么变？你用制度你把它变成一种，比如变成一个团队，变成一个团队肯定需要这个制度去约束他们。当然这个制度约束好不好？好。又可能会忽略本质。所以这个制度怎么去把握它。这个从心理上来说就是，你就是强迫我的，我会有抵触，逆反抵触都有，那就是看个人怎么样去处理这个东西。"正如L5老师担心没有个体选择参与的空间，制度设计需要把握好这个度。因此，这一团队指导设计应与农村教师对理论和经验补充的实际需求对接、对应起来，内化成为他们进行自我发展和改进的动力，这样农村教师才会更加积极地聆听、思考和实践，且让农村教师有自己选择和发挥的空间，以免流于形式，教师只能被动地应对。

### 二、高校理论与中小学实践交织学习

教师个人知识体系是由理论、实践和文化知识综合而成的，本书倡导的合作培训尝试在培训内容、方式上可以有所交叉、融合，与教师个人知识结构契合，实现同一培训中各部分内容的有机整合、衔接。具体设想的方式有以下两项：①培训中教育、专业理论与教学技能学习交叉进行；②上半场学习理论，下半场接受教育教学实践指导，理论学习和教育教学技能学习结合。

#### （一）认可度

培训中教育、专业理论与教学技能学习交叉进行，实现教育理论和教学技能

的融通，引导农村教师在不同学科中渗透、融入自己所学的教育理论和教学技能，同时在学科知识上有所增长，做好基础的学科专业理论准备。为了进一步促进理论和实践学习的有机结合，帮助农村教师充分地掌握和内化，合作培训倡导农村教师上半场学习理论，下半场接受教育教学实践指导，理论学习和教育教学技能学习结合可以让教师的理论学习得到及时的实践强化，专家、一线教师可以针对其表现进行针对性的指导，期间有了思考的空间和时间。这一方式在访谈中得到一些老师的支持和认可，如 Z4 老师指出："培训加实践我觉得还是非常好，在培训过程当中让我们的老师学到这种理论马上就用，用就有体会，然后被培训者之间再进行交流，他对这个培训的理论的理解也会更加深刻，理论知识培训加实践我觉得还是非常好的。"他赞同理论学习后进行实践，同时与培训者进行及时的交流，加深对培训理论的理解，会有更好的实践效果。

### （二）实施中需注意的问题

在对培训内容需求反馈的部分，许多农村教师希望通过培训获得教育教学实践性的知识。在这一培训方式的反馈中，部分农村教师认为在三者交叉的情况下，可以更加注重教学技能，同时需要提高教师的责任感。L3 老师指出："培训在教育和专业理论方面适当可以要求低一点，但是教学技能要高度重视，现在就是技能培训，如果老师没有责任心，态度不端正，他就不会去提升自己的技能。他就不会去想办法，而是敷衍了事。学校有这方面的动员和教育，但是目前在学校这个教学环境当中，更多的就是两个方面：一个安全，一个质量。安全，不能出事；质量，学生稍微考得好一点，学校也不会过多地去加什么。而且现在学校对老师的考评更多的就是质量，现在的绩效工资就是与教学质量挂钩。"在教育、专业理论和教学技能的侧重要求上，L3 老师认为应适当降低前两者的要求，高度重视教学技能，同时阐明教师是否有责任感、态度是否端正是影响其技能提升的重要因素。思想上的重视会促使农村教师主动找方法、寻求途径学习加以提升，也会积极配合相关的培训活动。然而目前的教师考核侧重于教学质量，对于师德考核较难量化和具体化。值得注意的是，他指出教师的责任感影响着教学态度及对培训学习的投入，在交叉整合学习这三方面内容的时候应该注重提升师德。

此外，受访的 X1 校长指出："一般来说像这个小学老师，这个专业课程也好，反正他教了以后，有些东西都要去学，这个今年弄不好你教数学，明年弄不好你教语文。这个不是固定的。"在农村中小学，许多教师需要教多个科目，不同时期任教的科目也可能会有所变动。X1 校长没有明确指出侧重什么，但是他的观点反映当地农村小学教师对学科知识的学习是需要持续推进的。当农村教师转入其他学科任教，需要再去补充相关知识，在当地开展多学科的专业理论培训也是需要的。因此，这一理论与实践结合的合作培训方式可注意在多学科灵活渗透共性教育和专业理论知识，使得相互融合、彼此促进，让理论更好地服务于实践。

针对上述两类观点，我们可以进一步深入反思，在农村现实教育背景下，教育理论、专业知识和教学技能具体应该以什么样的类型和构成呈现给农村教师？农村教师有一定的认知偏差，认为现实中常有的某些方面的培训就是由应然的理想的培训内容构成，学科教学技能直接与学生成绩提高相连。其实，真正有利于教学提升的是理论性知识和技能性知识的优化融合。因此，理论、实践与其文化学习相结合的培训方式效果的发挥，需要进一步综合农村教师面临的现实教育情景、教育问题及教师的个体特征。

### 三、城乡合作培训

合作培训中很重要的一部分是切实考虑到城乡文化差异。城乡合作开展培训，以实现城市教师可以结合农村教育现实对培训进行合理改造，农村教师可以将城市有益教学经验顺利地迁移到自己的教学中。它具体由以下两个方面构成：①城市与农村中小学指导教师共同指导农村教师培训，结合城乡文化差异，有利于农村教师专业发展；②在公开课程资源管理平台上，依托一个专业主题，城乡学员共同交流，有利于城市教师理解农村教育，以及农村教师专业发展。

广义上而言，城乡合作（如结对、帮扶）是指城乡学校结成片区或校级个体之间开展教学、管理和研究等方面的学习、交流活动，侧重于对农村学校和教师的培训和帮扶，也注重双方相互促进和提高。在现实操作层面，开展的主要形式有片区教研活动、送教下乡、农村教师前往城市学校短期参观学习、城乡学校教学或管理人员实现一定时期内的岗位互换，具体环节包括听评课（例如同课异构）、主题研讨、专题讲座和教学比赛等。狭义的城乡合作为城乡学校一对一的结对帮扶。两者都涉及很多教师培训活动。

在访谈中，D老师提供了一个相应的案例，即赣县城区C小学与当地乡中心校S小学帮扶。两者通过依据县教育局在全县教育系统中开展中小学校"城乡结对帮扶"的文件精神及其搭建的联系，签订协议，主要有平时城乡教务处和总务处等各部门的工作对接，城区分管教学的副校长在农村学校挂职一学期，城区教师送课下乡。这项活动致力于改善农村学校条件，提升教育质量，进而促进城乡教育均衡和一体化发展，目前主要是借助行政力量来开展。另有H1老师指出其他具体做法："三小（乡中心校）就搭了四个村小的老师和村小的教学点，就比如说我以前，每个学期有一个开放周，开放周就是乡下的老师过来听课。有的是跟班学习一个礼拜，这还是比较好的。"

## （一）认可度

农村教师认可城乡结对帮扶对自身的提升作用。正如受访的 L3 老师指出的："这个农村的老师规模小、接触面小，特别是一些前线的东西他们接收不到。上面去参加各种竞赛绝大多数都是城里面的老师，他们更有机会接触，因此让他们和农村学校的老师结对帮扶，对农村的老师有一定的提升，这是好事。我认为要长期坚持下去，对农村实现义务教育继续发展有好处。"较多当地的城市中小学教师原凭借优秀的教学成绩从农村调入城市，因而他们对农村教学也有一定经验。他们在城区学校参与了更加丰富、多样的校本培训，也有更多机会参与外部优质培训。可以说这些教师基础较好、富有经验、提升较快。而农村学校多为新教师，其学习的资源、机会和环境相对欠缺，需要有同级城市学校教师的帮扶。H1 老师也对城乡结对帮扶提出了积极的肯定意见，"你在换岗的时候，包括他们是怎样备课、上课的，一些管理模式，时间比较久的话就能看到。互换也要当班主任。这样能了解教师工作的各方面。这比仅仅停留在交流层次好。那很多日常的运作这方面的教研活动是怎么开展的，就更容易有针对性。"的确，乡村学校教师到城市学校进行跟岗学习，能够保证至少有两三周时间，他们可以深入教学和管理，在听评课之后能够进行实地操练，这比短期的交流更加有效。另外，本书倡导的合作培训提出开发相应的资源共享平台，许多农村教师对此表示支持，依托共同主题进行交流，利于信息和资源共享，有助于及时解决问题，增进城乡教师彼此间的理解和合作。

农村教师纳入培训师资具有现实价值，得到认可。在同一个县、区，城乡教师差异和冲突不是很大，部分城市教师有在农村工作的经验。但如果是其他地区的城市教师指导会因为地域差异而面临许多困难，其任教的成功经验不一定适用于本地农村学校。他们不仅仅需要理解农村教师，理解农村学生和家长，也需要了解整体农村社会环境，以系统地指导农村教师。合作培训让农村优秀教师协助城市教师指导，可以降低理解的难度和指导的偏差，有利于这一问题的解决。目前，一方面当地农村优秀指导师资开发有限，多依托乡镇中心校有限的教师；另一方面，城市优秀教师的送教下乡也不频繁，多在城区集中统一培训，两方面的合作指导少，然而有其现实需要和价值。F1 老师是当地一所中心校的副校长，他指出："这个上面来的话可能比较少。倒是我们下乡听课，比如说教学能手，新出一门课。比如说有经验的老师，像我们也要求每一个学期要下去听一门课，那听了课以后现场指导，毕竟我们也是拥有多年教学经验嘛，大家就给他评课、点评，指出一些好的地方还有有待改进的地方。还有一个是教研活动，就是每次开了中心教研活动应该要集中探讨交流。然后比如说你这个每次大的这个抽测，抽测以后召集全体老师过来开质量分析会。"

(二)实施中需注意的问题

1. 城乡学校实地合作的深化

目前,城乡合作以不同方式展开,农村教师最为期待的是一对一的帮扶和长期到城区学校进行实地学习。然而城乡学校一对一帮扶在当地落实较少,在当地多是片区的教研活动。一对一帮扶一般是指基础较好的一个城市学校帮扶较为偏远和落后的农村学校。地理位置和教学资源等较好的学校成为中心,帮扶周边的学校,整体上合作的次数和频率有限。H3老师阐明:"偏远学校,山区学校,它跟这个城区的学校结对,一对一的。我们镇中心校是没有的。"Z4老师指出:"这样的机会肯定不是很多,因为都有名额限制。"城市学校数量有限,可以提供帮扶的资源和精力也是相对欠缺的,其安排是一个系统工程。例如,D老师指出:"赣县县城只有四五所小学,不可能一所学校结对两个乡村学校,一所学校就是结对一所。"其实很多其他农村中小学也需要类似的帮扶,受访的F1老师为一所乡中心校的副校长,认为本校也应有相应的帮扶,他谈到:"但是像我们朱坊来讲就没有,因为离城区又稍微近一点,其实也可以派个来是不是,但是没有。"X2是当地一位村小校长,他谈到:"主要跟班学习的大部分都是领导,副校长或者校长,一般农村的教师比较都没有机会。机会太少了。比如说基本上,像这个最多也就三五天,听一天下来就回来了。"此外,一位任职一年的新教师L1也阐明自己最希望参与跟岗学习。事实上,长期跟岗学习是农村教师在城乡结对中较为认可和提倡的一种方式,但现实机会少,时间难以允许,尤其是前往外地一些名校,基本上只有教学任务较少的管理岗教师能够参与。整体而言,从农村教师的反馈可知,他们希望有更多时间、机会参与城乡帮扶,进行深入的跟岗学习或实地得到指导。

2. 城乡合作资源平台的搭建

现实中缺乏较为专业的、贴近农村教师自身需要的城乡教师公共资源分享和交流平台,这一平台如何恰当地搭建起来是要解决的首要问题。例如,F2老师:"现在来说这里还没有。这也可以说,你可以去主导一下。对于管理教育的一些机构或者说机关去倡议建设这么一个平台。这个城乡的老师,怎么把这些资源共享和沟通,这是一个很好的方向。像我们现在建的很多群,都是行政领导有,普通老师没有。有的网络培训也有这个,就是可以建QQ群的。如果你建了一个群的话,比如说教学经验、教学方法之类的,共享也有可能。"这位教师表达了相关的需求,也希望教育局和教师进修学校等机构能够发挥倡导、组织和协调的作用,以便有条不紊地开展这一工作,尤其是本城区的城乡教师,可以减少实施的难度。如 X2 校长所言:"这个还是可以,不会很难,因为进修学校跟那个当地教育局如果重视的话应该不会难。"

这一平台的搭建机构需要有一定的权威和号召力,能够实现有序和规范的管理,有能力承担并履行好相应的责任和义务。F2 老师指出:"一般来说这样不太现实,也有政治原因,如果你建一个这样的群,你要负这个政治责任的。所以很多人想建这么一个平台,他不一定敢去建。"他认为在线平台较为开放,难以保证所有言论的适切性,可能会有一些政治层面上的不利声音,教师和管理者难以承担这一责任。另外,在外部建设条件方面,D 老师赞同这一方式,但需要一定的条件:"这个也可以,但是就是操作起来会比较难。第一是经费的问题,第二是老师的精力问题,真的说起来还是这两方面。"外部的物质支持和教师的自身配合也是很重要的现实操作条件。

令人欣慰的是,目前赣南地区已经有一些关于信息资源平台共建的尝试,试图引进江西省内其他地区的一些优质名师资源,以教师进修学校联盟为桥梁,搭建资源共享的网络平台。但是具体操作情况仍待进一步探究,没有完全成熟。受访的 W2 老师在教师进修学校工作,他指出:"这个也是我们在思考的问题。我们聘请一些名师的渠道比较窄,也希望拓宽这些渠道。现在省里面好像正在成立一个教师进修学校的联盟,就打算建这样的一个名师、资源共享的平台,一些专题一些名师,还有一些做法之类的。正准备共享,正在建,加盟的协议书刚刚签。范围涉及全省。具体的运作流程、内容我们还不是很清楚。"他进一步说明:"像这个教研室它有这个条件的话就可以建立这么一个平台,比如说升学,有一个平台。所有的老师全部进入一个群里面,所有的小学老师进到一个群里面,或者说所有的中学的语文老师进到一个群里面,也可以分得更细一点。如果有这样的交流平台那就更好。"因此,组织者可以将同地区同一学段、年级和学科的教师集中,适当引入其他地区的名师资源;可以选择一些城乡教师共同关注、需要解决的主题、问题进行探讨,在培训和日常交流中皆可以使用,也能让更多农村教师得到指导。分类别和主题也有利于提高交流的具体化、针对性和实效性。

### 3. 城乡教师在线互动的质量

访谈发现,很多农村教师期待城乡教师公共资源和交流平台的搭建,但他们基于过去在线交流的不畅,也表达了一些担忧,比如受制于现实制度或个人等因素,有些教师缺乏在线表达的意愿和贡献不足,因此在落实城乡交流平台时要注意营造和谐的互动环境。

关于在线交流的要求、规定的相关问题。F2 老师指出:"但是很多老师不一定会加入。有的也没有要求一定要加入，所以也就不会加入，所以就没有这样的交流平台。"D老师："如果有了要求，有了制度化，就是个要命的东西，大家就觉得更要命了。"这个资源共享和在线交流平台建立起来也会面临问题：如果没有要求，大家不积极参与；如果硬性规定和强制要求有一定的讨论量，也可能会出现制度化要求和教师自由之间的矛盾。

  关于农村教师对线上、线下交流的偏好。很多教师对于网络互动比较陌生，更倾向于面对面的交流。正如F1老师所言："这一般是送教下乡交流，或者是我们组织教师到城里学习。平时的交流没有相关的机制、没有组织的话比较少。这样的平台我认为实效性没有这么大。所谓的网络平台这个东西好是好，但是最有效的也是最直接的还是面对面。然后网络上虽然有全员培训、'国培'，这个全靠自觉，你自觉去钻研的话，那可能效果就很好。如果你只是为了完成任务的话，那可能就是一个形式。"他们认为线上交流仍然对教师自主意识要求高。关于在线交流的内容偏差，D老师指出："讲的可能都是一些比较客套的东西吧。然后大家也不一定有兴趣，在这里面聊，大家对于教育这个话题，整个就是我对你讲的不感兴趣。最多聊到一起发牢骚，抱怨之类的。"F2老师："但是不好的呢，他就会在这个交流平台里面发表一些牢骚之类的。他发上去了，引起很多人的共鸣或者反响。我们这个学校有人讲，我们三个月的工资还没有发，奖金还没有发，那就会问你们学校有没有发？对方说我们也没有发，就可能会引起公愤。你很多东西就交流不了。"教师倾向于交流的话题不一定完全和教学相关。如果有消极、不满的情绪和想法在公共平台倾诉，需要承担一定的风险。有农村教师担心部分教师发表不当的言论，会造成不利的舆论氛围和导向，将讨论公开化容易隐藏一些想法和感受，可能会引起对这些声音的监督、问责。因此，城乡交流平台要充分注意营造良好、健康的言论环境，鼓励恰当和得体的表达，也应帮助教师合理表达自己的问题和需要。

  关于农村教师在线交流障碍。农村教师不敢说，很少提问、分享和回应是交流方面不容乐观的问题。D老师指出："明显那些可能是年轻老师刚出来工作会提问，很想知道。但是里面可能没有很多人来回答他之类的，或者说大家都会觉得不算什么名师，我干吗去回答，好像显得自己好厉害一样，所以也不会回答。"D老师指出很少教师会主动提问题，多为年轻教师主动请教，也难以有很多教师会主动做出相应的回答，他们倾向于等待他人提供帮助。部分农村教师认为如果自己做出回答，会是不谦虚、显示自己"厉害"的行为表现，认为名师更有发言的权利。这样则容易造成提问的意愿和行动欠缺、回答的参与度和贡献不足等问题，阻碍了双方及时、有效的互动。

  因此，农村教师培训中在线学习和互动平台的建设需要注意结合农村教师的交流偏好与学习态度、钻研意识,做到城乡教师的线下和线上学习、日常与培训的交流学习有机结合,不能过多依赖于在线交流。同时保障在线分享和交流的实效,需要营造安全、民主与和谐的环境,提高农村教师参与主动性、分享和贡献意识,通过一定的中介作用试图以小带大地逐步建立起群体间的信赖。此外,在信息化环境下,农村教师自身也应该提高对信息的甄别、选择和加工的能力,做出有效的判断和正确的迁移。

**四、远程合作培训**

合作培训也可以借助网络信息平台、依托远程培训平台加以开展,这里主要指视频技术的开发,体现为教师教学实况录像指导,优质教学示范视频参考,高校教师、中小学指导教师与学员面对面视频交流。这一类型的合作培训十分直观、具体,可以吸纳很多外部的优秀资源,在本校便可得到形象化的学习和个体化的指导,具体培训方式有如下几种:①将学员个体教学实况录像,由高校教师和中小学指导教师组成指导团队,在线讨论分析存在的问题,给予具体建议;②将优秀中小学教师的课堂教学录像,供给学员作为参考和示范;③远程培训中,通过视频,就教育教学问题,高校教师与学员面对面交流与学习;④远程培训中,通过视频,就教育教学问题,中小学指导教师与学员面对面交流与学习;⑤面授学习与线上学习交叉结合进行。

(一)认可度

农村教师对合作培训中的远程培训的相关设计的认可主要体现在以下几个方面。

(1)农村教师认可将学员个体教学实况录像,由高校教师和中小学指导教师组成指导团队,在线讨论分析存在的问题并给予具体建议的价值。他们认为这种远程培训方式,弥补了实地指导师资的不足。F1老师指出:"这个很好啊,就可以充分利用资源,因为一些专家过来看,次数可能是比较少的。那么我们可以,也是一个交流。"F2老师:"这个想法是好的,是可以倡导的一个方向。"当问到什么样的远程培训比较理想时,L2老师提到:"比如说,将我们上课的课程录像,放到网上去。比如说远程培训每一学校每一个学科,会组织一个指导老师,是这方面比较优秀的。那么我们把我们的课,比如说挑选一些课录制下来,按平常的一个状态,没有弄虚作假就是原生态地录下来。好,发到指导老师那里,让这个指导老师全程看完,然后反馈回来,这样可能就比较好。有个针对性的指导。"他希望能够录制个人常态授课的视频,由学科教学专家指导。完好的视频记录可以还原农村课堂的情景,让双方回看,针对具体问题进行讨论,促使指导教师直观清晰地分析农村教师个体的课堂教学情况,对其进行个性的细化指导、提升,也有利于教师进行自我总结和反思。

(2)优质教学示范视频作为参考,对教师的教学起着良好的示范作用,尤其是利于新教师成长,也得到了较为一致的好评。比如下面三位教师关于其运用的反馈,可以分别看作三个案例。①Z4老师:"像这个学期,我就从教研室拷贝到了江西省2015年优秀教师的视频,用在平时的教研活动中。因为我们现在学校大部分老师平均年龄30岁左右,基本上在这几年刚分出来的老师,他们教学经验不够丰富,然后学校内部能够提供的优秀教师资源比较少,所以通过观摩优秀教师的课堂思路,对于年轻教师的课堂教学能够起到一定的示范和指导作用。"②L2老师:"在网络上看一些优秀教师的视频啊,像我教初三,有初三的一些其他这个方面的一线英语老师的一些视频,看看他们的课,我还是很有感受的。我结合自己的需要自己在网络上搜索。"③F2老师:"如果不需要花钱的话,那就真正的还是能够起到这个交流作用。比如说有的时候有的老师也会用别人的视频,去让自己的学生看一看别人是怎么来教学的。或者说对于咱们内容,这一节课的内容我要讲的课让学生看一下人家是怎么讲的?这个会让学生去体验一下。"

由上述三个案例可知,教学示范视频以不同的方式对教师的教与学起着作用。例①表明教师可以在教研活动上集体观摩教学示范视频并参与评课交流。例①的Z4老师指出本校内部能够提供的优秀资源比较少,全国各地的优质教学视频可以对此加以弥补。例②反映出部分教师会自主寻找一些优质教学视频主动学习,可以结合自身的需要选择,灵活安排自身的学习进程,这属于自主学习的表现。例③中,F2老师指出有时教师会将部分教学视频用于课堂教学,这一方式不属于培训,也较难频繁地被使用,因为真实课堂中需要互动,需要关注学生的反应,教师也不能因此生成惰性心理,但从侧面反映出一些优质教学视频的良好示范、指导作用,拥有良好的现实价值,被许多教师认可。

(3)通过视频,农村教师可以在线与不同地域、层级和类型的指导教师进行面对面的交流,增强互动的即时性和针对性。合作培训中高校教师和中小学教师也可对农村教师提出的具体问题,有深入、明确的追问和解答,利于及时解决教育问题,其作用得到教师的认可。

(4)本书倡导的合作培训强调面授学习与线上学习交叉结合进行,即实地与远程的教师学习相结合。当地已有相应的实践,如具有一定层级和规格的"国培计划"(2015)中小学教师送教下乡培训班,采用"集中培训+网络研修"结合的方式,访谈中X1校长也提到:"回来以后他们就有二次培训,有些就要参加那个远程培训,有些要做的。要到网上去学习。"面授后的远程培训可以为前者补充一些学习材料，让教师有一个在职研修的时间，比单纯地在本校远程培训有更多的先入性指导，后期的面授学习可以有一个成果反馈和讨论，农村教师可以更加系统地学习。此外，合作培训中的高校和中小学教师组成团队进行教学指导也采用了线上与线下方式的结合。农村教师赞同这两种方式的结合，可提高团队教学指导的现实可行性，更好地发挥团队指导作用。X2 校长指出："他们共同来培训，如果能够面对面的话，经常交流的话估计还是有所帮助的。这个趋势可以尝试一下，可以结合。当然这个也可以专门利用这个网络吗，有一些培训，毕竟老师这个培训的时间比较少。机会少，而且时间偏短了。"正如 X2 校长所言，一方面，指导团队可以面对面地与农村教师交流；另一方面，可以利用网络，使得时间安排更加便利。农村教师也希望这一指导方式可以长期开展，做到线上线下指导、平时交流和正式培训有机结合。

### （二）实施中需注意的问题

#### 1. 视频技术、设备和人员的配备

将视频技术有机融入农村培训中面临一些现实障碍，教师反馈其运用困难或"麻烦"主要体现在如下几个方面：①教学实况录制的设备、技术人员较为欠缺，且农村教师在录制和编辑等方面的培训和现实能力相对不足，尤其是村小。校长X2："微课有，但这种资源现在我们下面还是比较少，因为大部分老师对于这方面还是不太会弄，即使会弄这个的大部分也会是中心小学的教师，中心小学的教师会弄的也比较少。"②优质丰富的教学示范视频资源较难获取，如教师 F2 指出的："学校都会去布置。资源自己去找，从网络上找。所以自己找的话也有一定的麻烦。第一个比如说你要注册，第二个你要下载的话要钱。这都是需要费用的。如果不知道的不负责任的这个教导主任，他就不会去拷这些视频了。资源共享，每个老师都需要。但是并不一定知道通过什么渠道能够获得更多的资源和信息。"③教学实况录制和视频交流对电脑设备和网络的要求更高，设备上仍有不便利之处。④由于人员和技术的欠缺，需要教师投入时间和精力去学习、运用、交流，有部分教师认为这是一件"复杂"和"麻烦"的事情。正如老师 F2 所说："操作有一点困难，比如说我上一节课，因为在农村教学中平常，每节课去录下来那是不可能。一个教室基本上只有一个老师，你要做录像的话你肯定要让学生或者要求另外一个同事做。现在这个手机录像，内存也不一定很大。很多老师也没有这方面的技能，主管部门或者教研部门对于所有老师进行微课制作之类的培训还是有必要的，但这要占用老师很多的时间，所以很多老师一般不愿做这样的事情。或者他就甘愿用他的老方法去教学了，而不去交流了。"

### 2. 教学录制呈现的真实性

研究发现，目前当地只有少部分农村教师有录制过个体教学实况视频的经历，并向上反馈，但是多用于教学评比，而很多农村教师是没有相应机会参与的，难以得到针对性的指导。正如 L3 老师所言："微课有，仅仅是少部分的比赛，纯粹就是微课比赛。现在就是为比赛而比赛，有针对性地去挑一些老师，不是所有的老师都适合。"在这一导向下，部分教师对这一方式存在认知误差，认为录课必须要相对精心地准备，但实际上教学课堂情况是不确定的，会有更多的情境性问题。F2 老师："如果说不愿意去做呢，也不会去很精心地准备，因为你要去录制一节课的话，相对来讲要精心准备。再一个老师平时上课是很随意的，比如说虽然备好了课，但是上课前我想到了什么问题我要解决的话，那么就会完全打乱原来的准备。就会先把一个实际的问题解决掉，这应该跟这个学生讲。所以很多老师实际上的教学不可能那么正规。随意性还是比较大的。"公开化的教学片断，尤其是教学评比，使得教师的教学带有表演的性质。受访农村教师担心自己真实呈现教学会影响个人教学业绩或者形象，因而可能会按照公开课的要求去努力准备，反馈上去的不一定是自己的常态课堂，这使得诊断式的指导存在偏差。实际上，一方面这也促使农村教师提高课堂教学质量；另一方面，组织者应注意减少表演性并将其推广到一般、真实、自然的课堂。

由上文论述可知，这些合作培训方式有助于解决教育教学理论、教育教学实践和文化割裂的问题，帮助农村教师将培训中习得的理论和实践知识有效运用到实践中，很大程度上满足教师对培训的需求，促进自身专业发展，从而为改进农村教育教学服务。在合作培训实施过程中应该考虑以下几个问题：①相关的资金、技术和设备等物质保障；②高等院校教师、农村优秀指导教师参与数量和质量问题；③在线学习和交流与面授相结合问题；④高校教师、一线城市中小学教师和农村教师间相互信任和支持关系的建立，实现充分、和谐互动；⑤相关机构的组织、协调，以及中介作用的发挥；⑥教师参与多样培训方式的态度问题。

# 第五章

# 农村教师教育者专业学习共同体建设研究

农村教师发展水平关乎农村教育质量,而农村教师培训者的专业素养又直接影响农村教师的专业成长。2015 年 6 月国务院颁布的《乡村教师支持计划（2015—2020 年）》强调了加强乡村教师支持服务体系建设的重要性,计划明确指出要"整合高等学校、县级教师发展中心和中小学校优质资源"。培训者为其中优质资源之一,整合各机构优质的培训者,为全面提升农村教师能力素质提供专业、优质的教师教育者保障。除政策之外,当前国内大量研究（郑丽萍和余红梅,2009；陈向明和王志明,2013；朱旭东和宋萑,2013；郝琦蕾,2015 等）在分析农村教师培训存在的一系列问题时,格外关注提高培训者质量这一问题,并且呼吁建设一支合作型的专业化农村教师培训者队伍,即由大学专家和中小学一线名优教师合作对农村教师开展培训,并组成专业共同体,在学习中提升培训者素质。例如,郝琦蕾以山西省农村中学教师培训的调查为基准,提出应建立起培训者的"合作研究与培训共同体",在共同体的互动中实现专业成长。此外,国外一系列相关研究（Poyas and Smith, 2007；Hadar and Brody, 2010；Williams et al., 2012；Lunenberg et al., 2016）也都表明,教师教育者专业学习共同体是教师教育者获得身份认同和专业发展的有效路径,有利于农村教师教育者了解自身的角色定位,提高自身的专业能力。

农村教师教育者专业学习共同体的建构不仅有助于培训者之间的交流学习,更有益于培训者在合作中为农村教师带来理论与实践的双引领,提升培训的实效性。然而,我国农村教师在职培训者的专业学习共同体建设尚未步入正轨,一些勇于尝试的先行者组成的专业学习共同体却因为内、外部的冲突与矛盾而困难重重。农村教师教育者的专业学习共同体应如何构建？学习共同体建立后如何实施才能既有利于教师教育者的专业发展,又能惠及农村教师培训的实效性?在此背景下,农村教师教育者的专业发展又需要什么样的制度保障?概言之,有效建设农村教师教育者专业学习共同体,让教师教育者"寓学于培训活动""寓学于同伴互动",加强教师教育者在农村教师培训中的深度合作,为农村教师提供高质量的培训,最终服务于农村教师的专业成长。

## 第一节 研究背景

### 一、农村教师教育者身份认同与转变的需要

身份认同与身份转变是农村教师教育者成为合格培训者的关键性内在指标。学者 Gee 认为,所谓的"身份"就是"个体在特定的情境下所表现出来的行为方式等被他人识别和承认为'某一种人'(a certain kind of person)"。农村教师教育者的身份认同是指,农村教师教育者了解并赞同社会和个人对自身角色的期待与规定,在理性认知、情感归属和行为方式等方面达成该角色的统一,并在实践中付出努力去实现社会和个人对自身角色的期望。但是,在现实中,农村教师教育者很难在复杂的社会、机构和工作背景中找到自身的定位。农村教师教育者多从高校、中小学或某些教育机构临时聘请,农村教师教育者这一角色并未被看作一个专门的职业和身份,而是常常作为教师的"附属"身份,被当作一份兼职和临时任务。此外,从一般教师或职前教师教育者转变为农村在职教师教育者的过程中也充满了压力与挑战——农村教师教育者的培训对象(农村教师)与他们原来工作中的教学对象(师范生、中小学生)有很大区别,甚至与一般教师教育者的培训对象(城市教师)也有很大差别。正如布迪厄所言:"进入一个新的领域或机构意味着采用新的'惯习'。"这就导致他们从原始的教师身份转变为农村教师教育者的过程中会遇到种种困难。农村教师教育者在"个人先前的信仰与价值观、教学经验,工作中复杂的社会和机构环境,教师教育者教学法的发展和专业身份的建构"等方面的冲突,都体现了其身份转换的复杂性和挑战性。例如,大学教师教育者因高校"重研轻教""重理论轻实践"机构文化的影响,他们更容易将自己看作一般的高校研究者,而不是一名"研训一体"的农村教师教育者。

就当前来看,农村教师教育者通常缺乏专业指导,农村教师培训的工作处于他们身份认同的边缘地带,迟迟不能成功实现作为农村教师教育者的身份转

换。这些问题反映在教师教育者自身，便是他们模糊的自我身份认同——"我是谁""我要具备什么能力""我应该做什么？"自我认同是个体在特定社会环境中通过与他人的互动和对自身经历的不断反思形成的自我认知，农村教师教育者对自身角色的认同不仅需要个人主观努力，还需要外部提供的支持。Izadinia（2014）在对50多篇教师教育者身份认同文献进行综述的基础上，归纳出教师教育者的身份认同既需要自我支持活动，也需要共同体支持活动，如团队计划、共同监督、非正式指导等。Williams等（2012）也提出，教师教育者走向身份认同的过程中，需要learning as belonging，即归属于某一共同体。

"当人们参加学习共同体时，学习和身份形成都变得密不可分"（Izadinia，2014），农村教师教育者的身份也会随着参与学习共同体的运作而实现发展和再生产。Gee（2000）将"身份"解构为自然身份、制度身份、话语身份、亲和身份（Affinity-identity），农村教师教育者的"亲和身份"就是在其亲和团体——专业的学习共同体中获得的。农村教师教育者因共同的兴趣和目标走到一起，并通过专业对话和培训实践来建立、维持团体成员之间的忠诚关系，同时这些经验也能使个体意识到自己是"某种人"，赋予了个体亲和身份。在群体的学习和交流中，农村教师教育者更容易在认知、情感和行为方式上获得归属感，并愿意为此付出努力，达成他人和社会对自我的期待。

概而言之，"成为一名教师教育者并不仅仅是从教师转变为教师教育者两步而已"（Goodwin，2014），专业学习共同体可以给予农村教师教育者同伴间的支持力和归属感。在共同体内，成员通过共同参与实践和做出贡献而不断形成共享的认同。专业身份认同不仅代表着教师教育者将自己看作一名培训人员，并不断追求专业的成长，更重要的是他们因此可以更好地明晰自己在农村教师培训中的职责、对自己能力和角色的定位，从而更好地从农村教师需求出发开展培训。

## 二、农村教师教育者专业化和专业发展的诉求

教师是一个专业化的职业，教师教育者也同样需要提供专业的培训服务。教师教育者专业服务能力的高低与农村教师培训质量的高低息息相关，他们是开展教师培训的重要主体，培训内容和培训方式的选择都受到培训者素质的影响。因此，教师教育者急需提高专业发展水平。国内外许多学者都主张建立教师教育者的专业体系和专业标准，如学者李更生和吴卫东认为，教师培训者的专业化就是成为"教师培训师"。农村教师的培训者从身份属性上归属于在职教师教育者，然而，教师教育者本身在行业内尚未形成完善的制度体系和一致的资质标准。农村教师培训普遍存在教师教育者专业素养参差不齐、专业能力欠缺等问题。培训者甚至常常以"友

情出场"和"客串演出"的形式出现。实际上，农村教师培训对教师教育者的专业能力要求非常高，他们不仅需要掌握相关教育理论，熟悉农村中小学一线的教学情况，还要拥有较高的培训和管理技能。例如，朱仲敏（2008）认为教师培训者扮演着教育科学的研究者、培训资源的开发者、教师发展的指导者、基层学校的服务者等多重角色；相应地，教师教育者在能力上必须要具备培训需求的调研与分析能力、培训课程的开发与实施能力、培训项目的策划与设计能力和培训的管理能力。郭世安（2010）则从科研与教学的角度出发，认为培训者"应探索成为'研训一体'的'复合型'教师"。现实情境中，被临时聘请来的培训者并没有接受过专门的培训，更不用说高质量的培训，并未达到培训者要求。农村教师教育者专业能力的欠缺使得他们在培训中往往感到"心有余而力不足"。

以上问题都表明，农村教师教育者的专业发展水平十分重要，而工作中却缺乏相应的专业标准和专业发展支持。教师教育者在工作中常常孤军作战，自己的问题自己解决。他们在实践中遇到诸多难题，尤其在开展农村教师培训时常常不能很好地满足教师需求，在培训能力提升方面又缺乏专业的引领，专业发展中的孤立、隔离现象普遍存在。只有为教师教育者提供专业的指导和支持，才能促进教师教育者专业的持续发展。

研究表明，"形成学习共同体已经被认为是教师教育者专业和身份发展的最好方法"（Izadin，2014）。在学习共同体内，来自不同机构和学科的教师教育者以农村教师培训为目标组成团队，通过反思性探讨、研究和同伴互助等方式，在合作培训和研讨学习的过程中提升自身的知识和技能。学习共同体有助于农村教师教育者专业水平的进一步提高，这种专业能力也终将惠及他们的服务者——农村教师。

### 三、农村教师培训现实问题应对的需求

农村教师培训存在的现实问题——培训内容缺乏一致性、培训中的理论与实践缺乏融会贯通等，也呼吁农村教师教育者学习共同体的建设。以上问题可通过农村教师教育者之间协商和对话得到解决。然而，农村教师教育者缺乏沟通与协作是培训中最司空见惯的现象。他们在培训中常常表现出"一盘散沙"式的人际隔离等实际问题，不能充分融合各自的优势来提升农村教师培训效果。

在培训内容的一致性方面，叶丽新（2011）、陈向明（2013）等众多研究者都曾指出教师培训中的"拼盘"现象严重，培训机构经常"因人（专家）设课，而不是因目标、项目需求有针对性地安排内容"。而且，据西北师范大学教师培训学院开展的调查显示，"许多教师和校长反映，以往的教师培训中，培训者之间常常会出现观点、意见和方法建议的不一致，造成了教师学习中的'无所适从'"。

农村教师希望获得既具有个性,又能够体现系统性的培训,而不是散乱地奔走于各不相关的专家和名师思想之间无主线可寻。可见,教师教育者内部的合作与协商对保证培训的一致性和系统性至关重要。教师教育者专业学习共同体正是确保其内部合作与协商有效开展的重要路径。它能够让不同教师教育者通过对话协商来保持培训内容的关联性,并在对话的过程中相互学习。

在理论知识与实践知识的融会贯通方面,高校专家与中小学一线名优教师的隔离导致了培训中理论知识与实践知识相分离。高校教师教育者提供的培训多为教育学、心理学、课程理论、教学理论和教育研究方法等理论性知识,理论知识本身具有一定的抽象性和概括性,难以运用到教育教学中;而中小学一线教师教育者提供的培训多是课例观摩、技能经验分享等更具针对性的个人经验性知识,根据 Carter 的论述,这类知识具有"经验性、程序性、情境性和特殊性"的特点,难以在大范围内有效适用。以上问题导致了农村教师在培训中"理论知识听不懂、不会用""实践经验用不好、不适用"的难题。农村教师所需要的教育教学理论知识和实践知识分散在不同的教师教育者主体中。由于学习共同体意味着成员的对话、合作与意义协商,也意味着成员学习的发生和能力的提升,唯有让这些知识主体建立专业的学习共同体,理论和实践知识才能在二者间融合与分享,形成理论与实践的一致性。

总之,农村教师在职培训的开展需要各领域、各专长培训者的参与和保障,构建一支专业化的农村教师教育者队伍的重要性不言而喻。学习共同体的建立可以通过直接和间接的方式作用于农村教师培训,提高其实效性。其一,因为学习共同体代表着不同教师教育者之间合作的发生,教师教育者们可以在共同的目标下进行协商和沟通,融合各自的优势与资源,建立培训的联动,从而保证培训项目内部的一致性,为农村教师带来更加系统、充实的培训。其二,学习共同体还有助于农村教师教育者创新培训内容和形式,充分利用各自的专长,共同开发出针对农村教师特点的新课程和新实施形式,改变农村教师培训的实践面貌。此外,在学习共同体的影响下,教师教育者的合作培训与学习成为一种新常态。

## 四、概念界定

### 1. 教师教育者

教师教育者是一个多样异质的群体,他们来自不同的背景,也工作在不同的环境中。关于教师教育者的界定,当前国内外尚未形成一致标准。欧洲教育贸易联合委员会(European Trade Union Committee for Education,ETUCE)认为教师教育者的范围非常广,职前、入职和在职的教育者都是教师教育者。美国教师教育者协会(Association of Teacher Educators,ATE)则将其简单地定义为培养教师的人。Korthagen 等(2014)认为,教师教育者包括"所有以支持学生教师或教师专业发展为目标，对他们进行教学或指导的人"。我国有的学者认为教师教育者仅仅指高校中从事师范生教育的教师，也有学者认为"教师教育者泛指所有旨在培养或培训教师的人员，即教师的教师"（康晓伟，2012）。

本书认为，教师教育者既包括对准教师进行职前教育的教师教育者，也包括对中小学校教师进行在职培训的教师教育者。其来源包括高校的教师、中小学的教师，以及一些培养培训机构中的教育者。因此他们的角色是多重的甚至是交叉的，目标都在于培养/培训出合格和更加优秀的教师。

**2. 农村教师教育者**

本书的农村教师教育者主要是指对农村教师进行在职培训的培训者，既包括高校中的教师教育者，也包括中小学中的教师教育者，此外还包括一些培训机构中的教育人员（如培训组织管理者、教研员等）。这些教师教育者是一个复合群体，有着多样的来源和较大的异质性。考虑到培训中高校与中小学培训者参与的广泛性和代表性，本书重点关注开展农村教师培训的高校教师教育者和中小学教师教育者。

**3. 学习共同体**

"共同体"概念由德国社会学家斐迪南·滕尼斯（1999）在《共同体与社会》中提出，他最早从共同体的角度建构人类社会互动。Sergiovanni（1994）认为，共同体的联合"会使一群个体的'我'（I's）转型为集体的'我们'（We）。在成为一个'我们'之后，每一个成员都是紧密编织的有意义关系网的元素之一"。在共同体中，一群有着共同的目标、观念、信仰的人，采取适应性的学习活动方式，运用各种学习工具和资源来共同地学习。实践共同体是学习共同体的基础概念，莱芙和温格（2004）认为，"一个实践共同体包括一系列个体共享的、相互明确的实践和信念，以及长时间追求共同利益的理解"。在专业学习共同体中，从事专业"学习"是成立专业学习共同体的关键。在共同体内成员之间通过"合作"相互支持、共享经验，以实现成员和共同体整体的发展。它具有成员平等、共同愿景、合作学习、成果共享等特征（刘凯，2010）。简单地说，一个共同体若是以学习为其主要的实践活动，那么它就是一个"学习共同体"。学习共同体同时还是一个集体的智慧库，它"储藏着有形的知识和无形的知识，而且在各成员的社会性互动过程中，共同体的知识在动态地流动和生成"（陈静静，2011）。

本书中的农村教师教育者专业学习共同体是指，教师教育者们以农村教师发展为目标，在培训现场或工作、生活场所中通过互动交流共同学习，并伴随着农村教师培训的相关活动不断深入学习，在此过程中提高教师教育者素质、促进教师教育者的专业发展，为农村教师带来更优质的培训。

## 第二节　教师教育者学习共同体构建的理论基础

教师教育者学习共同体的建构基于温格的情景学习、恩格斯托姆（Engestrom，2010）的拓展性学习，二者都以社会建构主义思想为代表，在阐明学习机制时认为学习是在个人与社会系统的互动中发生的，学习是知识的社会协商和社会实践的参与，从而为农村教师教育者的学习共同体构建提供了合理性论证。另外，温格与恩格斯托姆的理论都非常强调"边界实践"和"边界跨越"对于学习的重要意义，为农村教师培训者——大、中小学教师教育者的合作与学习提供了可借鉴的路径。在农村教师教育者学习共同体建构中，温格与恩格斯托姆二者的理论为我们提供的核心理念为：①学习的本质是社会实践，它是在群体互动中发生的；②专业知识平等地横向分布在不同的活动系统中，并在互动学习中实现转化与创生；③边界跨越既是冲突，也是影响，它意味着不同专长知识技能的交流与碰撞，是学习发生和实践改变的重要途径。从二者的理论视角出发，农村教师教育者的学习共同体是建立在边界跨越基础上的，由不同教师教育者在群体互动中，通过专业知识横向交流与创生而获得培训能力提升的学习方式。

### 一、情境学习

自20世纪末以来，人们开始探索学习发生的社会性和情境性，学习共同体的重要性也越来越被人们认识到。从社会建构主义立场来看，学习具有主动建构性、社会互动性和情境性的特征，杜威和维果茨基等人也都曾提出学习是一个社会过程。在前人的基础上，莱芙和温格（1991）从人类学视角提出了情境学习理论（Situated Learning）。该理论指出，任何知识都存在于文化实践中，参与到文化实践中是学习的一个认识论原则，"学习的本质是社会实践"。学习深置于建构它的情境脉络之中，知识的获得主要受到应用它的活动、情境和文化的影响。情境学习理论强调学习不是个体命题知识的获得或抽象概念结构的掌握，而是将学习置于社会合作参与的特定形式中，因为"学习过去是，现在仍然是分布在合作参与者之间的，而不是一个人的行为"。学习是积极参与社会的结果，因此不能与个人的生活经验相互分离。温格又进一步提出学习包括社会能力和个人经验的相互作用，体现出个人与社会学习系统的互动和双向关系（Wiliams et al.，2012）。通过情境学习理论，学习可以在学习共同体的正式和非正式场合发生，为成员提供交流的机会，"它颠覆了传统的'获得模式'对'学习'的理解，提倡通过'参与模式'来进行社会性学习"

（陈向明，2013）。需要注意的是，人类学视角下的情境学习不等同于一种简单的经验属性，它不仅包含传统观念中的"在场景中学习"或"做中学"，而是更强调个体与他人的互动（建构学习共同体）对学习的意义。值得一提的是，情境学习的哲学基础是哈贝马斯的"情境理性"观，它强调学习者在理解的状态下进行充分的对话和交流，从而不断扩大个人"局部时空的知识"。实践共同体（Community of Practice）便是在情境学习理论的基础上发展起来的，由莱芙和温格于1991年在《情境认知：合法的边缘参与》中首次提出。关于它的定义，温格（1998）从"实践共同体是什么，怎么运作，有什么可行力"三个维度指出：实践共同体是由成员理解和持续协商的共同事业；相互介入的关系将成员联系为一个社会整体；成员随着时间形成共享的技艺库（程序、情感、工具、词汇、风格等）。简言之，实践共同体即共同的事业、相互的介入、共享的技艺库三大要素。实践共同体不是一群因某一项目而松散地聚在一起的一个团队，而是"一群享有共同的愿景、问题，或是对某一话题充满热情的人，通过持续的交互来深化他们的知识和专长"（Wenger et al.，2002）。

实践共同体十分明确对"人"的关注，将人看作某个社会文化共同体中的成员，他们追求共同的事业，能够在目标明确、意义清晰的基础上通过协商来确定其需要进行的共同学习。实践共同体的任务是一项共同体成员共享的事业，在"新手"与"熟手"不断的相对交互中，成员实现从"合法的边缘性参与"逐步到共同体核心成员的过渡，并从某一领域的新手逐步成长为专家，与此同时实现共享事业的目标。也可以理解为，实践共同体中的情境学习意味着个体从"合法的边缘性参与"走向"充分参与"，实现从"新手"到"熟手"的成长、身份的发展和再生产。不同专长、兴趣的个体成员形成了多层次参与，并对共同体活动做出多样的贡献。需要注意的是，实践共同体中"新手"和"熟手"的角色是相对存在的，某一领域的专家在另一领域可能是新手，共同体成员在知识和学习上是平等的互惠者。在实践共同体中，成员作为同侪进行团体内的协商和对话互动，集体的智慧在交流和分享中逐渐形成。

情境学习理论及其发展的实践共同体是21世纪人类学习理论的革命性发展，它将人看作完整的个体，并将人的活动和世界看作一个整体，超越了人类学习单一认识论的简单描绘。学习不是发生在个体头脑的心理表征中，而是发生在共同体成员之间的社会交往中。该理论主张为农村教师教育者的群体互动与合作培训提供了理论基础，肯定了教师教育者合作的价值，应充分发挥不同农村教师教育者体系的专长，让他们在培训实践和交流协商中进行学习，从而实现整体专业能力的提升。

## 二、拓展性学习

拓展性学习（expansive learning）由芬兰学者恩格斯托姆基于其第三代文化

历史活动理论提出。拓展性学习认为，学习是一种活动，任何一种活动都是包含多个层次和要素的系统，研究学习应该以"活动"为最小的分析单元。根据第三代活动理论，每个活动系统都由主体（subject）、客体/目标（object）、共同体（community）、中介工具（artifact/tools）、规则（rules）和劳动分工（division of labor）六大元素组成。恩格斯托姆关注不同活动系统之间的互动，并通过对活动系统的分析来探讨学习活动的本质、发生过程及活动中不同要素之间的互动关系。活动系统是一个具有多元观点、传统和兴趣的共同体，活动系统的交织为知识技能的交流和生成提供了平台，有助于实现知识技能的融合和优势资源的整合。"拓展性学习"强调学习是发生在群体中的行为，应充分利用来自不同活动系统的优势，建立新的活动系统。

在恩格斯托姆（2008）的描述中，拓展性学习"是将一个简单的观念拓展成为一个复杂的活动目标或形成一种新的实践形式"，拓展性学习与传统学习有很大不同，它关注的不是知识的简单垂直传递（已知者→未知者），而是在学习活动中创造出新知识架构的过程。在活动系统中，知识具有很强的分布性，学习是在集体或网络中进行的，在变化、动态的过程中进行不同主体之间知识的水平互动与融合，从而拓展性地形成新的概念、实践活动来解决现实中存在的问题。从拓展性学习的理念来看，知识是内化在团体之中的社会规则，教师教育者在交流、互动的过程中可以实现知识在个体间的流动、转化和生成。正如 Grossman 等（2001）所言，在教师的学习共同体中有两条被验证的真理，即"一些人知道其他人不知道的东西，集体的知识总是超过任何个人的智慧"。概言之，拓展性学习强调知识的平等性及学习的群体互动性，如恩格斯托姆（2010）谈到的："一个扩展性学习转化的循环过程就可以理解为一次集体成员共同跨越'最近发展区'的旅程。"运用到农村教师教育者群体就是要让高校本位和中小学本位的教师教育者建立起新的活动系统/共同体，通过拓展性的学习来实现培训能力提升。在新的活动系统中，不同学习者的专长都是平等、独特的学习资源。

### 三、边界实践与边界跨越

温格和恩格斯托姆都非常强调情境和对话的重要性，它们认为个体的学习发生在与共同体的互动中，这为教师教育者专业学习共同体的建构提供了可行的理论基础。最重要的是，二者都非常重视跨越边界对学习、组织和系统发展的意义。温格认为跨界学习是实践共同体之间的相互参与和协作，恩格斯托姆则认为跨界学习是两个活动系统进行的互动，他们都看到了不同共同体/活动系统之间边界地带存在的学习影响，为教师教育者跨越大中小学边界的学习共同体建设提供了合理论证。

根据温格（1998）的描述，共同体的活动是一种跨越时间的并与其他相切/相交的实践共同体发生联系的活动。人们常常会同时参加多个共同体，温格将个体的这种活动定义为"多重成员身份"，而多重实践共同体的参与产生了新的"边界实践（Boundary Encounter）"。对于实践共同体来说，边界实践是两个或多个共同体的相互参与和协作，并在参与中形成新的实践共同体。在农村教师培训中，不同的教师教育者都原属于不同的共同体（如大学学术共同体、中小学教研共同体等），教师教育者学习共同体的建立使得他们必须要跨越原有的共同体边界，在互动和联系中进行新的意义协商，从而建构起新的学习活动和新的实践方式。边界实践就是多个群体在边界区域内通过协商和相互作用来形成新意义的过程。

温格的"边界实践"与恩格斯托姆文化历史活动理论中提到的"边界跨越"类似。在文化历史活动理论中，两个活动系统相互作用和共享实践，其核心观念是——边界空间、边界跨越和边界目标。虽然这种"边界"可能是模糊的，但是它无论是分工，还是规则都与其他活动系统的边界有着明显区分。第三代活动理论非常强调"边界跨越"的重要性，具体是指不同活动系统中的主体跨越原有边界（工具、规则、分工、主体、客体、共同体等），在新的空间中建立联结和互动，这一空间的学习"非常重视架设沟通桥梁，边界跨越和协商"（Williams，2014）。在边界地带，来自不同共同体的成员进行互动、交流，不同的视角、观念、话语和行为方式彼此竞争，融合与冲突随时可能发生。边界跨越的过程就是多个群体一同在边界区内通过相互作用和协商，并形成新意义的过程。因此，来自不同机构的教师教育者需要走出原来的共同体和活动系统边界，在新的地带内"基于共同的愿景和目标，经由长时间的互动和协商，大学人员与一线教师逐渐形成相应的分工、合作的规范，以及对彼此和自身角色的识别与认同"（戴伟芬，2016），共同建立新的活动系统，即教师教育者学习共同体。另借用 Reynold 等（2013）关于教师教育者"在沟里跳舞"（dancing in the ditches）的观点，说明农村教师教育者跨越边界学习共同体的互动。这里"沟"代指某一特定的农村教师培训项目借以生存的环境，即理论与实践的结合区域。它对学习共同体中的教师教育者来说是一个既熟悉又陌生，有一定空间同时又比较狭窄，需要二方共存共生的区域，其中参与者的互动或贴近或远离，如同在跳舞的状态。这就要求教师教育者脱离各自所在的舒适的环境，跳到这个充满挑战甚至存在危机的区域。与此同时，教师教育者可以参与到对方的生存环境中，使自身得到专业发展。这一比喻形象地说明了农村教师教育者边界跨越的动态图景。

然而，边缘本身便意味着紧张与挑战，教师教育者在从一个共同体/活动系统跨越至另一个共同体/活动系统时，这种"多重成员身份"代表着他们过去不同的历史经验和背景，也造成了共同体边界地带多种观念交织的复杂境况，因此，困难也随之产生。不过正如温格所言，"边界既是分离和隔离，也是'不同观点交汇和新可能性产生的地带'"（Williams，2012）。跨界引发了边界交融、多元会聚和认知重组，为人们认知和行为系统的深刻变革埋下了伏笔。Akkerman 和 Bakker（2011）认为，人们在边界实践中的学习机制有四种，即"识别、协调、反思和转化"，这四种学习机制的深化也代表了不同主体在边界实践中实质关系的转化过程，从身份的冲突、紧张到有效工作关系的建立，到新想法的产生，再到边界实践的重大改变，反映的是新共同体内成员的参与和融合。虽然新共同体创建之初会遇到诸多冲突，但是如果其成员能在不同的共同体中进行意义协商，那么新共同体的出现就会从边界挑战转变为边界机遇。总之，教师教育者学习共同体只有进行充分的对话和意义协商，才能在实质上跨越原有活动系统或共同体的边界，将冲突转变为力量，将劣势转变为优势。

在现实情境中，大学学者与中小学教师所处的是两个意义和话语系统均十分不同的微观世界或活动系统（王晓芳，2014）。在农村教师培训中，高校本位的教师教育者和中小学本位的教师教育者在工作环境、专业技能、知识结构、话语体系等方面都存在巨大差异。在工作环境上，二者面对不同的教学对象，而且高校与中小学对学术与教学的关注各有不同。来自高校的教师教育者往往在某一领域有着非常高的建树，擅长开展教育研究和理论探究。相反来自中小学的教师则有着非常丰富的教学经验，对一线学校的现实状况非常了解，擅长处理课堂中遇到的实际问题。二者成长历程、工作环境的不同造成了他们在知识、能力、思维方式、专长等各方面的差异，因此不难理解他们在培训中出现"各自为营"的现象。用 Grossman 的话说便是教师教育者学习共同体中存在着"根本的张力"。虽然农村教师教育者之间存在着多种边界，但这种边界并非只是消极的存在，跨界也蕴含着丰富的学习影响。因为恰恰"跨界学习关注的是，如何把这种现实存在的差异转换为有利的学习资源"（郑鑫等，2015）。当跨界者在互动中找到共同的目标，这一目标能够体现双方共同需求时，学习共同体的建立便具有可能。

一个好的农村教师教育者既要会教学，还要会开展研究和组织管理，更要了解农村的教育现实。这就需要农村教师教育者跨越多种边界进行学习，如高校教师教育者拥有较高的研究胜任力，但同时也常常会因为其研究理论的高高在上而饱受参训农村教师的抱怨。他们通过跨越大学的边界，和具有丰富一线教学经验的中小学教师教育者开展合作学习，以满足农村教师需求。中小学教师教育者的理论知识素养提升亦然。同时，二者还要跨越城乡社区边界，提高自身对农村文化的感悟、理解，融入培训的教学中。可见，农村教师培训的专业知识（包括技能）分散在不同的活动系统中，只有跨越原有的机构、组织等边界进行社会互动才能促进知识生成与融合，提高农村教师教育者的专业发展水平。

## 第三节 教师教育者学习共同体的运行框架

学习共同体包括"所有成员共享自我明晰的专业发展兴趣,通过讨论、分析和解决问题进行持续的互动和对话,最终实现专业学习"(Macphaila et al., 2014)。具有不同知识和技能的教师教育者在共同体中一起探究问题,在提升自身素质的同时服务于农村教师培训的开展。当然,学习共同体并不是一群人聚在一起随意而为,而是共享一定的规则、工具和分工。爱尔兰学者 Parker 等提出的教师教育者学习共同体图景,为本书构建农村教师教育者学习共同体运行框架奠定了基础。

### 一、帕克的学习共同体图景

研究以 Parker 等关于教师教育者学习共同体图景的主题要素为基础,构建学习共同体的运行框架,让学习共同体的运行具体化和清晰化。2012 年,在对爱尔兰体育教师教育者专业发展的研究中,Parker 等对共同体项目进行了成功和失败的特点分析,发现三项主题:目的与达成、路标和阻碍。"目的与达成"的内容包括明确目标。"路标"包括激励物、积极的学习环境、支持的情感环境、小组结构及其促进。阻碍包括时间、无效的学习环境与政策、教育状态,以及学校与教学情境(Paker et al., 2012)。在此基础上,Parker 等在 2014 年对 2012 年的图景进行了一般化提炼(Macphaila et al., 2014),提出了更加具有普遍意义的教师教育者学习共同体图景。

教师教育者专业发展中的学习共同体图景,包括目标、路标、促进者角色、障碍排除和创新或改善五个主题,从分享共同兴趣的教师教育者聚集,到小组建立,再到真正的专业实践共同体建立。各主题横向的变化反映的并不是好与坏的差别,而是学习共同体建立过程中层次的深化和教师教育者成长的潜能。在 Parker 等的界定中,"目标"意指实践共同体的目标一致性,它伴随着成功的实现,即学习共同体取得成功最首要的保障是目标的一致性。只有当专业发展在共同体空间中形成,教师教育者们积极追求共同事业的时候,学习共同体的建立才具雏形。"路标"是指教师教育者学习共同体中的支持关系和环境,它们增加了共同目标达成的可能性,具体内容包括如下几项。①积极的学习环境。学习内容和情境对教师有意义。②支持的情感环境。大家可以随意探讨不足。③建立自上而下(管理支持)和自下而上(教师自主)的结构。④小组促进者等。"路标"随着共同体的发展而深化,从一开始教师教育者当面聚集时给予彼此支持,逐渐发展到无论教师教育者是否当面聚集,都能够为其提供持续的支持。"促进者角色"是一个批判者和引领者的角色,它引导而非决定方向,提出问题而非简单给出方法,倾听而非滔滔不绝地讲述。促进者角色可以分为外部促进和内部促进。外部促进者是组织角色，如负责规划工作日程、主持会议等，以及通过了解教师教育者的需要，为其提供内容和过程上的支持，以此来创造一个安全有效的学习环境。内部促进者是指共同体内的成员，包括小组领导和全部成员主动承担起的共享促进（shared facilitation）。内部与外部促进者的共同引领才能真正促进一个学习共同体的发展。"障碍排除"是指妨碍和束缚共同体中教师教育者学习与成长的因素。阻碍共同体成功的因素主要包括缺乏时间、无效的学习环境、士气低迷、无良好的政策支持等。障碍出现后，共同体的领导和成员应尽快识别问题，并积极地排除障碍。"创新或改善"是指学习共同体建立后对机构文化产生的影响。学习共同体可以打破教师教育者之间的隔离，改变孤立的文化。

## 二、学习共同体运行框架构建

农村教师教育者学习共同体的建立需要目标、路标、促进者角色、障碍排除和创新或改善等五个主题都达到一定的标准，这五个维度的相互关系共同构成了教师教育者学习共同体的运行框架。以 Parker 等的划分为依据，学习共同体在"目标"维度应融合差异，树立共同愿景；在"路标"维度应建设尊重、安全、信任的支持环境；在"促进者角色"维度应实现内、外部个体与群体的共同引领；在"障碍排除"维度应识别、解决问题与提供相应的组织保障；在"创新或改善"维度应在探索和挑战中改善教师培训的实践和文化。

教师教育者学习共同体运行框架的各个维度并不是按照先后顺序排列递进的，它们是平行并列的主题，每一个维度都是学习共同体成功的必要保证。同时，运行框架的各个维度亦相互影响和作用，如图5-1所示，每个维度都可以向外散发并交

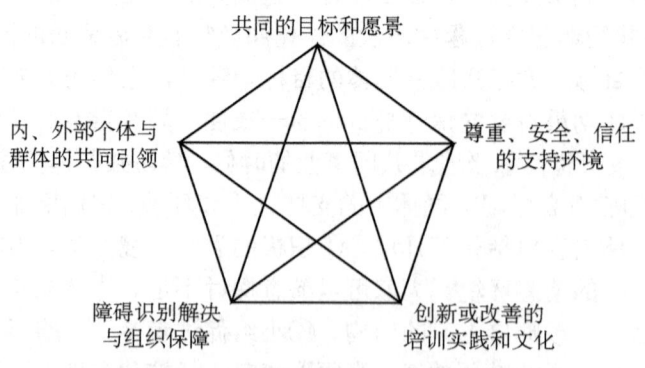

图 5-1　教师教育者学习共同体运行框架

汇于其他四点，即每一维度的实现都有助于其他维度的加强，形成了一个交织的

共生网络系统。该网络系统展现了学习共同体运作的基本框架,为教师教育者的跨界学习和共同体内的互动提供了可操作的具体指标,有助于深化农村教师教育者学习共同体的构建和实现。具体内容如下。

### 1. 共同的目标和愿景

目标是指共同体内共享的价值观和愿景,任何一个实践共同体都在某一话题内享有共同的兴趣,并一起为了共同的目标而工作。温格和恩格斯托姆的理论也都非常强调边界实践中"边界目标/对象"(boundary object)的意义,它是来自不同共同体人员得以建立联结的关键所在。正如 Little (1993)所说,"共同的理由"使得教师教育者们能够在分享经验的基础上建立多样化的联系。因此,农村教师教育者学习共同体最首要的事情就是树立共同的目标和愿景,明确共同体共同追求的事业。

相比其他类型的教师学习共同体,农村教师教育者学习共同体中更要注意共同目标和愿景的树立。因为在现实中,开展农村教师培训的教师教育者来源和原始身份各异,他们的需求和兴趣差异较大,甚至在开展培训的目标上都不能达成一致。在某一"国培"项目的调查中发现,"高校教师普遍喜欢学科专家深入探讨学科问题,一线教师普遍关心课堂教学实际问题",而"两个群体中对教师培训本身的关注度都不如对学科研究、教学的关注度"(叶丽新,2011);甚至还有一些培训者只关注自己的课堂教学,对培训工作并无兴趣,"教师教育者的行动仍然延续其以往的各自共同体的活动规范和关系"(王晓芳,2015)。可见,教师教育者目标分散是阻碍培训质量提高和学习共同体建立的一大障碍。因此,培训中教师教育者学习共同体的建立首先要树立共同的愿景。教师教育者们应该以农村教师培训的质量和实效为首要关注点,而不是仍然将目光停留在自己所擅长的学科教学或研究领域,因为"好研究者"和"好教师"并不代表他们是"好的教师教育者"。总之,教师教育者学习共同体应该以提升农村教师培训质量、改善农村教育教学为根本目标,以农村教育的问题和教师的需要为具体切入点,避免过度受到以往职业身份惯性的影响,在共同体成员的互动、协商中实现培训目标的达成。

共同的目标和愿景应是一种内化于每位教师教育者思想深处的追求。它不是培训管理者或上级部门强加于培训者思想上的外在目标,而是由教师教育者内部自发生成的,真正反映了教师教育者的兴趣、需要和动机。只有在内发的共同目标驱使下,教师教育者的学习共同体才得以建立。值得警惕的是,融合不同教师教育者目标的差异并不是要忽略差异,共同的目标并不等于绝对同一的目标。"目标"的标准是建立共同的愿景,但同时要兼顾成员的个人需求,助力于个体的自我实现。

在共同目标和愿景的凝聚下,成员开始产生学习共同体的向心力,可以说它是教师教育者学习共同体建构的基础,也是核心所在。只有在此维度基础上,路标、促进者角色、障碍排除和创新或改善的四维度才能够一同指向共享的事业,方向明确、发挥作用。与此同时,这四个维度的发展也能够增强成员的凝聚力,从而强化学习共同体的目标和愿景。

### 2. 尊重、安全、信任的支持环境

教师教育者应该在他们的专业发展中体验到支持性环境(Lunenberg et al., 2016)。这种支持性环境与防御性、自我封闭性的环境相对立,呈现出开放和相互信任的学习共同体氛围。本书谈到的支持环境是指学习共同体内形成的在学习、情感、结构等方面的支撑,主要包括积极的学习环境、情感环境,以及建立自上而下和自下而上的结构等。根据情境学习理论,积极的学习环境是社会性的,个体在身体和心智上都积极地投入到学习活动中,而且学习的内容和情境对于教师教育者来说都是有意义的。情感上的支持是鼓励成员尽情交流和探讨不足,给予彼此情感上的肯定和支持。结构上的支持主张在成员产生想法或计划后,相关人员要提供财政性和概念性的管理支持。支持关系的标准是建立尊重、信任和安全的共同体环境。农村教师教育者学习共同体便应在这样的支持环境中开展活动。

支持性环境具有描述、解决问题、即兴/灵活、共情/卷入、平等相待、随机应变(陈向明,2003)的特点,"通过一个安全、支持环境的建立,大家可能冒险或者加入挑战性的讨论,促使他们深化理解、尝试新的实践"(Whtcomb et al., 2009)。在这里,个体可以自由地表达不确定、探索思想、陈述和撤回观点。教师教育者学习共同体崇尚一种民主平等的知识观,拥有不同专长的培训者应相互尊重,无论是理论知识、实践知识,还是研究能力、教学技能,它们都是平等的存在。这种横向的专业知识没有高低之分,教师教育者之间应相互接纳或认同彼此的学识和能力(王晓芳,2015)。因为在跨界的学习中暗含着以下前提:"尽管所擅长的领域不同,但所有的参与者均是专业人士。"同时,安全、信任的支持关系还允许教师教育者之间互相提问和矫正,即使个体遇到问题和失败,也不会有指责和怀疑,而是大家从中吸取经验和教训、相互鼓励,共同反思错误,探索新的解决途径。教师教育者可以自由地检视自己作为一名培训者的身份和实践,勇敢地表达自己的问题和困惑,而不是害怕暴露自己的缺陷,将问题隐藏起来。

正如 Bryk 和 Schneider 提出信任关系的四大范畴包括尊重、胜任、个体对他人的关注和真诚(Stoll et al., 2006)。在这样一个尊重、安全、信任的环境中,大学中的教师教育者不再被视作高高在上的专家,一线教师也不再被视作只关注课堂的"教学者",双方打破了传统观念上大学人员与一线教师的孤立和不信任,在平等位置上相互交流、探讨和批判质疑。这为教师教育者提供了学习和情感上

的支持和肯定。在良好的学习共同体支持关系中，不同的教师教育者搭建起了专业对话的空间。通过平等和富有建设性的对话，不同性质的知识和技能在共同体内碰撞、互动，最终实现融合。除却知识和能力的提升外，两或多类主体间的情感也实现了理解和渗透，在相互信任、支持和鼓励中形成了新的伙伴关系。

支持环境的建立为学习共同体成员提供了可靠的发展空间和氛围，是学习共同体运作的内在保障。支持环境渗透于其他四维度的方方面面，支撑着整个学习共同体的学习和情感活动。同时，其他维度的发展也彰显着支持环境的深化，代表着共同体成员间理解、信任、互相支持关系的进一步建立。

### 3. 内、外部个体与群体的共同引领

学习共同体是一个自组织系统，它不需要太多管理，但是它的发展需要领导力。促进者这一角色是共同体中的发展引领者，其标准是个人责任与共享领导同时起作用，即促进者的角色不仅仅是某一个体的责任，而且需要共同体成员的分担和共享促进。农村教师教育者学习共同体的发展不仅需要组织者或优秀个人领导力的推动，还需要群策群力，发挥各成员的专长在不同领域进行引领，最终达到共享促进。

农村教师培训的学习共同体也需要内外部个体与群体领导力的共同推动。Gibb(1958)、Gronn（2000）、Spillane（2006）等人将专业学习共同体共同行动的特点概括为分散式领导（Distributed Leadership），因为人们越来越意识到领导力不仅仅是属于某个人或者一个相对"高级"的小组，由于工作的复杂性，工作责任的实现需要一群人的行动。在学习共同体内部，最初可由小组组长或优秀负责人引领教师教育者成员的活动，逐渐实现所有成员从边缘地带走向中心地带，共同引领发展。另外，虽然教师教育者学习共同体主要由相关培训者组成，但是它不应排除致力于教师培训项目发展的支持者和帮助者（如培训管理者、项目指导者、地方促进者），他们在教师教育者学习共同体的促成中起着重要作用。在共同体建立之初，个体的促进者承担着组织和领导的角色，他们使农村教师培训者认识到组建学习共同体的重要性，并起着共同体带头人的作用，随着学习共同体的发展，所有成员都成为群体发展的引领者。同时，外部促进者还可以根据共同体的需要为其发展争取提供更多资源。

总之，学习共同体是一个共建共生的生态圈。随着学习共同体的发展和成员关系的建立，共同体内的教师教育者开始从Wenger（1998）所说的"合法的边缘性参与"走向"充分参与"。拥有不同专长的教师教育者在力所能及的范围内采取行动支持实践共同体，最大化地提供支持。推动共同体发展的责任和权力被赋予了每位成员，也促使每位成员真正地积极参与到共同体实践中，实现自己对共同体的认同、对自己所从事工作的认同。更重要的是，在农村教师教育者学习共

同体中，每一位农村教师培训者的能力和专长都融入到了学习共同体的共同事业（改善农村教师培训质量）当中。其结果是集体智慧的结晶，也更加能够满足农村教师对培训的需求和期待。

在内外部个体与群体的共同引领下，农村教师教育者学习共同体得以保持发展的势头和活力，可以说这种促进作用是学习共同体运行的持续动力。个体与群体的共同引领反映的是共同体成员积极地参与和投入，这种动力无疑会与目标、路标、障碍排除、创新或改善等四维度相互促进，并为它们的发展提供领导力。

**4. 障碍识别、解决及其组织保障**

农村教师教育者学习共同体的发展过程中需要辨别和处理出现的各种障碍。除了由跨界学习产生的冲突和矛盾（如支持关系淡薄、目标分散等问题），教师教育者学习共同体的发展也受到诸多外部因素的影响，如严重的时间缺乏、资源保障不足、政策支持不力、培训者专业发展不受重视等。因此，学习共同体应注意障碍的识别与解决，并通过组织机制加以保障。

解决学习共同体障碍的第一步是要发现和识别问题，而问题的发现有赖于教师教育者在实践中不断地评估、反馈和反思。针对共同体面临的问题，成员应及时提出，从自身和共同体双角度反思问题出现的原因，并尽快协商解决方式。共同体成员进行的真实对话和意义协商对问题的解决至关重要，因为"在一个学习共同体中，观点、理论、过程、方法等，都是由共同体的成员通过协商的过程而建构的，协商意味着对话和交谈"（郑葳，2007）。然而，有些问题并非教师教育者自身的力量所能解决的，而是需要相关组织或部门给予一定的外部保障。例如，时间不足几乎是困扰所有培训者的最大障碍，学习共同体活动的开展通常不需要繁重的机构和基础设施，但是其成员需要时间和空间去开展合作学习。在农村教师教育者学习共同体中，大学和中小学的教师教育者都被繁忙的科研或日常教学占用时间，另外拿出时间来开展共同体的学习活动常常心有余而力不足，共同体成效大打折扣。再者，当某一培训项目结束以后，教师教育者学习共同体享有的外部资源保障也会相应结束，相关部门对培训者专业素质的重视也随之淡去。因此，学习共同体的障碍解决除了需要成员自身努力，还需要组织提供一定的保障，为教师教育者提供更多的时间、资源，帮助其进行专门的农村教师培训研究和实践。

障碍的识别、解决是学习共同体运作的自我修复机制，为学习共同体的健康发展提供了保障。内部成员的协商与外部的组织保障让学习共同体不至于在遇到问题时陷入困境，也能够为目标、路标、促进者角色、创新或改善四维度进行诊断和协调，保证共同体的良性运作。同时，其他四维度的良好发展也有助于障碍的识别和解决，为内部协商和组织保障提供多方面的支持。

**5. 创新或改善培训的实践和文化**

学习共同体具有改善实践和文化的巨大影响，农村教师教育者学习共同体的建立也体现在农村教师培训实践和文化的改变上。学习共同体不同于简单的群体聚集，因为教师的简单集合虽然会产生很多新想法，但是这些新想法并未接受检验和拓展延伸，其结果往往是现状的再生产和复制，而不会对已有的模式进行挑战或完善。真正的学习共同体应是成员共同针对实践中富有挑战的问题进行探索，超越原本模式和体制的简单复制和再生产，创造出新的规则、方式，从而改善实践。然而，在当前的农村教师培训中，教师教育者之间缺乏相互沟通和了解，像是一盘散沙，更别提通过共同的努力来改变培训实践和文化。尤其是培训中大多数的教师教育者都是兼职培训者，他们只负责开展自己的培训课程，很少有机会与其他培训者进行对话和协作。

在新时期，人们对教师培训者的定位已经从"知识传播者"转向了"知识生产者"。学习共同体建立后，教师教育者应该协作发挥共同的力量，对现实的问题开展探讨、研究。在培训内容、培训方式、培训管理等方面进行创新和改变，尤其是要进行"培训内容与模式的学术性创新"（闫寒冰，2016）。不同教师教育者之间不仅要进行教育教学理论和经验的传递，更需要在行动中进行发现和创造，将每一个个体的影响转化为共同体的影响力，使教师培训的实践和文化产生真正的改变，使传统割裂、冲突、单调的教师培训走向融合、协调和多样化。

培训实践和文化的创新或改善，既是检验教师教育者学习共同体成效的标准，也是学习共同体运行的潜在力量。实践和文化的改善不仅是学习共同体产生的影响，也反过来作用于学习共同体运行框架的目标、路标、促进者角色和障碍排除四个维度，进而改变整个学习共同体的实践和文化。同时，目标的确定、支持环境的建立、促进者的引领和障碍的识别解决也在为培训实践和文化的改善贡献力量，它们是一个有机的整体，构成了农村教师教育者学习共同体五位一体的运作框架。

## 第四节 农村立场的教师教育者学习共同体实施途径

农村教师教育者学习共同体的实践，是指农村教师教育者以"农村教师培训"的实践或问题为基点，在学习共同体中进行的学习、探究和活动。培训者所需的素质并不是听几节培训课程就能得到提高的，而是在对话、研究、培训实践和反思中逐渐建构起来的。需要特别注意的是，农村教师教育者学习共同体的实践活动，只有基于"农村",才能响应农村教师和教育现实对培训的独特需求。农村教师教育者应助力于农村教师"为社区做好准备"、"为学校做好准备"和"为课堂做好准备"(White,2015)。以此为基点,农村教师教育者的学习共同体实施途径应持有一种"农村立场(Rural Standpoint)",即 Sher J 和 Sher RK(1994)所说的"从农村人和社区真实的问题和空间角度出发来开展个体的研究和学术工作"。"农村不应该被理解或误解为由现代资本主义所遗弃的更为简单和自然的空间"(White,2016),在农村教师培训中,需要教师教育者从农村教师和学校真实的问题和空间来开展培训工作,并在此过程中将地方资源转化为农村教师所需的地方性知识[如农村生产生活的地方性知识、历史文化的地方性知识、传统民俗的地方性知识、民间艺术的地方性知识、地理景观的地方性知识、思想观念的地方性知识,尤其是教育类地方性知识(李长吉,2012),如家校合作等]。当然,"农村立场"并不要求教师教育者居住在农村或在农村学校教学,而是强调教师教育者要时时刻刻关注农村的特性,从农村的立场来解决问题和开展实践。另外,"农村立场"也并不意味着教师教育者学习共同体的所有活动都要突出农村性,它代表着一种思维方式和行事态度,渗透在教师教育者的言语和行动中。以往的农村教师培训问题在于忽视了农村特性,这一盲点将农村学生、农村环境、农村家庭和社区置于"隐形"的境地,教师教育者也并未充分思考作为农村教师培训者应有何特质。教师教育者树立"农村立场"有助于打破教师培训中一刀切的培训模式,使教师教育者真正成为有助于农村教师成长和农村教育发展的"农村教师教育者"。

在农村教师培训中,教师教育者的学习共同体实践不仅仅是为了培训者的学习和专业发展,更是为了联合不同培训者的专长和优势,为农村教师提供更加优质的培训。早在 2000 年,美国学者 Sheerer(2000)就指出,"大多数在职教师的专业发展模式应该转向教师教育者,或者说高等教育专家和实践人员的合作设计和实施"。我国教师培训专家闫寒冰(2016)也认为"专家'拼盘式'的讲座难以产生精心设计的、能够解决问题的精品项目"。农村教师教育者学习共同体的实践是提升培训者素质的有效方式,它有助于建立一批既富有理论素养又谙熟农村教学实践的新型教师教育者,只有培训者知识和能力的全面提高才会真正的造福参训者。也就是说,学习共同体中的教师教育者要在联系理论与实践的基础上开展合作,并以"农村立场"为基点,实现农村教师教育者在理论、实践与农村教育现实(文化)上的融通。因此,各教师培训机构应敢于突破传统"一盘散沙"式的教师教育者格局,融合大学与中小学教师教育者的智慧,基于农村教师的现实需要创新培训内容、组织与实施方式。具体来说,教师教育者学习共同体的实施途径既包括培训前的合作研讨、培训中的协作开展,也包括培训后的反思交流和培训之外的对话研究。

## 一、培训前的合作研讨

农村教师教育者培训前的合作研讨,是指教师教育者们基于农村教师的需求,对开展培训的相关事宜进行共同研讨。在研讨的过程中使培训内容更具针对性、系统性,同时促使共同体成员的互动学习与提升。

在"共同的目标和愿景"方面,该阶段除了以提高农村教师培训质量为总目标,农村教师教育者还要将目标聚焦到本次培训的具体目标和培训前的具体工作上来。教师培训开展前:①需要明确的问题是"培训什么",这就涉及对农村教师参训者进行需求分析;②确定教师需求后还要确定培训内容(培训课程),以及培训方式、评价方法等问题,与此相关的是农村教师培训中的课程设计和项目设计。因此,教师教育者学习共同体应该在培训开展之前就开展相关活动。在此阶段,要发挥培训机构管理人员作为"外部促进者"的组织作用,组织教师教育者共同进行需求分析、集体备课(包括课程资源开发)、集体研讨等。该过程也是教师教育者们以农村教师培训为导向,在互动中进行横向专业知识学习的过程。此时,要发挥学习共同体中经验教师教育者的引领作用,同时鼓励其他成员积极参与,充分表达意见和想法。不同教师教育者以问题为中心进行互动性学习,在信任的"支持环境"中共同探讨和质疑农村教师培训的理念、项目设计等事宜,并及时发现和解决培训前期合作存在的问题,以减少后期紧张和冲突的发生。

需求分析是农村教师培训的起点和首要环节。农村立场的教师教育者应对农村教师参加培训的动机,对培训内容、方法、途经、数量、评价激励等方面的需求进行专门的调查,在明晰农村教师需求的基础上再"量体裁衣"地确定培训内容。"农村立场"要求调查注意农村教师的特别需求,在调研问题设计和答案选项中都需突出该方面内容,如有关留守儿童教育、学生家长沟通、复式班教学、寄宿儿童教育等问题。需求分析环节涉及问卷的制订、发放和统计分析等能力要求,高校的教师教育者有着扎实的研究经验,应在这一过程发挥共同体中"促进者"的作用,同时要吸收一线教师教育者关于学校、班级、学生、教学的经验和观点,更好地反映农村教师对培训的需求。在共同进行需求分析的过程中,大学与中小学教师教育者拥有的理论和实践知识借助调查设计、数据分析等活动得到外化。在该活动中,一线教师教育者作为研究分析的"新手"向相对的"熟手"高校教师教育者学习,一线教师教育者的调研工具设计能力、资料整理分析能力、寻找培训资源与培训项目相匹配的能力得到相应提升,高校教师教育者对中小学实际情况也有了更深的了解。同时,通过对农村教师的需求分析,教师教育者得以了解农村教师的真正处境和内在需要,对培训的农村性也有了感知、理解。例如,北京师范大学"振豫农村小学教师培训项目"中,培训专家团队在培训前一同对农村小学进行走访调研,在发现农村学校的"包班教学"存在问题后,专家团队将全科教师培训作为培训主题,很好地贴合了农村教师的需求。专家团队在调研交流活动中也得到了专业发展。

"集体备课"是农村教师教育者在需求分析的基础上,一起进行培训课程设计的学习共同体活动。教师教育者"既是培训课程的设计、开发者,也是培训课程的实施、完善者"(李更生和吴卫东,2014)。在需求分析的基础上,教师教育者们可以通过集体备课的方式来增强培训课程的连贯性、系统性和针对性。在农村立场的教师教育者在集体备课过程中,教师教育者们在共同的目标下对课程进行设计,每位成员都要向其他成员展示或介绍自己的教学设计和安排,并针对问题进行探讨和完善,其中要注意考虑课程内容是否适合农村教师,有无必要进行调整。在共同讨论课程设计的过程中,大学教师教育者对课程进行理论解读,中小学教师教育者将课程可操作化,双方的知识技能实现了互补,可促进不同教师教育者从对方的视角建构相关知识。同时,以整体的培训作为出发点和融合共同智慧的集体备课,也形成了培训课程在内容和逻辑上的科学性、一致性。这种集体备课的方式在我国一些农村教师培训项目中已经有所体现,如上海市的新农村教师专业发展培训项目形成了"以大学学科专家为主导,吸收新教材编写者和一线优秀教师共同参与"(王洁,2011)的培训课程建设方针。大学教师教育者从学科特点和进展角度进行设计,中小学教师教育者针对课程呈现的具体问题提供可行性建议。这种方式打破了传统教师培训课程开发的"单边模式"——一人一课、一人一讲,由理论专家与实践专家集聚团队智慧共同备课。教师教育者在共同商讨的基础上制订具体的培训内容和培训模式,大力促进了教师教育者之间的对话交流。在集体备课过程中,大学、中小学教师教育者作为平等的专家,交流各自教学设计,彼此提出建议和不足,深化双方对培训内容和课程设计的理解。为了使培训课程更具农村针对性,大学和一线教师教育者可合作开发课程资源,同构一门参与式的、体现农村性的培训课程。该课程应在理念、内容和实施上都体现出理论与实践相结合的特点。"农村立场"则要求教师教育者们在开发设计课程时要充分利用农村的社会和文化资源,或者针对农村教师的专门问题。课程资源的开发可与农村学校校本课程的开发相结合(农村教师校本课程开发能力较为欠缺,也缺乏课程专家的引领,借此方式实现农村教师和农村教师教育者农村培训课程开发能力的双提升),最终形成一系列基于农村教育现实的培训课程。例如,西北师范大学教师培训学院在承担新疆中小学骨干教师国家培训时,由西北师范大学从事学科研究的专家和来自一线的教师先后集体备课4次。为充分发挥新疆当地培训人员(优秀校长、教师和教研员)的作用,大学学科专家还专门赴新疆与他们进行了两天的集体备课(西北师范大学教师培训学院,2007)。又如，北京教育学院的"绿色耕耘"京郊义务教育骨干教师培训中，农村教师教育者与农村教师合作开发了具有乡土特色的学科教学展示课，并汇集成资源库，出版了包括《小学科学教育乡土实践与理论探索》在内的一系列"绿色耕耘"农村骨干教师专业发展丛书。这种方式使得大中小学教师教育者的智慧在课程开发中实现更好的融合，有助于实现教师教育者课程开发能力的提升和对农村教育的关照、理解。当然，这也对学习共同体内部教师教育者的协商与合作提出了更高的要求。

在对培训需求和内容等的设计中，农村立场的教师教育者学习共同体会针对农村教师培训中的诸多有价值的议题或问题进行集体探讨反思。这些议题或问题已从一般意义上的培训问题深化到农村教师的培训。例如，农村教师最需要的是什么？他们与城市教师的学习动机、学习方式有何差异？作为培训者应如何针对这些差异来帮助农村教师有效学习？什么样的培训方式对农村教师来说最有效？如何帮助农村教师发挥自己在乡村建设中的作用？对此类议题的探讨有助于培训工作的开展。教师教育者们的探讨结果可以在培训中进行运用和检验，不断修正中完善农村教师培训。虽然对有些问题的探讨未必可以获得最终的结论，但是这一探讨过程已经无形中加深了教师教育者对农村教师培训者这一身份的认同，并在思想交流中推动他们进行新的知识、能力建构，并将这种认知渗透在培训内容中，使得培训中的农村元素有所提升。

伴随着学习共同体活动的开展，农村教师教育者开始创新进行"集体需求调研、备课和研讨"等培训前期实践，改变了传统孤立的教师教育者行动方式和文化氛围，从而实现培训实践和文化的创新改善。

## 二、培训中的协作开展

学习共同体不仅在一开始为培训做好了前期铺垫，在培训的实施过程中亦能产生重要的影响。农村立场的教师教育者协作开展培训，是指学习共同体内的教师教育者在实施培训的过程中进行合作，并充分发挥农村教师的主动性，考虑农村地区的学校环境，利用农村社会空间的资源开展培训。具体开展形式表现在培训课程的协作实施和校本/远程教师指导上的协作。培训现场是教师教育者认知生长和技能提升的实践基地，也是教师教育者学习共同体实践的自然场域，教师教育者可以在培训的实践互动中进行专业学习，同时为农村教师带来多样化的指导。

教师培训开展过程中，农村教师教育者"共同的目标与愿景"是培训内容的有效落实。教师教育者的工作以农村教师的有效学习为核心目标，提高培训内容学习的实效性。在此目标下，农村教师教育者进行多样的协作——各自所承担培训课程上的协作、合作进行实地指导和在线指导等（图5-2）。

培训过程中，教师教育者学习共同体的协作实施非常有益于培训目标的实现。在当前的教师培训开展中，虽然教师教育者的多样化受到了重视，但是教师教育者的协作却并未得到应有的关注。比如，有研究表明"高校研究者将教育理论与案例以压缩饼干的方式直接抛给教师，导致很重的认知负荷，难以达到学习效果，课例观摩中缺乏必要的理论分析致使观摩教师的学习停留于经验直观"层面（刘清昆，2016）。如能将高校与一线教师教育者的专长实现对接与融合，这一问题将得到很好解决。通过培训中的协作开展，不仅可发挥二者优势，还将培训现场作为教师教育者学习共同体的学习平台，促进大学、中小学教师教育者互相理解、取长补短。该阶段要充分发挥每一名农村教师教育者的领导力，高校教师教育者的理论素养和一线教师教育者的实践经验共同引领培训活动的开展，形成全体成员的共享促进。同时，在信任、安全的支持环境中，教师教育者应勇于指出彼此的问题和不足，在对方遇到困难时给予彼此鼓励。

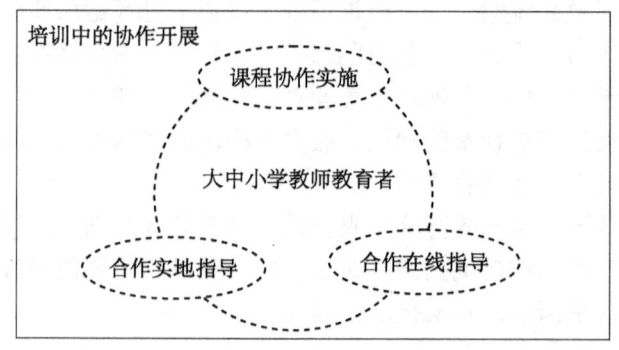

图 5-2　农村教师教育者学习共同体培训中的协作开展

在课程协作实施、合作实地指导和合作在线指导三种培训协作方式开展中，"课程协作实施"是最基本的方式。课程的协作应该是具体的、明确的，即大学和中小学教师教育者要针对同一具体的问题，从理论/实践视角进行课程设计和实施。在培训课程协作实施的内容上，要考虑到其串联性和渗透性，以帮助农村教师更好地理解培训内容。例如，美国东卡罗莱纳实践学校网络（East Carolina Clinical Schools Network）创新开展了合作型的在职教师专业发展模式——专业发展工作坊。在工作坊中，对于"成绩本位的许可证书"培训工作，由成功实施许可证试点项目的东卡罗莱纳大学的教师和公立中小学校教师共同开展培训，其中"高校的教师关注许可证书的标准制定、评价策略和理论性架构，而公立学校的教师则对与标准相关的活动进行了论证，呈现一些关于评价的案例，并对文件的应用过程进行反思"（Sheerer，2000）。该项目的所有部分都由大学与中小学教师教育者共同设计和实施，从理论视角和应用视角共同对一个问题进行阐释，参训教师得以更好地理解许可证书的具体内容，教师教育者也得以从宏观理论和微观实践层面全面剖析培训内容。在培训课程的协作实施方式上，大学、中小学教师教育者可将理论讲座、教学观摩、实地考察等多种培训形式围绕同一主题结合起来，以农村教师的专业学习为中心，帮助他们全面掌握培训内容。大、中小学教师教育者在培训中互相配合和观摩，在交流中建构起新的知识。需要注意的是，培训课程在本质上应是一种参与式课程，即发挥农村教师主动性的培训课程。"传统的培训模式通常是培训者将他所学的知识通通教给培训者，将手中的材料从头念到尾"（Ping，2015），这种培训方式不利于参与者能力的提升。因此，需要转变这种以培训者为中心的培训模式，转而挖掘农村教师的主体性，让他们在活动、表现和体验中得到提高。农村教师教育者可以一同组织和实施参与式培训课程，在参与式的活动中（如分组讨论、案例分析、模拟、辩论、游戏等）针对具体问题进行对话和交流，实现专业素养的提升。

"合作实地指导"是指大学和中小学的教师教育者一同到农村教师所在学校，为其提供"上门式"的现场指导。情境学习理论认为人的学习是在真实的场所中发生的。在真实的教学环境中，大学和中小学教师教育者可以一同对农村教师的教育教学活动进行观察，当场给出实践或理论方面的指导建议，农村教师也可以及时给予教师教育者反馈。临床指导过程中，一线教师教育者的缄默性实践知识得以外显化，大学教师教育者的抽象性理论知识也得以情境化，普通教师则可以更好地理解理论与实践的联系所在。而且已有调查显示，"教师希望课改专家与经验丰富的教师共同指导课堂教学……希望专家、优秀教师和自己合作备课、听课、评课，研究改进方案"（李更生和吴卫东，2014）。北京教育学院的"绿色耕耘"京郊义务教育骨干教师培训有所体现，该项目开展了"双课堂、双导师"制的农村教师培训，即"农村教师集中培训的学院课堂与乡土实践追踪指导的农村中小学校本课堂，高校专家指导教师与远郊区县教研员或名优教师受聘为地方导师"（李方，2006），由大学和中小学教师教育者组成指导专家库，共同到农村学校听、评学员示范课，并一同进行研讨和交流。该模式深入到了农村学校和课堂，对农村教师进行现场诊断与追踪指导，实施10多年来，农村教师学员的培训满意度均在90%以上，教师教育者也表示在共同指导交流的过程中收获颇多。除临床教学指导，教师教育者还可共同参与到农村学校的校本教研中，为其提供专家引领。这样一来，不同的知识在教师教育者学习共同体实践的场域中出现、融合，并渗透在不同的主体中。

另外，教师教育者还可利用网络平台共同对农村教师进行线上指导。在线学习可以"为偏远农村地区的教师提供一种更加以学习者为中心的方法，丰富和更新教师的交流方式"（Salazar et al.，2010），它可以节约成本、提供灵活的学习时间，更符合农村偏远地区教师的需要。当前教师培训中，远程教育最大的问题就是缺乏人与人之间的互动和"助学者"的指导，教师教育者提供合理的导学和助学，是远程培训成功的保障。教师教育者可以共同参与到在线平台，通过交互视频、博客，以及其他在线社交网络对农村教师进行指导。网络的好处是可以让参与者自由发言，"这一情境可以创造一个坦率、批判和真诚的可观测画面"（Salazard et al.，2010），而这种情境正是学习共同体形成"支持性环境"所需要的。例如，安徽省中小学教师教育网在实施农村教师"国培计划"的过程中，组织了一批来自省内外高师院校、教科院所和中学一线的名师队伍担任导学者，通过"主题引领—答疑解惑—互动评点—实践研修"（黄敏，2013）等形式合作给予农村教师全程的在线指导，将理论学习、案例观摩、互动交流有机融合起来，得到了农村教师高度好评，满意率达96%以上。当然，这种合作在线指导不应将大学、中小学教师教育者隔离开来，应开放交流，允许农村教师和大学、中小学教师教育者在网络平台公开对多样的问题进行讨论，跨越时间和空间的障碍，进行同步、异步的指导交流。这一公开指导过程也是共同体学习的过程，多角度的问题讨论与解答促进了教师教育者的专业发展。

教师教育者协作培训的方式并不限于以上几种，每种方式也各有优势和不足，但无论是何种协作，教师教育者都立足于农村教师的农村特性，并且将培训者视作一个整体来开展培训。在优质资源的整合下，农村教师也可以获得自身主体性和独特需求得到关注的优质培训。总之，教师教育者在互动和交流促进了新活动方式的建立，以协作的方式促进理论与实践相融合，以"农村立场"来提高培训内容的针对性，培训实践与文化得到了实质性的改善。

### 三、培训后和培训外的反思交流

学习共同体的实践不应仅仅局限于某一培训项目的过程之中，而应该延续到培训后的工作和培训外的生活场域。农村教师教育者应在持续的反思、对话、交流中进行专业学习与发展。其中，教师教育者培训后的工作，是指在培训项目结束之后，教师教育者们"举起镜子"对培训项目和自身表现进行反思性评价。合作反思首先包括教师教育者们共同对项目实施进行评估，并在评估的基础上进行项目调整，不断改进和完善项目设计；其次是共同对培训中的自身表现进行元反思，并给共同体内的其他成员提出建议，以便各自发现问题和改进。此种反思方式有利于农村教师教育者对项目和自身进行全面的评估，在反思性对话中获得专业成长。

此处重点关注的是教师教育者学习共同体围绕农村教师培训工作，在培训之外进行的对话和交流。教师教育者学习共同体在培训之外的日常活动非常重要，正如 Macphaii 等所说:"社会组织网络和非正式讨论是最为重要的路标,它强化了教师教育者专业学习的可能性"(Macphail et al., 2014)。虽然教师教育者在培训外进行的对话并非都是一种非正式讨论,但是相比培训过程中的正式性来讲,培训外的"非正式"合作仍然非常重要,它作为一种支持环境,为农村教师教育者的成长提供了可持续的保障。不过,关于培训之外的学习共同体活动,要特意强调组织给予持续的物质保障和重视程度,帮助农村教师教育者跨越共同体发展障碍。在"共同的目标与愿景"方面,该阶段应以解决农村教育和教师培训问题、促进教师教育者专业学习为主要目标。教师教育者们可以利用公共社交网络(如微信、QQ、微博)进行日常的交流,并自愿发起一些共同体活动,进行长期的交流。该阶段注重所有教师教育者自发性的共享促进,外部促进者的角色有所弱化。在培训外的活动中,教师教育者共同就某些问题进行互动交流,成员在情感上的认可与信任渗透到了生活与学习的各方面。无论学习共同体成员有无当面聚集,共同体的支持环境都在持续发挥作用。

在培训外,"农村立场"要求大学和中小学教师教育者针对农村教师培训或具体的农村教育问题开展学习活动,关注与农村教育相关的人和事。以解决农村教师培训或农村教育问题为目标的学习共同体实践活动将更加广泛,农村教师教育者可以开展一些跨界实践交流、主题沙龙活动和研究活动。此时,农村教师教育者学习共同体的活动扩展到了培训现场之外更加丰富的场域中,大学、城乡中小学、农村社区、社交场所都成为农村教师教育者专业学习的空间,农村教师培训的专业知识和能力在群体的情境学习和拓展性学习过程中进一步建构。

以上途径中,跨界实践交流是一种较为简单、灵活的学习方式,包括大学、中小学教师教育者的互访,以及二者共同到农村学校、农村社区进行考察交流。首先,大学和中小学教师教育者可以不受时间限制灵活安排互访和交流:大学教师教育者可以到共同体内中小学教师教育者所在学校进行长期的访问,深入一线学校和课堂,了解最真实的教育状况和教师需求,给予中小学教师教育者理论或专业方面的指导。同时,中小学教师教育者也可以到合作大学教师教育者的大学进行访问,充分利用大学资源,提升自己的理论功底。例如,在一个由公立学校科学教师和大学工程教师组成的学习共同体中,一线教师带着他们的学生到大学工程实验室参观。大学教师则对合作教师的班级和学校进行访问,还作为嘉宾发言或参加正在实施的活动(Patricia, 2013)。在交流的过程中,大学教师教育者可以感受到一线学校的真实情景,中小学教师教育者也可以更好地理解大学教师的工作。这种拜访、互动不仅有助于双方知识和经验的提升,更有助于不同教师教育者的相互理解与支持,打破人际隔离,建立起共同体成员在情感上的认同。这印证了 Rudduck(1996)的观点——"成功的伙伴关系取决于搭档愿意放弃他们过去关于彼此的传统认知,去学会尊重彼此的优势，认识到彼此的需求和专业生存条件"。

另外，教师教育者共同对农村学校和社区的考察则真正贯彻了"农村立场"的要求。来自城市的大、中小学教师教育者应深入到农村学校进行走访，同时还不应忽视对农村社区和家庭的关注，因为农村教师的工作不仅在学校课堂，而且也和学生生活的社区息息相关。澳大利亚的一些农村教师教育者为了更好地了解农村社区和农村教育，他们结伴利用休假时间访问了不同的农村，并参加多样的地方活动和大事件，对农村教育和文化有了切身的体验（Schulte，2016）。经过农村文化的洗礼，他们表示更能够了解自己作为一名农村教师教育者的责任，形成了更加良好的身份认同。正如 Reid（2010）等提醒我们，"了解一个地方意味着认可和重视存在于这里的社会资本，而不是其他地方的资源"。只有了解农村教师生存的学校和社会环境、文化和现实问题（如地方文化、父母对子女教育态度、课堂教学问题等），才能有助于教师教育者更好地理解自身的身份和职责，形成地方意识。在这种情况下获得的经验和理解能够转化为日后培训中对农村教师的特殊关怀，帮助农村教师解决教育工作中遇到的实际问题。

主题沙龙活动是指农村教师教育者们在约定的时间和地点，就某一主题进行开放式的交流。沙龙的特点是自由谈论和各抒己见，不求最终达成共识，重在观点和思想的交流和碰撞，是共同体成员了解他人思想和进行对话的良好方式。Reidavila 和 Lima（2001）的研究指出，"相比百家争鸣式的行为，逃避矛盾对组织内的人际关系质量有着更加消极的影响。……没有认知的冲突，教师的合作便是可有可无的。它虽然仍可能形成教师共同体，但是这种共同体却不能支撑起对教育变革的追求"。在交流的过程中，教师教育者可以针对某一主题从自己的专长畅谈观点，还可以分享自己过去的工作、培训经验，解决问题的策略及对过去活动的反思等。除此之外，教师教育者应从"农村立场"出发，多关注与农村教育教学有关的问题，结合自己的阅历发表观点（例如，中小学教师教育者可以从自己教学经验出发，谈论遇到同样问题时自己的解决方法），关键是成员之间可以自由地进行批判和质疑。主题沙龙中的教师教育者的对话是一种"真实对话（Authentic Conversations）"，即自愿的对话，针对共同点进行的交谈，安全、信任和关怀的交谈，促进团体内成员进一步专业发展的对话（Gallagher et al.，2011）。教师教育者不仅可以自由地表达自己的想法和观点，更能够"在他人的故事中寻得共鸣"，加强对共同体的归属和认同。"对话"是学习发生的重要方式，教师教育者在对话中获得对讨论主题的深刻理解，也学习到了不同教师教育者解决问题的方式和手段。而且在针对同一主题进行讨论时，教师教育者"充分意识到不同观点在同一时空中的并存与碰撞，并学会欣赏与接纳不同观点，由此而产生了共同的文化内涵与特有的话语体系"（李更生和吴卫东，2014），即共享的技艺库——语言、工具、做事方式、手势、符号、标志、行动或者概念等。

农村教师教育者还可共同针对某一问题开展行动研究或主题研究。斯腾豪斯认为教师即研究者，教师教育者更应是一名具有研究胜任力的专业人员。"行动研究"是中小学教师和大学研究人员经典的合作形式，也是教师教育者学习共同体实践的重要方式，双方可以在合作研究的过程中实现研究能力和解决问题能力的提升。"主题研究"则要求教师教育者针对某一主题开展研究，专门就农村教育资源开发、农村学生学习方式、农村教师的专业学习等问题进行调查和研究，从理论层面建构起对农村教育现实的理解。在解决问题的同时，大学教师教育者作为促进者引领一线教师教育者开展研究，一线教师教育者则作为课堂代言人引领大学教师教育者深入教学。在此过程中，一线教师的研究能力得到提高，大学教师对教学也有了更深刻的认识。然而，以往的合作研究常常暴露出"大学专家主导""中小学教师积极性不高"的问题，双方呈被动型合作关系，并未形成双方真正的平等、民主、对话、协商。在教师教育者学习共同体的研究活动中，大学与中小学教师教育者的地位是平等的，双方在共同的目标下相互支持，实现发展。最关键的是，教师教育者进行的研究可以丰富对农村教育的认识，最终为培训所用，造福于农村教师和儿童。最终，"交流学习、合作培训、立足农村"的观念内化于所有农村教师教育者，农村教师培训的实践和文化得到改善。

## 第五节 农村教师教育者专业发展的制度保障

农村教师教育者学习共同体把农村教师教育者的专业发展深置于农村教师培训中，同时实现教师教育者专业发展与农村教师培训质量提升。但是，由于教师教育者具有身份的多重性、来源的异质性及工作的特殊性，优秀的教师并不等于优秀的教师教育者，教师教育者专业学习共同体最大效用的发挥离不开完善的制度保障。

### 一、制定农村教师教育者专业标准

"教师教育者的群体专业发展以专业标准为主"（李铁绳等，2016），制定农村教师教育者专业标准能够为教师教育者的专业发展提供引领，是其专业发展的重要制度保障。教师教育者专业标准是指对教师教育者应该具备知识和能力的规定，也是衡量教师教育者专业发展活动的准则或尺度，其功能在于使得本专业内部达成关于"优秀的教师教育者应该知道什么及能做什么"的共识，帮助教师教育者评价自己的实践，并为自身的专业发展规划提供指南和参考。荷兰著名教师教育专家 Koster（2008）和 Lunenberg（2014）的研究也表明，基于专业标准的教师教育者专业发展会更加富有创造力，且有效的实施，有助于专业目标的设立、多样专业活动的开展。然而，当前我国只有一些培训者评聘规范，其内容零散、粗放，并未形成公认的专业标准。从国际经验看，以美国、荷兰为代表的几个国家制定了教师教育者的专业标准，但标准尚未清晰分类指向不同教师教育者。现实中开展农村教师培训的教师教育者能力水准参差不齐，他们需要专门的知识和技能才能胜任这一角色。农村教师教育者学习共同体的专业发展依托教师教育者专业标准，这就急需建立起分类的在职教师教育者专业标准，如一般教师教育者专业标准、农村教师教育者专业标准等。农村教师教育者的专业标准能够为农村教师教育者提供明确的专业素养要求，由此推动教师教育者的专业发展和农村教师培训质量的提升。

在我国农村教师教育者专业标准的制定主体上，应由政府部门推进标准的制定和实施，同时发挥专业协会的辅助作用，保证制定主体的专业性与权威性。例如，荷兰的教育部、荷兰教师教育者协会、教师教育机构的雇主和领导都积极参与教师教育者专业标准的制定；美国的教师教育者专业标准由美国教师教育者协会等非官方组织自行发布。我国教师教育者专业协会建设尚存不足，这就需要国家相关教育部门发挥发起者、组织者和协调者的作用，召集专业人员，在充分听取各方意见的基础上制定科学的在职教师教育者专业标准。标准的制定人员应广泛囊括大学教授、中小学教师（尤其是农村教师）、教育管理人员、协会和学会等相关者。

在农村教师教育者专业标准的制定程序上，应遵循科学合理的原则，在由专业团队充分征求意见、反馈评估的基础上制定标准内容。美国与荷兰教师教育者专业标准在制定过程中，首先组建了专家工作小组，随后由工作小组广泛搜集资料，在全国范围内征集意见、召开会议，进行专家论证，并共同负责标准的起草。标准施行后，工作小组还持续开展了实践评估，探索标准实施问题与成效，从教师教育者、相关学者那里获得反馈，继续对标准进行审核和修订。这种广开言路、民主协商、共同探讨的制定程序保证了教师教育者标准的科学性和进步性。在制定我国农村教师教育者标准前要对农村教师和教师教育者进行深度调研，标准初步制定后也要面向全国（尤其是农村教师和教师教育者）征求意见和建议，进行合理性论证，在标准实施后则要根据实践出现的问题进行修改和完善，从而保证农村教师教育者标准的科学有效性。

在农村教师教育者专业标准的内在指标上，可结合我国国情，借鉴国外教师教育者专业标准制定。例如，2008年美国教师教育者协会修订的专业标准从教学示范、文化胜任力、学术研究、专业发展、项目开发、合作、工作宣传、教师教育专业发展推动力和视野等9个维度全面阐述了教师教育者的专业素养，荷兰教师教育者专业标准则从态度和信念、知识和技能，以及特殊能力等方面构建框架。我国在制定农村教师教育者专业标准时，需要注意农村教师教育者的独特性，对农村教师教育者提出专门的要求，如教师教育者应定期到农村学校进行考察、针对农村教育教学开展研究、能够利用农村地方资源开展培训等，符合农村教师培训的能力和行为要求。在此基础上建立起农村教师教育者的评价和激励机制，促进农村教师教育者群体的专业成长。

## 二、成立农村教师教育者专业组织

专业组织是某一职业群体社会地位和专业发展的重要依托，农村教师教育者的专业发展离不开专业组织的支持。农村教师教育者专业组织是指超越某一具体培训项目中教师教育者学习共同体之上的宏观学术共同体，是所有参与农村教师培训人员共同的精神家园，这样的专业组织可以通过学会、协会、研究中心等多种形式呈现出来。当前我国已开始探索建立全国性的教师培训者专业组织。2016年11月23日，"中国教育学会教师培训者联盟"正式成立，高校、省、地市、县级培训机构和社会培训机构均可加盟。该联盟具有公益性、合作性和专业性的特点，以专项的平台来支持教师教育者的相关研究、交流与实践。根据联盟《章程》描述，其工作内容包括合作开展研究、发布专业资讯和调查结果、评选培训实践典范、构建培训者能力标准等。联盟内，成员可实现资源共享和专业支持，共同探索教师培训的系统解决方案及教师培训者的专业发展路径，为培训者的相互学习、交流、研讨提供了交流平台。虽然我国教师教育者专业协会尚不成熟，但是该联盟的创建是我国在职教师教育者专业组织发展的先声，也为成立专门的农村教师教育者专业组织提供了参照。

在实践中，我国可以依托高校或专门培训机构成立不同层级、地区的农村教师教育者专业组织，亦可在一般教师培训者组织内成立专门的农村教师教育部门。由全国性组织发挥统领作用，地方性组织则发挥服务本地农村教师培训者的作用，为教师教育者搭建通畅的交流平台，创造直击农村教师培训问题的研讨氛围，组建真正有效的农村教师教育者学习共同体。

在专业组织的具体工作内容上，应全面涉及农村教师培训的研究、项目、会议开展等，如荷兰教师教育者协会的工作内容包括"为教师教育者的交流与合作提供一个平台；组织专业人士进行专业研究；成立工作组，从事相应的教师教育培训项目；开展研讨会和年会"（李萍，2012）。农村教师教育者专业组织应致力于探索农村教师的发展，专门对农村教师培训内容、方式、模式进行实践探究和研究,同时与其他专业组织开展合作,共享资源成果,实现共同的专业成长。

农村教师教育者专业组织建立之后还可搭建畅通的交流平台,如建立官方网站;利用新媒体平台(微博、微信)建立交流空间;刊发专门的农村教师教育者杂志,会聚农村教师教育研究成果,为农村教师教育的研究和实践提供公开的学术交流平台。荷兰教师教育者协会(Vereniging van Lerarenopleiders Nederland, VELON)于 2007 年建立了专门的官方网站(www.velon.nl)供教师教育者分享经验和交流成果,它还与弗兰德斯教师教育者协会(Vereniging Lerarenopleiders Vlaanderen, VELOV)合作出版《教师教育者杂志》(*Tijdschrift Lerarenopleiders*),为教师教育者搭设了更加正式和广阔的交流空间。总之,专业组织是农村教师教育者群体更为宏观的专业学习共同体,组织的制度化和专业性可以为农村教师教育者的专业发展提供更强力的支持,提高农村教师教育者的专业认同感和归属感。

### 三、组建多样化的农村教师培训人力资源支持体系

人力资源支持体系实质上是建立起农村教师教育者与多方面人员广泛的合作伙伴关系。"在共同体中,差异并不是什么消极因素,而是意味着多样化的人和多样化的贡献"(赵健和吴刚,2008),搭建多样化的农村教师培训人力资源体系可以为农村教师教育者提供更多的信息、资源及智力支持。农村教师培训中的教师教育者学习共同体是一个跨边界活动的共同体,同时,这个共同体本身的边界也应是开放的,只有这样才能与外界进行信息与资源的交换,维持学习共同体的生态系统。封闭的教师教育者学习共同体可能压抑其成员的发展,阻碍信息与资源的流动。建立开放、包容的教师教育者学习共同体可以为成员提供更多的学习机会。我们应打破"教师教育"的领域壁垒,融通其他培训领域的研究成果,加强不同领域学者的合作与实践体验。因此,在农村教师培训中,除来自大学和城市中小学的教师教育者外,还应鼓励农村一线优秀教师、相关研究人员、行政/管理人员等参与到农村教师培训的学习共同体中来。他们代表了更广泛的相关利益群体,也承载了更多可为教师培训服务的信息和资源。在开放的边界,多元话语和实践均能获得对话的空间,亦能够为农村教师教育者的专业发展提供多样的智力和物质支持。

农村教师教育者人力资源体系的创建需要相关培训机构或培训管理部门牵头,将农村教师教育者、研究人员和行政/管理人员等多样化的人力资源围绕"农村教师培训"这个中心整合起来。在某一培训项目中,可由承担培训的机构与各方进行沟通,邀请大、中小学教师教育者(包括农村优秀教师)、研究院所的专家、行政/管理者共同参与项目实施,从而进行人力资源支持体系的统建。人力资

源体系建立后，应遵循一定的规则和分工，并鼓励农村教师教育者与其他支持人员进行对话交流。可由相关研究人员拓展农村教师培训研究，并且帮助进行教师培训的需求调研、开发教师培训管理程序、设计教师培训评价体系、实施项目的成效评估等。行政/管理人员代表了政府或教师培训机构，可以提供更多的组织和资源支持，通过管理者自身的调控手段来保障农村教师教育者活动的开展。

另外，农村教师培训的人力资源体系还可以引入更多的主体，如私人行业（非政府组织）、社会公共文化服务部门，尤其是农村社区。农村社区蕴含农村学生和教师的生活和学习环境。农村社区的加入，一方面可以通过社区资源的开发来拓展农村教师教育者的学习空间；另一方面也能够将这些资源用作农村教师培训，开展多样化和适切性的培训。北京师范大学的"振豫农村小学教师培训项目"是一个多方参与的案例：由振豫教育基金会、北京师范大学组建的农村教师教育者团队、地方政府多方参与，基金会提供资金支持、管理经验和配套评价体系，政府则从宏观统筹、政策保障、时间和地点协调方面提供支撑。这种模式在保证农村教师培训有效开展、丰富农村教师培训资源和形式的同时，也为农村教师教育者的专业发展提供了更多的支持。

总之，这些主体与农村教师教育者共同组成一个更加丰富的学习共同体。在人力资源体系构建的背景下，开展农村教师培训的教师教育者并没有发生改变，改变的是农村教师培训的参与方和支持主体。

## 四、建立农村教师教育者培训制度

在当前不成熟阶段，农村教师教育者的专业发展还需要专门的培训制度来保障，我国应建立规范化的农村教师教育者培训制度，形成相应的培训计划或培训系统，有计划地开展农村教师教育者的培训。虽然温格将学习共同体描述为一个"自组织系统"，即共同体的实践是由共同体成员自己协商和建构的，是成员内部驱动的体现。但是，学习共同体的发展不可避免地受到外在因素的限制或驱动。教师教育者学习共同体是自我组织的，"但是当它们的学习与组织环境相适应时才能繁荣发展"（Wenger，1998）。这就意味着要构建起农村教师教育者培训制度，即在开展农村教师培训前先对教师教育者进行培训，引导和组织教师教育者之间开展合作探讨和学习，并为其提供持续的资源保障。

当前，美国大多数州都形成了规范化、体系化的新教师入职指导教师培训制度（即对指导新教师的教师进行培训），培训一般为两年，分初级培训和持续的专业发展两个阶段（孙曼丽和洪明，2016）。它主要对教师教育者的角色与职责、所需的知识与技能和自身持续的专业发展等方面进行培训。其中在"自身持续的专业发展"方面，北卡罗来纳州还明确提出"参与指导实践的专业学习共同体"的要求。我国也应有专门的农村教师教育者培训制度，定期、有规划地对培训者开展培训，提升教师教育者为"农村教师"服务的能力，注重组建专业学习共同体，发挥其在促进农村教师教育者专业发展中的重要作用。

在培训方式上，农村教师教育者的培训不应再是简单的传授式，而应发挥农村教师教育者主观能动性和专长，使其在与同侪的群体互动中进行研讨、探究与交流学习，这种培训的本质便是学习共同体。

此外，农村教师教育者的培训还是持续的，相关部门应为农村教师教育者的可持续发展提供组织和经费保障，克服专业学习存在的障碍。传统的培训项目结束后，相应的人力、物力、财力支持，包括对教师教育者专业发展的重视程度都会随之下降或消失，培训机构或相关部门应为其提供长期的支持。比如，培训机构定期举办培训者交流会进行问题探讨，为教师教育者提供一定的经费以开展农村学校调研和相关培训议题的研究等。这些支持一方面有助于培训者素质的提升，另一方面也有助于解决农村教师培训中的实际问题。在经费方面，相关部门应建立起教师教育者专业发展的经费保障制度，成立教师教育者专项发展基金，专门用来支持农村教师教育者专业发展中的学习和研究等活动，为农村教师教育者的持续发展提供资金支持。

# 第六章

# 澳大利亚农村教师教育项目的国际经验

　　正如澳大利亚本身是一个后起的发达资本主义国家,教育领域也具有起步晚、发展快的特点。澳大利亚的农村教育自 20 世纪 80 年代开始蓬勃发展。澳大利亚农村地区也面临着与我国农村地区相类似的问题,具体表现为城市与农村地区之间教育发展不均衡、农村学校招募与保留高质量教师困难的问题等。近年来,针对这些问题,澳大利亚从职前教师入手,在非定向的职前教师培养过程中,投入了大量资金,以项目的形式融入农村教师的培养目标,实施了一系列职前教师培养的改革措施,以培养更多具有农村教学情怀且具备农村教学素养的职前教师,增强职前教师毕业后自愿选择农村教学的可能性,最终达到培养农村教师的目的。为更好地进行职前农村教师的培养,澳大利亚的许多州和大学因地制宜地实施了农村教师培养项目。值得注意的是,农村教师培养项目在形式上鲜明地体现了合作的特质。围绕更好地培养农村教师的目标,职前农村教师培养的有关方——大学、政府、农村中小学、农村社区等各尽其职而又相互合作,共同参与到项目中。因此,本书以合作为切入点、以项目为载体,深入研究具有代表性的澳大利亚农村教师合作培养项目,以期为中国农村教师的培养提供借鉴。

　　本书主要选取了联邦政府支持下的代表性项目进行重点研究和分析,分别从项目开展路径、具体实施、培养效果三大维度进行具体剖析。

## 一、培养项目开展的核心路径

　　由于职前教师主要由大学来培养,所以在澳大利亚农村教师合作培养项目中,由大学主导,与其他各方合作完成,尤其是几所大学联合与政府合作共同开展项目。具体而言,联邦政府主要是通过澳大利亚研究理事会(Australian Research

Council, ARC）或澳大利亚学习与教学委员会（Australian Learning and Teaching Council, ALTC）等机构提供财政资助以支持和保障项目的顺利开展与运行；相比之下，大学的角色则更为具体与多元。大学与大学之间的合作主要围绕培养数量更多、质量更优的未来农村教师的目的，来开展相应的项目活动。大学围绕树立职前教师农村教学信念、创设融入农村元素的教师教育课程、研究与开展农村教学实践活动三方面培养内容，组建团队，合作实施项目。项目的完成体现在农村空间模型构建、农村元素课程的创设、农村教学实践活动的开展三方面。

## 二、培养项目的具体实施

不同项目对培养未来农村教师的侧重点不同，但主要围绕树立职前教师的农村教学信念、创设融入农村元素的教师教育课程、研究与开展农村教学实践活动这三个方面来实施。

### 1. 树立职前教师的农村教学信念

教学信念，是指教师对教学过程中相关因素所持有的观点、态度和心理倾向。它支撑教师的教育教学行为，对保证其教学成效有重要影响。职前教师培养阶段是教师教学信念培育的重要和关键阶段，对职前教师之后的专业发展及职业选择具有重要影响。相应地，职前教师的农村教学信念对其未来农村从教有重要影响，进而成为农村学校教师招募的重要影响因素。根据人权与机会均等委员会（Human Rights and Equal Opportunity Commission，HEROC）对农村与偏远地区学校教育的调查：目前澳大利亚很多社会与教育政策的假设前提是"农村地区"等同于"弱势地区"，致使职前教师通常认为到农村从教是在落后地区从事不受社会欢迎的工作。但是实际上，农村学校并不是也不应该是"劣等"教育的代名词，到农村从教也有其自身的魅力，职前教师有必要树立客观理性的农村教学信念，正确地看待到农村从教。

"澳大利亚农村与偏远地区教师教育变革"（Renewing Teacher Education for Rural and Remote Australia, TERRAnova）是一个旨在更新职前教师农村教学信念的项目。该项目主要在 2008~2010 年实施和完成，新南威尔士州是主要的实施区域。具体而言，一方面，政府通过研究理事会的"发现项目资助计划"（Australian Research Council's Discovery Projects Funding Scheme）对该项目进行了资金资助，分年度共计资助了 245 000 澳元：2008 年资助了 90 000 澳元，2009 年资助了 75 000 澳元，2010 年资助 80 000 澳元。另一方面，大学间合作负责项目的具体开展，主要包括艾迪斯科文大学（Edith Cowan University）、查尔斯特大学（Charles Sturt University）、巴拉瑞特大学（University of Ballarat）、迪肯大学（Deakin University）这四所大学，查尔斯特大学是主要的负责大学，四所大学共同实施。

"澳大利亚农村与偏远地区教师教育变革"项目的实施分为四个阶段。

（1）确定项目的基本假设。四所大学围绕以下三个问题进行了探究，确定了高质量农村教师的培养需要置于农村社区中进行的基本假设。探究的三个问题：①对于职前教师而言，哪些因素能令农村教学充满吸引力，并且能使之成为一个可考虑的职业选择？②对于农村社区、农村学校和大学而言，相互之间应该如何进行合作来培养职前教师，使职前教师最后能选择在农村社区中工作？③对于农村环境而言，农村的物理和社会空间会对农村教师（包括职前农村教师和在职农村教师）产生什么样的影响？

（2）确定项目的主要任务。该项目的主要任务如下。①针对那些参与了大学或州主导的农村教学实践奖励项目的职前教师，了解他们在看待自己的农村实践经历的成本与收益上的态度。②针对接受了财政奖励的在职教师，了解具体是什么因素促使其愿意在农村教学实习或申请到农村从教，以及这些目的没有达成的情况与原因。③针对在教师招募上比较成功的农村学校，调查其是如何转变职前教师对农村学校的看法从而愿意在农村教学的。

（3）项目对上述三项任务的调查研究。职前教师方面，项目组对获得了农村教学实践奖励的职前教师，每年会进行全国范围内的在线调查，主要调查他们对所在大学这种教师培养改革做法的看法；在职农村教师方面，项目组对已经成功在农村学校任教的在职教师，每年进行集体访谈和跟踪调查，调查他们对农村教学奖励方案的意见；农村学校方面，项目组主要调查了在教师招募上做得比较成功的20所农村学校，对这部分农村学校进行了重点的案例调查研究。

（4）项目成果的总结。为树立职前教师的农村教学信念，该项目认为职前教师正确认识农村十分必要。基于项目组成员的共同努力，该项目最终建构了一个以"政策"为中心，以"经济""地理""人口"为主要组成部分的农村社会空间模型。农村"经济"包括工作岗位或农村产业（已有的农村产业和新建的农村产业）及其收益情况；农村"地理"包括水、土地及其可持续性发展等的环境情况；农村"人口"包括土著人口、历史发展、秉持的文化和精神等居民情况。农村及农村学校是在以政策为核心的影响下，经济状况、地理环境、人口因素的有机统一体。这一新的农村社会空间模型有助于职前教师更好地认识农村社会空间，农村学校更好地进行农村教师的招募，大学的研究者更好地分析和研究农村学校教师招募与专业发展问题。例如，通过对案例学校的研究，项目研究者们发现农村学校在经济因素或地理环境或人口情况等方面有一定改善时，有利于成功招募教师。这些学校成功吸引教师的措施有很多，其中包括建立连体别墅改善教师住宿、美化校园环境、与大学合作展示农村教学的优点等。

职前教师对农村的认识与看法对其教学信念至关重要。更新职前教师对农村及农村学校的认识可以从农村社会空间模型着手，使其了解农村的产业经济、地理环境和人口特征等。与此同时，相关部门围绕相关教育政策，关注农村经济、地理和人口这三方面因素，改善农村学校及其社区的环境及设施，增强农村学校对职前教师的吸引力。

### 2. 创设融入农村元素的教师教育课程

教师教育课程是培养教师的重要组成部分和关键环节。但是相关研究和调查结果表明，澳大利亚大多数高校在所设的教师教育课程中并没有体现出对农村教学相关问题的关照，职前教师反映对农村教学、农村学生、农村家庭及农村社区缺乏认识与了解。职前教师对农村教学及农村环境的认识与了解影响到他们到农村从教，对农村从教缺乏了解将降低他们选择农村教学的可能性，以及日后在农村从教的坚定性。

"澳大利亚农村与民族地区教师教育课程更新"（Renewing Rural and Regional Teacher Education Curriculum, RRRTEC）是一个专门关注职前教师培养课程的项目。该项目历时三年（2009~2011 年），旨在对教师教育进行改革，开发出融入农村元素的教师教育课程，培养出来的教师能较好地胜任农村教学和融入农村社区。具体而言，政府通过澳大利亚学习与教学委员会对项目进行了资金支持，一次性资助了 218 000 澳元，并将此项目列为优先项目；大学及大学之间主要是合作负责项目的具体实施与总结，由莫纳什大学、迪肯大学、查尔斯特大学、艾迪斯科文大学这四所大学共同开展。其中，White 博士是项目的主要负责人，迪肯大学是主要的负责大学，查尔斯特大学、艾迪斯科文大学、莫纳什大学合作共同实施此项目。

该项目共分为四个阶段：①关于项目的协商与讨论；②进行项目的审查、计划与核对；③负责项目的资料收集；④负责全国范围内项目成果的发布、宣传与推广。项目数据主要包括以下三个方面：1990~2010 年有关澳大利亚农村教师教育文献；对 2008~2010 年参加农村实习的职前教师的调查报告；对 30 名大学教师教育者的深度访谈，了解大学教师教育者对农村学生需求的把握情况，以及他们在培养农村教师时所采取的教学策略。

该项目成果主要体现在新概念框架的开发与教师教育课程的改革方面。

（1）该项目着眼于教师教育课程中农村元素不足的问题，成功开发出了一个新的概念框架。该概念框架强调培养农村教师要重视社区、学校、教室三个相互有所交叉的农村空间领域。其中，农村社区是培养职前农村教师的宏观空间，主要培养职前教师对农村及其社区的客观理性认识与理解，具有农村社区地点意识；农村学校是培养职前农村教师的中观空间，职前教师可以在农村学校中深入地理解农村教师的身份与职责等；农村教室是培养职前农村教师的微观空间，职前教师可以更好地了解农村学生、掌握农村课堂的教育教学技能。同时，大学教师教育者注意培养的时间阶段性：①农村教学实践前的准备阶段，职前教师要进行农村及农村教学相关知识的课程学习；②农村教学实践中的进行阶段，职前教师要体验农村学校和进行农村课堂教学等，积累实践知识；③农村教学实践后的反馈阶段，职前教师要进行反思，给予反馈。

（2）该项目对现有教师教育课程进行了大胆改革，设计出了带有农村元素的培养课程。该项目以"农村性"为核心要素，围绕农村教室、农村学校和农村社区这三个中心共设计了五大教学主题及其对应的七大教学模块（表6-1）。

表6-1 融入农村元素的农村教师教育课程

| 农村性 | | |
| --- | --- | --- |
| 三大中心 | 五大教学主题 | 七大教学模块 |
| 农村社区 | 体验农村性 | 理解农村性 |
| | 为农村社区做准备 | 理解农村社区 |
| 农村学校 | 关注农村学校 | 理解农村教师的身份与工作 |
| | | 理解农村学校、社区共同作用 |
| 农村教室 | 农村学生学习与课堂教学 | 了解农村学生的学习和生活 |
| | | 具备农村课堂教学的专业经验 |
| | 为到农村从教做准备 | 提供农村从教的建议 |

为达到最佳的教学效果，每个教学模块下还提供了丰富的学习资源，如相关研究的出版物、案例研究、光碟、图片等。值得一提的是，该项目建立了对应的官方网站，网站内容丰富，非常方便广大师生及对农村教育问题感兴趣的人士学习和使用。

对教师教育课程进行大胆改革，注重融入农村元素是该项目的突出特色。一方面，该项目在概念框架中强调了教室、学校、社区这三个相互联系的农村教师培养空间，又突出了每个空间在农村教师培养上的独特作用，还从大学教师教育者的角度强调了职前农村教师培养的阶段性。另一方面，围绕职前教师的农村教学，该项目的课程改革设计了具有针对性的教学主题与教学模块。教学主题与教学模块环环相扣、层层深入，以保证职前教师农村教学素养的培养效果。

### 3. 研究与开展农村教学实践活动

教育教学实践是教师教育的另一重要组成部分，对职前教师教育教学知识的深化和教学能力的提高具有重要意义。职前教师的农村教学实践对其教学能力的提高和职业选择的确定起着重要作用。澳大利亚对全国职前教师的相关调查表示,职前教师对农村教学实践不甚了解,体验更少。澳大利亚研究农村教育问题的高校教师教育者组成的"农村、民族及偏远地区高校教师教育者联盟"(Tertiary Educators Rural, Regional and Remote Network, TERRR Network),倡导改善西澳大利亚农村教师质量问题,应该从职前教师入手,农村教育实践在促进职前教师熟悉与了解农村上有重要作用,有必要对职前教师的农村教学实践活动进行深入研究。"在职前阶段为澳大利亚农村、民族和偏远地区学校解决教师招募和保留问题的开发策略"(Developing Strategies at the Pre-service Level to Address Critical Teacher Attraction and Retention Issues in Australian Rural, Regional and Remote Schools)项目在联邦政府的资助下应运而生。

"在职前阶段为澳大利亚农村、民族和偏远地区学校解决教师招募和保留问题的开发策略"项目主要在 2010~2012 年这两年进行,是一个专门研究职前教师农村教学实践活动的项目。该项目的假设是:职前教师进行农村田野实践有助于增强其对农村的认识与了解。职前教师教育机构应加强对农村教学实践的关注,并采取适当改革举措,使职前教师能够通过实践活动熟悉与了解农村,促进职前教师未来在农村从教。该项目的主要任务是:研究职前教师接触、体验农村,在认识与了解农村教学上所起的作用;加强大学培养农村教师的能力。具体目标包括:共同研发职前教师的农村研究课程模块与农村实践模式,增强农村社区的吸引力,开发多种农村实践经历和实践方式,打造大学与社区的合作关系等。政府通过学习与教学委员会对该项目资助了 217 000 澳元,大学则主要负责项目的实施与总结。参与的大学包括科廷大学(Curtin University)、艾迪斯科文大学、莫道克大学(Murdoch University)、西澳大利亚大学(The University of Western Australia)四所西澳大利亚公立大学。其中,Trinidad 教授是本项目的主要领导者,科廷大学是主要的负责大学,艾迪斯科文大学、莫道克大学、西澳大利亚大学合作完成该项目。

该项目的运行分为五个阶段,在研究数据的收集上主要采用了行动研究等实证研究方法。具体如下。①准备制定课程。项目组收集了当地及国内外有关大学课程现有结构和流程分析的文献,重点研究农村及偏远地区教师培养的相关文献,发现现有的农村职前教师教育研究比较零碎,缺乏系统性。此阶段的研究为后续研究奠定了基础。②合作开发课程资源。调查毕业生阶段的职前教师到农村从教应掌握的核心知识与教学技巧。③引导职前教师学习课程资源。主要调查研究了 200 名大学一年级的职前教师对网络课程"社交网络与民族、农村和偏远地区的教学"的学习成效。④组织职前教师在田野实践中学习,并调查了四所合作大学职前教师的农村实践情况。本阶段安排四所合作大学的职前教师进行农村教学实习,旨在让职前教师了解农村教师在农村小型社区中生活与工作的情况。本次农村实习为期 5 天,地点是距离西澳珀斯（Perth）市 600 公里的农村地区，实践活动内容丰富，活动包括与当地教师、学校毕业生及校长交流教育教学，参加当地活动（如赛跑大会）、感受当地环境（如参观当地金矿产业、历史建筑和娱乐设施等）。除了每天的实践活动，职前教师还要对实践活动进行反思与讨论，用口头形式或书面形式进行反思，反思的平台既包括面对面交流也包括在在线网络"实习生的专业门户"上进行交流。⑤反思与分享项目成果。总结各阶段的成果，对整个项目进行反思。

在项目成果上，各阶段取得了不同的成绩。阶段一在国内外比较基础上，制定了西澳农村职前教师教育的课程与实践模式，为后续研究奠定了基础。

阶段二提出了职前教师到农村从教应掌握的核心知识与教学技巧，并开发设计出了农村教师培养的七条课程指导方针和培养框架。核心知识与教学技巧主要有以下六点：了解农村学校学生的特点，获得农村学校在职教师的支持，明了农村学校的综合运行方式，利用农村学校的资源，认识农村社区的态度与价值观，知悉农村生活方式。七条课程指导方针是：①理解偏远环境对学生学习的影响；②在偏远环境下如何学习；③在偏远环境下对多元背景学生的教学；④了解土著和托雷斯岛民学生；⑤在农村环境下进行专业学习；⑥在农村环境下进行专业发展；⑦在农村环境下教学与生活。培养框架主要包括四个步骤的内容。①根据全国教师专业标准设定职前农村教师的专业标准。②根据职前农村教师的专业标准制定职前教师的培养课程。职前教师主要学习"社交网络及其与农村教学"这门课程。课程完成后会对职前教师进行调查，明确其农村教学实践之前应具备的专业知识。同时根据课程指导方针来提高教师培养的效果。这些都完成之后安排职前教师到农村教学实践。③制定职前教师的农村实习日程表，安排职前教师进行实践。通常安排的实践项目称为"欢迎来到农村"（Welcome to the Bush）。④对毕业阶段的职前教师进行调查。关注此项目是否使职前教师对农村教育更为了解，是否培养了更多毕业后有意到农村教学的职前教师，是否有助于为农村学校吸引和保留教师。

阶段三的调查发现，职前教师认为相关课程学习后对他们教学能力的提高很有帮助：70%的职前教师认为有助于选择合适的教学策略；55%的职前教师认为增强了对农村学生特点的了解；46%的职前教师认为获得了更好的学生管理策略；57%的职前教师认为建立了积极的师生关系。

阶段四研究表明农村教学实践活动在转变和加强职前教师的农村教学观上发挥了积极作用，主要表现为以下几个方面：认识到在农村工作和生活的好处，包括专业发展和文化体验等方面；能更好地认识农村学生和农村学校；能更好地感受与农村学校教师和校长交流的重要性；更加重视教师间的交流。

阶段五主要是对整个项目进行总结。项目对已经毕业的职前教师进行了调查，研究、反思该项目的成效。

### 三、培养项目的效果小结

对于农村教师的职前培养，以上三个代表性项目均成功实现了各自的目标，取得了一定的效果。在合作效果方面，"澳大利亚农村与偏远地区教师教育变革"项目设计的农村社会空间模型促使教育者重新思考职前教育，引导职前教师更加全面客观地看待农村教学，帮助农村学校进行相应改进以成功吸引职前教师；"澳大利亚农村与民族地区教师教育课程更新"项目开发出了带有浓厚农村色彩的课程内容，围绕职前教师的农村教学素养，以既相互交叉又独立的培养空间——农村社区、农村学校、农村教室的概念框架为中心，设计了相应的教学主题、教学模块及其教学资源，分阶段进行培养，有助于培养职前教师的农村教学意识、提高职前教师的农村教学技能、形成职前教师的农村教学意向；"在职前阶段为澳大利亚农村、民族和偏远地区学校解决教师招募和保留问题的开发策略"项目开展和研究了职前教师的农村教学实践活动，揭示了职前教师进行农村田野实践的重要性和必要性。

# 参 考 文 献

柴葳，白宏太. 2015-03-11.收入低待遇差，晋职难压力大，代表委员动情追问——拿什么留住你，乡村教师.中国教育报，（1）.

陈静静．2011.教师实践性知识论：中日比较研究．上海：华东师范大学出版社：136.

陈娜．2007.澳大利亚发展农村教育的重要举措——乡村地区计划述评.外国中小学教育，25（08）：12-15.

陈向明，王志明. 2013. 义务教育阶段教师培训调查：现状、问题与建议.开放教育研究，（4）：11-19.

陈向明. 2003a. 如何为培训作需求分析. 师资培训研究，10（02）：3.

陈向明. 2003b. 如何营造一个支持性培训环境. 教育科学，19（01）：53-55.

陈向明. 2013. 从"合法的边缘性参与"看初学者的学习困境. 全球教育展望，42（12）：3-10.

谌启标. 2009. 澳大利亚基于合作伙伴的教师教育政策评述. 比较教育研究，29（08）：87-90.

戴伟芬. 2014. 职前教师教育理论与实践融合的第三空间研究. 教育研究，35（07）：94-100.

戴伟芬. 2016. 论跨界互动特性的农村教师合作培训. 教育研究，37（10）：130-137，159.

丁娟. 2012. 澳大利亚农村中小学教育的特点与启示. 现代教育科学，25(10)：55-58.

郭世安. 2010. 对教师培训者专业发展的几点思考. 北京教育学院学报，24（03）：1-4.

郭晓娜. 2008. 教师教学信念研究的现状、意义及趋势. 外国教育研究，35(10)：92-96.

郭正，赵彬. 2010. 农村义务教育教师培训现状及改善策略. 现代教育管理，28（02）：71-73.

郝琦蕾. 2015. 对农村中学教师培训现状的调查研究——以山西省农村中学为例. 教育探索，26（07）：139-142.

黄敏. 2013. E-learning方式下教师培训质量影响因子分析——以"国培计划"安徽省农村初中骨干教师远程培训项目为例. 淮南师范学院学报，15（01）：130-133.

黄雪娜. 2003. 澳大利亚乡村教师入职培训的启示. 辽宁教育研究，23（01）：89-90.

康晓伟. 2012. 教师教育者：内涵、身份认同及其角色研究. 教师教育研究，24（01）：13-17.

莱芙，温格. 2004. 情景学习：合法的边缘性参与. 王文静译.上海：华东师范大学出版社：译者序4-前言16.

李方. 2006. 农村教师大面积培训的成功实践. 北京教育学院学报, 20（04）：1-5.
李更生, 吴卫东. 2014. 教师培训师培训——理念与方法.杭州：浙江大学出版社：76, 190, 221.
李萍. 2012. 教师教育者专业标准研究. 上海：上海师范大学, 28-29.
李荣华, 赵芙蓉. 2004. 关于农村教师弱势地位的研究. 当代教育论坛, 3（06）：15-17.
李铁绳, 袁芳, 郝文武. 2016. 教师教育者专业发展的社会学分析. 高教探索, 32(05)：102-107.
李长吉. 2012. 论农村教师的地方性知识. 教育研究, 33（06）：80-85, 96.
李祖祥. 2010. 美国农村教师职后教育的新动向. 外国教育研究, 37（01）：85-88.
刘凯. 2010. 构建"专业学习共同体"，促进体育教师专业发展. 教育探索, 21（11）：112-113.
刘清昆. 2016. 构建专业化教师培训者队伍的实践探索. 高等继续教育学报, 29（04）：60-65.
毛菊, 康晓伟, 管廷娥, 等. 2012. 基于发展需求与外部支持的农村教师专业发展调查研究.教育科学, 28（05）：43-47.
孙曼丽, 洪明. 2016. 如何造就实习指导者——美国新教师入职指导教师培训制度述评. 教师教育研究, 28（01）：116-122.
谭华. 2012. 农村教师培训需要改进.基础教育研究, 19（01）：50-51.
滕尼斯. 1999. 共同体与社会——纯粹社会学的基本概念.林荣远译.北京：商务印书馆：1
王洁. 2011. 有力的教师教育项目：评价的视角. 教育发展研究, 31（Z2）：79-83.
王晓芳. 2014. 从组织实体到跨界安排：理解大学与学校伙伴关系的两种路径及其综合.教育学报, 10（06）：118-126.
王晓芳. 2015. 从共同体到伙伴关系：教师学习情境和方式的扩展与变革. 华东师范大学学报（教育科学版）, 33（03）：43-52.
王艳玲. 2011. 教师教育课程论.上海：华东师范大学出版社：179.
西北师范大学教师培训学院. 2007-09-03.组建高效合作的多元化培训团队. 中国教育报, （3）.
肖远军, 张俊珍. 2009. 教师校本培训的反思及其改进策略. 教育理论与实践, 29（28）：62-64.
徐莉莉. 2012. 农村新教师城乡一体化培养路径探析. 中国教育学刊, 32（8）：80-83.
闫寒冰. 2016-12-20.培训专业化——既是当务之急，也是长远之策. 光明日报, （11）.
杨捷. 2015. 澳大利亚农村及偏远地区教师培养模式研究——以"为澳大利亚而教"项目为例. 当代教育科学, 28(18)：47-51.
杨跃. 2011. 谁是教师教育者：教师教育改革主体身份建构的社会学分析. 南京师范大学学报（社会科学版）, 37（06）：71-76.
叶丽新. 2011. 解析教师培训中的三个基本问题——"国培计划"培训者团队研修项目实施反思. 全球教育展望, 40（07）：60-66.
张屹, 许哲, 张帆, 等. 2010. 基于Sakai平台的村镇中小学教师远程培训应用模式初探.中国电化教育, 17（05）：51-55.
张宇, 于海英. 2012. 城乡教育一体化进程中农村义务教育教师质量问题与对策. 教育发展研究, 32（24）：70-73.
张占朝. 2011. 校本研训：农村教师培训的有效途径. 教育理论与实践, 30（17）：35-36.

赵健,吴刚. 2008. 学习共同体建构.上海:上海教育出版社:27.

郑丽萍,余红梅. 2009. 关于高校参与农村教师培训的思考.牡丹江教育学院学报,(5):68-69.

郑葳. 2007. 学习共同体——文化生态学习环境的理想架构.北京:教育科学出版社:15.

郑鑫,尹弘飚,王晓芳. 2015. 跨越教师学习的边界. 教育发展研究,35(10):59-65.

周成海. 2008. 教师教育范式论. 长春:东北师范大学出版社:165.

朱旭东,宋萑. 2013. 论教师培训的核心要素. 教师教育研究,25(3):1-8.

朱旭东. 2011. 论我国农村教师培训系统的重建. 教师教育研究,23(06):1-8.

朱仲敏. 2008 新课程背景下区县教师培训机构培训者的角色定位与能力要求.中小学教师培训,25(07):33-35.

Akkerman S, Bakker A. 2011. Boundary crossing and boundary objects. Review of Educational Research, 81(2): 132-169.

Anagnostopoulos D, Smith E R, Basmadjian K. 2007. Bridging the university-school divide. Journal of Teacher Education: The Journal of Policy, Practice, and Research in Teacher Education, 58(2): 138-152.

Ávila J, Lima D. 2001. Forgetting about friendship: using conflict in teacher communities as a catalyst for school change. Journal of Educational Change, 2(2): 97-122.

Davey R L. 2010. Career on the cusp: the professional identity of teacher educators. University of Canterbury School of Literacies & Arts in Education: 276.

Deppeler J. 2006. Improving inclusive practices in Australian schools: Creating conditions for university-school collaboration in inquiry. European Journal of Psychology of Education, 21(3): 347-360.

Edwards A. 2010. Being an Expert Professional Practitioner: the Relational Turn in Expertise. Dordrecht, Netherlands: Springer: 103-149.

Engerstrom Y. 2010. Expansive learning at work: toward an activity theoretical reconceptualization. Journal of Education and Work, 14(14): 133-156.

Engestrom Y, Engestrom R, Karkkainen M. 1995. Polycontextuality and boundary crossing in expert cognition: learning and problem solving in complex work activities. Learning and Instruction, 5(4): 319-336.

Engestrom Y, Sannino A. 2010. Studies of expansive learning: foundations, findings and future challenges. Educational Research Review, 5(1): 1-28.

Engestrom Y. 2008. From Teams to Knots: Activity Theoretical Studies of Collaboration and Learning at Work. Cambridge: Cambridge University Press: 100-101.

Fisher L. 2010. What have we learnt after we had fun? An activity theory perspective on cultures of learning in pedagogical reforms//Ellis V, Edwards A, SmaorinskY P. Cultural-Historical Perspectives on Teacher Education and Development. London: Routledge: 180-195.

Gallagher T, Griffin S, Parker D C, et al. 2011. Establishing and sustaining teacher educator professional development in a self-study community of practice: pre-tenure teacher educators developing professionally. Teaching and Teacher Education, 27(5): 880-890.

Gee J P. 2000. Identity as an analytic lens for research in education. Review of research in education, 25(1): 99-125.

Goodwin A L. 2014. What should teacher educators know and be able to do? Perspectives from practicing teacher educators. Journal of Teacher Education, 65(4): 284-302.

Grossman P, 2001. Wineburg S, Woolworth S. Toward a theory of teacher community. Teachers College Record, 103(6): 942-1012.

Hadar L, Brody D. 2010. From isolation to symphonic harmony: building a professional development community among teacher educators. Teaching and Teacher Education, 26(8): 1641-1651.

Izadinia M. 2014. Teacher educators' identity: a review of literature. European Journal of Teacher Education, 37(4): 426-441.

Kerosuo H, Engestrom Y. 2003. Boundary crossing and learning in creation of new work practice. Journal of Workplace Learning, 15(7/8): 345-351.

Koster B, Dengerink J, Korthagen F, et al. 2008. Teacher educators working on their own professional development: goals, activities and outcomes of a project for the professional development of teacher educators. Teacher and Teaching: theory and practice, 14(5): 567-587.

Little J W. 1993. Teachers' professional development in a climate of educational reform. Educational Evaluation and Policy Analysis, 15(2): 129-151.

Lunenberg M, Dengerink J, Korthagen F. 2014. The Professional Teacher Educator Roles, Behaviour, and Professional Development of Teacher Educators. Rotterdam: Sense Publishers: 5.

Lunenberg M, Murray J, Smith K, et al. 2016. Collaborative teacher educator professional development in Europe: different voices, one goal. Professional Development in Education, 10(6): 456-469.

Lynch T. 2014. A resource package training framework for producing quality graduates to work in rural, regional and remote Australia: a global perspective. Australian and International Journal of Rural Education, 24(2): 1-14.

Macphall A, Patton K, Parker M, et al. 2014. Leading by example: teacher educators' professional learning through communities of practice. Quest, 66(1): 39-56.

Martin K M, Rutherford M M, Stauffer M H. 2012. The rural urban collaborative: developing understandings of culture and teaching. Ohio Social Studies Review, 49(1): 10-19.

Mollenkopf D L. 2009. Creating highly qualified teachers: Maximizing university resources to provide professional development in rural areas. The Rural Educator, 30(3): 34-39.

Murrell P. 2001. The Community Teacher: a New Framework for Effective Urban Teaching. New York: Teacher College Press: 96.

Paeker M, Patton K, Tannehll D. 2012. Mapping the landscape of communities of practice as professional development in Irish physical education. Irish Educational Studies, 31(3): 311-327.

Patricia L. 2013. Teachers in an interdisciplinary learning community: engaging, integrating, and strengthening K-12 education. Journal of Teacher Education, 64(5): 409-425.

Ping W. 2015. Enhancing classroom participation of rural trainee teachers of English through use of action research: a reflection from a Chinese teacher trainer's perspective. Canadian Journal of Action Research, 16(1): 31-47.

Poyas Y, Smith K. 2007. Becoming a community of practice: the blurred identity of clinical faculty teacher educators. Teacher Development, 11(3): 313-334.

Reid J A, White S, Green B, et al. 2012 TERR Anova: renewing teacher education for rural and regional Australia: case study reports. Australia: Edith Cowan University, 2(1): 26-27.

Reid J A. 2010. Regenerating rural social space? Teacher education for rural regional sustainability. Australian Journal of Education, 54(3): 262-276.

Reynold R, Ferguson P K, Mccormack A. 2013. Dancing in the ditches: reflecting on the capacity of a university/school partnership to clarify the role of a teacher educator. European Journal of Teacher Education, 36(3): 307-319.

Rudduck J. 1996. Universities in partnership with schools and school systems: Les liaisons dangereuses?//Fullan M, Hargeraves A. Teacher Development and Educational Change. London: The Falmer Press: 194-212.

Sachs J. 1997. Renewing teacher professionalism through innovative links. Educational Action Research, 5(3): 449-461.

Salazar D, Aguirre Z M, Fox K, et al. 2010. On-line professional learning communities: increasing teacher learning and productivity in isolated rural communities. Journal of Systemics, Cybernetics and Informatics, 8(4): 1-7.

Schulte K A. 2016. Looking for my rural identity, finding community and place //Schulte K A, Gibbs W B. Self-study of Teaching and Teacher Education Practices. Switzerland: Springer International Publishing: 27.

Sergiovannt T J. 1994. Building Community in Schools. San Francisco: Jossey-bass Publishers: 16.

Sheerer M. 2000. Shifting the perspective on the professional development of in service teachers and teacher educators. Action in Teacher Education, 22(3): 30-36.

Sher J, Sher R K. 1994. Beyond the conventional wisdom: rural development as if Australia's rural people and communities really mattered. Journal of Research in Rural Education, 10(1): 2-43.

Stokes H, Stafford J, Holdsworth R. 2000. Rural and remote school education. Victoria: Youth Research Centre, University of Melbourne: 15-16.

Stoll L, Bolam R, Mcmahon A, et al. 2006. Professional learning communities: a review of the literature. Journal of Educational Change, 7(4): 221-258.

Trinidad S, Broadley T, Terry E, et al. 2012. Going bush: preparing pre-service teachers to teach in regional western Australian. Australian and International Journal of Rural Education, 22(1): 39-55.

Trinidad S, Sharplin E, Ledger S, et al. 2014. Connecting for innovation: four universities collaboratively preparing pre-service teachers to teach in rural and remote Western Australia. Journal of Research in Rural Education, 29(2): 1-7.

Trinidad S, Sharplin E, Ledger S, et al. 2014. Connecting for innovation: four universities collaboratively preparing pre-service teachers to teach in rural and remote Western Australia. Journal of Research in Rural Education, 29(2): 7-13.

Trinidad S, Sharplin E, Lock G, et al. 2011. Developing strategies at the pre-service level to address critical teacher attraction and retention issues in Australian rural, regional and remote schools. Education in Rural Australia, 21(1): 111-120.

Wenger E, Mcdermott R, Snyedr W. 2002. A guide to managing knowledge: cultivating communities of practice. Boston, Massachusetts: Harvard Business School Press: 4.

Wenger E. 1998. Communities of practice: learning as a social system. Systems Thinker, 40(4): 831-841.

Wenger E. 1998. Communities of practice: learning, meaning, and identity. Cambridge: Cambridge University Press: 78.

White S, Kline J. 2012. Developing a rural teacher education curriculum package. Rural Educator, 33(2): 36-43.

White S. 2011. Investing in sustainable and resilient rural social space: lessons for teacher education. Education in Rural Australia, 21(6): 1-12.

White S. 2015. Extending the knowledge base for (rural) teacher educators. Australian and International Journal of Rural Education, 25(3): 50-62.

White S. 2016. A road less travelled: becoming a rural teacher educator // SCHULTE K A, GIBBS W B. Self-study of teaching and teacher education practices. Switzerland: Springer International Publishing: 37-54.

Whtcomb J, Borko H, Liston D. 2009. Growing talent: promising profession development models and practices. Journal of Teacher Education, 60(3): 207-212.

Williams J, Ritter J, Bullock M S. 2012. Understanding the complexity of becoming a teacher educator: experience, belonging, and practice within a professional learning community. Studying Teacher Education, 8(3): 245-260.

Williams J. 2014. Teacher educator professional learning in the Third Space: implications for identity and practice. Journal of Teacher Education: The Journal of Policy, Practice, and Research in Teacher Education, 65(4), 315-326.

# 附 录 1

编号_____ _____省（自治区、直辖市）_____市（县）_____乡（镇）

## 中小学教师培训的实际需求、现状和建议调查

尊敬的老师：

　　您好！培训是国家提高教师发展水平的重要举措，为把握一线教师培训的实际需求，了解一线教师培训现状、效果和建议，华中师范大学教育学院研究者制定这一问卷。此次问卷采用匿名填写，不会对您个人及所在学校产生任何不良影响，请您放心。您的意见十分宝贵，希望您按照实际情况和真实想法填写，感谢您的支持与配合！

### 一、基本信息

1. 您的性别是？_____　①男　②女
2. 您的出生年份是？[_|_|_|_]年
3. 您开始担任老师的年份是？[_|_|_|_]年
4. 您毕业的院校是_____，专业是_____，当前任教学科是_____。
5. 您任职初的学历是_____。①中专　②高中　③大专　④本科　⑤研究生及以上
6. 您当前最高的学历是_____。①中专　②高中　③大专　④本科　⑤研究生及以上
7. 您的职称是_____。①三级　②二级　③一级　④高级　⑤没有
8. 您任教以来获得过哪些荣誉？（可多选）_____
　①骨干教师　②学科带头人　③优秀教师　④十佳教师　⑤优秀班主任　⑥其他：

9. 您任教学校地处：
_____市_____县（区、市）_____乡镇（街道）。

10. 您任教学校的阶段是_____。
①高中　②初中　③小学

11. 您在校内的任职是（可多选）_____。
①正副校长　②教导主任　③德育主任　④总务主任　⑤学科组长
⑥教研组长　⑦班主任　⑧普通教师　⑨其他:_____。

## 二、培训的实际需求

1. 就您目前的工作状态，您在哪些方面的压力比较大？（可多选）_____
①提高学生成绩或升学率　②管理学生　③学校考核、评比　④评职称、晋升
⑤进入更好的学校任教　⑥处理各种人际关系　⑦自己学习和进修　⑧其他:_____

2. 在教学方面，您遇到主要的难题有哪些？（可多选）_____
①积极性和热情不足　②理念陈旧　③学科知识不扎实　④缺乏创造性或艺术
⑤综合素养不够　⑥缺乏教学技能　⑦对学生的理解和指导欠佳，难以激发学生的兴趣
⑧缺少反思和总结　⑨教育设备不足或自己用不好　⑩培训机会少　⑪其他:_____

3. 您参与培训的意愿怎么样？_____
①非常愿意　②比较愿意　③意愿一般　④不太愿意　⑤很不愿意

4. 您平均每个学年（包括寒暑假）参与教师培训的次数是_____

5. 您参与培训的原因和动机是什么？（选1~3个，按照您认为的重要顺序填写）_____
①完成上级或学校的任务　②提高教育教学能力、更好地教书育人
③加强与同行、名师的交流切磋等　④开阔眼界、更新知识和理念
⑤利于评职称、晋职　⑥调入更好的学校　⑦其他:_____

6. 您参与培训的障碍是什么？（选1~3个最大的障碍）_____
①经费负担重　②培训的机会少　③与工作冲突　④形式、内容不理想，难以参与更多优质培训　⑤效果不好，帮助不大　⑥学校领导不重视和不鼓励
⑦家庭因素
⑧其他:_____

### 三、培训现状

1. 您入职后参加过哪些培训？（可多选）＿＿＿＿＿＿其中最有效的是哪些？（可多选）＿＿＿＿＿＿
①专家、名师和专业技术人员送教下乡　②前往名校参观或跟岗学习、实践
③观摩优秀教师示范课并评课交流　　　④教学研讨会
⑤集中培训和网络研修结合　　　　　　⑥个人在线学习培训课程
⑦青蓝结对　⑧新教师入职适应性培训　⑨校本培训
⑩"国培计划"　⑪其他：＿＿＿＿＿＿＿＿＿

2. 您接受较多的培训形式有什么？（可多选）＿＿＿＿＿＿其中最有效的是什么？（可多选）＿＿＿＿＿＿
①专题讲座　②案例分析　③互动交流　④任务驱动　⑤问题解决　⑥在岗研修
⑦跟踪指导　⑧训后回访　⑨经验分享　⑩成果生成与展示　⑪单向传授知识
⑫其他：＿＿＿＿＿＿＿＿

3. 您参与培训的主要内容有哪些？（可多选）＿＿＿＿＿＿其中最有效的是哪些？（可多选）＿＿＿＿＿＿
①心理学、教育学知识　②专业学科专业知识　③教学技能　④师德修养
⑤教育管理　⑥教育科研能力　⑦教育改革与政策　⑧现代教育技术
⑨教师专业发展专题　⑩学生安全与发展　⑪论文或公文写作
⑫其他：＿＿＿＿＿＿＿＿

4. 哪些理论知识对您教学的指导意义和现实价值比较大？（可多选）＿＿＿＿＿＿
①教育学和心理学，例如教育基本原理和关于学生学习的心理学知识
②学科知识，例如本学科专业、前沿和系统的知识
③课程理论，例如课程目标、结构和内容（如教材）
④教学理论，例如教学理论、教学设计和实施
⑤评价理论，例如评价理论、原则和方法
⑥班级管理、德育和心理健康教育理论
⑦教育研究方法，例如教师根据教育问题开展专题调研，论文写作
⑧其他：＿＿＿＿＿＿＿＿＿＿＿＿＿＿＿

5. 您参与培训提供的课程内容侧重（请选择一个）＿＿＿＿＿＿。
①理论学习　②教育教学技能　③两者结合

6. 您愿意参加高等理论学习（比如，高校的教育教学和专业的理论研究）吗？＿＿＿＿＿
①非常愿意　②比较愿意　③一般愿意　④不太愿意　⑤几乎不愿意

7. 您参与培训的教育教学技能学习能否在教育过程中加以运用？＿＿＿＿＿＿
①全部能　②大部分能　③基本能　④少部分能　⑤几乎不能

8. 您参与培训内容是否结合了农村教育实际？＿＿＿＿＿＿
①全部结合　②大部分结合　③一般结合　④少部分结合　⑤几乎没结合
9. 您参与培训的内容是否符合您实际教育教学的需要？＿＿＿＿＿＿
①非常符合　②比较符合　③一般符合　④不太符合　⑤很不符合
10. 整体来看，现在的培训者注重提升学员（请选择一个）＿＿＿＿＿＿。
①教育和专业理论知识　②教育教学技能　③较多教育和专业理论知识，较少教育教学技能　④较少教育和专业理论知识，较多教育教学技能　⑤两者结合
11. 培训者对学员群体的(农村)教育环境了解程度怎么样？＿＿＿＿＿＿
①非常了解　②比较了解　③一般了解　④不太了解　⑤几乎不了解
12. 培训者对培训学员群体的（农村）整体教学现状了解程度怎么样？＿＿＿＿＿＿
①非常了解　②比较了解　③一般了解　④不太了解　⑤几乎不了解
13. 关于培训者，请您回答以下5个问题。（可多选）
（1）您接受过哪些培训者的培训？＿＿＿＿＿＿
（2）对您帮助最大的是哪些？＿＿＿＿＿＿
（3）关于理论学习您期待哪些培训者？＿＿＿＿＿＿
（4）关于教育教学技能学习您期待哪些培训者？＿＿＿＿＿＿
（5）如果能把理论学习和教育教学技能学习结合起来让您融会贯通，您期待哪些培训者能合作共同对您指导？＿＿＿＿＿＿
①教育行政部门人员　②教研员　③高校专家、教授　④一线教学名师　⑤教材编写者　⑥专业技术人员　⑦骨干教师
14. 未来培训者需要侧重提高哪些方面？（可选1~3项）＿＿＿＿＿＿
①教育教学和专业理论水平
②教育教学技能水平
③理论研究与教育教学技能结合的水平
④对学员当地文化和现实问题的了解
⑤对参训学员群体状况的了解
15. 对您而言，最理想的培训者应该具备哪些特征？（可多选）＿＿＿＿＿＿
①在教育理论与研究上十分专业，又了解一线教学实践
②敬业负责，能与组织者与参与者进行有效沟通
③能做到教学的科学性和艺术性的统一，使得培训活动具有吸引力和实效性
④在培训前、中、后都能开展系统的指导和服务，而不是仅停留在培训期
⑤熟知一线教育经验就好，理论水平其次
⑥全面发展型，能够给自己学科知识、教学能力、职业调试等提供全方位帮助
⑦其他：＿＿＿＿＿＿＿＿＿＿＿＿＿＿＿＿＿＿＿＿

16. 关于提供教师培训的机构，请回答以下 4 个问题，可多选。
（1）您参加过哪些机构提供的培训？＿＿＿＿＿＿＿＿
（2）对您帮助最大的是？＿＿＿＿＿＿＿＿
（3）您期待哪些机构合作培训以实现理论研究和教育教学技能学习融会贯通？＿＿＿＿＿＿＿＿
（4）您对哪些机构的组织和管理最满意？＿＿＿＿＿＿＿＿
①教育局　②教师进修学校　③高等院校　④本校
⑤优秀中小学校　⑥远程教育培训机构　⑦社会培训机构
17. 您参与的远程培训主要环节是（可多选）＿＿＿＿＿＿＿＿
①线上学习　②线下研修　③交流研讨　④在岗研修
⑤远程指导　⑥凝练成果　⑦现代技术操作　⑧其他：＿＿＿＿＿＿＿＿
18. 您认为有效的远程培训应包括（可多选）＿＿＿＿＿＿＿＿
①学员的微课展示和交流　　②面授和线上学习结合
③优秀课例视频　　④其他：＿＿＿＿＿＿＿＿
19. 您认为培训考核方式较合理的是哪些？（可多选）＿＿＿＿＿＿＿＿
①平时成绩和结业成绩结合　　②结业时进行卷面考试即可
③通过实践性的任务考核，例如课题研究、小组展示
④提交课程论文即可　⑤学员授课展示所学　⑥其他：＿＿＿＿＿＿＿＿
20. 培训是否有助于提升您的教学技能，以帮助您提高学生学业成绩与发展？＿＿＿＿＿＿＿＿
①提升很大　②提升较大　③提升一般　④提升较少　⑤几乎没提升
21. 您通过培训中教育教学和专业理论学习达到了哪些目的？（可多选）＿＿＿＿＿＿＿＿
①开阔眼界　②更新了知识和理念　③结识了优秀的同行
④增强了分析教育和专业问题的能力　⑤利用教育理论解决现实教育教学问题　⑥没有效果　⑦其他：＿＿＿＿＿＿＿＿
22. 培训内容更适应城市优秀学校，自己在本校运用起来有些困难、见效慢。＿＿＿＿＿＿＿＿
①非常赞同　②比较赞同　③不清楚　④不太赞同　⑤完全不赞同
23. 阻碍您有效将培训内容与自己实际教学结合起来的因素有哪些？（可多选）＿＿＿＿＿＿＿＿
①工作时间紧、任务重　②自我学习和提升的意识不够　③对理论研究把握不够，难以针对性运用　④与优秀教师等交流机会少　⑤缺乏专家指导
⑥缺乏教学实践指导活动　⑦其他：＿＿＿＿＿＿＿＿

**四、有益的培训方式(十二种合作培训方式)**

1. 如果条件允许,未来有益于教师专业发展的培训方式(请在您觉得符合的选项下打钩)。

| 培训方式 | 非常有益 | 比较有益 | 不太清楚 | 不太有益 | 完全无益 |
|---|---|---|---|---|---|
| ①高校给予高等理论指导,同时城乡中小学校在教育教学实践上结对帮扶 | | | | | |
| ②培训中教育、专业理论与教学技能学习交叉进行 | | | | | |
| ③高校教师和中小学指导教师到学员所在地共同帮助提升您的教育活动 | | | | | |
| ④将学员个体教学实况录像,由高校教师和中小学指导教师组成指导团队,在线讨论分析存在的问题,给予具体建议 | | | | | |
| ⑤将优秀中小学教师的课堂教学录像,供给学员作为参考和示范 | | | | | |
| ⑥远程培训中,通过视频,就教育教学问题,高校教师与学员面对面交流与学习 | | | | | |
| ⑦远程培训中,通过视频,就教育教学问题,中小学指导教师与学员面对面交流与学习 | | | | | |
| ⑧面授学习与线上学习交叉结合进行 | | | | | |
| ⑨培训后的优秀中小学教师,协助高校教师提升学员教育教学水平 | | | | | |
| ⑩上半场学习理论,下半场接受教育教学实践指导,理论学习和教育教学技能学习结合 | | | | | |
| ⑪城市与农村中小学指导教师共同指导农村教师培训,结合城乡文化差异,有利于农村教师专业发展 | | | | | |
| ⑫在公开课程资源管理平台上,依托一个专业主题,城乡学员共同交流,有利于城市教师理解农村教育,以及农村教师专业发展 | | | | | |

2. 按照有利于您培训和发展需要,开展培训地点的最佳排序是(单选)_____。

①所在单位、高校、教师教育机构
②高校、所在单位、教师教育机构
③教师教育机构、所在单位、高校
④根据培训的需要,各单位合作开展培训

**五、关于培训的开放性问题(请完成以下4题)**

1. 培训中的理论研究与学习、教学技能学习与农村教育现实三者如何结合对您的教育教学更有利?

_____

_____

2. 如何将您培训所学运用到您的教育教学实际中？（可以从培训内容、培训方式、培训者、培训机构的改进来回答）

_____
_____
_____

3. 您在培训中的理论学习和经验学习上面临哪些困难或阻碍？（可从自身和外部因素回答）

_____
_____
_____

4. 请您描写一次您觉得最有效的培训。（可以从培训内容、培训方式、培训者、培训机构的效果来回答）

_____
_____
_____

问卷到此结束，非常感谢您！

# 附录 2

## 访谈提纲（教师篇）

### 一、基本信息

1. 年龄（哪年出生？）
2. 教龄（哪年开始担任老师？）
3. 任教阶段（小学、初中、高中）
4. 任教学科（主教、兼教）
5. 职称
6. 职位

### 二、培训现状和需求

1. 您希望通过培训获得什么？知识、能力、方法……？

比如，对自己日常教学帮助较大的方面，自己相对欠缺、需要提升的方面，您希望提供哪些方面的培训？农村教师群体最需要什么方面的培训？

2. 您比较期待什么样的培训者给您培训？大学教师、一线优秀教师、教研员、教育行政人员等，理由和具体培训的内容是什么？

3. 您希望哪些机构进行合作，共同帮助您的提高？

（1）为了能够帮助一线教师获得更好的培训，对于目前具有相对主导作用的教育局、教师进修学校，您有哪些期待和希望？

（2）农村中小学与城市中小学、高校合作将面临哪些困难？应该怎样才好？

4. 您比较愿意参加哪些培训？您觉得哪些培训对您来说比较有效？描述两年来您印象深刻的培训，说明大致情况（包括培训类别和形式）。

5. 目前您参与的培训涉及哪些专题？您觉得哪些比较合适？或者哪些是您觉得没用的？

6. 您对于学习理论和学习经验的看法？侧重一方学习或两方结合学习，有何困难？

7. 您参与过的培训，具体是怎么开展的呢？包括流程和环节，大家学习的氛围、状态和方法，师生的沟通，教师的考核等。

8. 目前远程培训实施现状如何？怎么样的远程培训是有效的？比如不会流于形式，对教师更加有吸引力，让教师学得有效果？（基于前期问卷的了解）

9. 关于培训后的实践与指导

1）将学习到的理论和经验运用到实践的效果怎么样？您如何将自己所学运用到实践中？

2）您觉得有哪些困难？希望得到什么样的帮助？

### 三、对策和建议

1. 农村教师参与培训面临哪些困难？您觉得现在最需要改进的是什么？

2. 培训中，城市中小学校、高校与农村学校的理念、知识和文化是否有较大差异和冲突？如果有，具体体现在什么方面呢？将培训所学和自己的教学实际结合形成一套自己用得上、用得好的体系，您觉得有困难吗？希望得到怎样的帮助和指导？

3. 您对我们提出的十二种农村教师合作培训方式有什么看法？它们是否有帮助？可行性如何？实施需要注意什么？